Aprende C#
programando juegos

Aprende C#
programando juegos

Antonio Barba Salvador

DEXTRA

Consulte la página www.dextraeditorial.com

© Dextra Editorial S. L.
c/ Arroyo de Fontarrón, 271, 28030 Madrid
Teléfono: 91 773 37 10
info@dextraeditorial.com

ISBN: 978-84-16898-03-9
Depósito Legal: M-448-2024
Impreso en España-*Printed in Spain*

ÍNDICE

Presentación

Tras más de diez años de experiencia docente he podido comprobar que los estudiantes ponen más interés y, por lo tanto, aprenden más y mejor, cuando se orientan los conceptos de la programación hacia algo que les resulta más amigable, como el desarrollo de juegos. De esta forma, son capaces de asimilar los conceptos más rápido ya que suele ocurrir que ellos mismos quieren seguir avanzando para poder completar sus proyectos.

Se busca que la redacción sea sencilla, sin tecnicismos innecesarios para tratar de facilitar la comprensión de los no iniciados en el mundo de la programación. Así, este libro está dirigido a estudiantes que quieren aprender a programar, desde cero, con el lenguaje C#, y orientando los conocimientos que se van adquiriendo hacia el desarrollo de videojuegos.

El libro se estructura en tres partes: en la primera se verán los fundamentos de la programación mientras se desarrollan programas sencillos para aprender a utilizar las estructuras de control de manera adecuada. En la segunda parte se estudiarán conceptos como la herencia, la encapsulación o el polimorfismo para entender el paradigma orientado a objetos. Y en la tercera parte se verán dos ejemplos de juegos desarrollados en la consola de aplicaciones para ver la utilidad de todos los conocimientos adquiridos a lo largo del libro.

Para resolver los ejercicios propuestos se utilizará la aplicación de consola del entorno .NET.

En la página del libro en la web de la editorial: www.dextraeditorial.com encontrará el lector un PDF en el que se resuelven todos los ejercicios planteados durante el proceso de aprendizaje. De esta forma, el estudiante podrá consultar la solución al problema en cualquier momento y así no quedar bloqueado.

Al terminar el libro, el lector dispondrá de una base de conocimientos sólida para realizar tanto videojuegos como otro tipo de proyectos en la consola de aplicaciones.

Lo que no se ve en este libro

En este libro no se tratarán conceptos de programación ni de lenguaje C# avanzados. Tampoco se verá historia de la programación, ni se comparará C# con otros lenguajes de alto nivel. Tampoco se harán ejercicios orientados a las matemáticas u otras ciencias que puedan ser más complejas para la comprensión de los conocimientos adquiridos.

Cómo está organizado el libro

Como decía, el libro está estructurado en tres partes:

- Parte I: Fundamentos de la programación, donde se aprenderá qué es C#, el entorno de programación, variables y estructuras de control (if, switch, while, for...)
- Parte II: Paradigma de la programación orientada a objetos, donde se estudiarán sus conceptos clave: encapsulación, herencia, polimorfismo y abstracción.
- Parte III: Dos ejemplos de desarrollo de juegos en consola de aplicaciones.

Cómo usar este libro

Es un libro de introducción a la programación en el que se verán los conceptos clave del paradigma orientado a objetos. Para afianzar los conocimientos que se van adquiriendo durante la lectura, se irán proponiendo ejercicios a lo largo de todos los temas. El libro se centra en el desarrollo de juegos en la consola de aplicaciones.

Para realizar estos ejercicios se trabajará en el entorno .NET y para ello se utilizará el IDE (Integrated Development Environment) de Microsoft Visual Studio Community 2019.

Si, en algún momento, el estudiante se ve incapaz de realizar algún ejercicio o se siente bloqueado, podrá consultar la solución de los ejercicios en la página del libro de la web de la editorial en la sección dedicada a "Más información".

1

INTRODUCCIÓN

```
using System;

namespace ConsoleApp
{
    public class Ventana
    {

        private int peso;
        protected bool abierta;

        public Ventana()
        {
            alto = 1;
            ancho = 3;
            peso = 5;
        }

        public Ventana(int nuevoAlto, int nuevoAncho, int nuevoPeso)
        {
            alto = nuevoAlto;
            ancho = nuevoAncho;
            peso = nuevoPeso;
        }

        public int Alto { get => alto; set => alto = value; }
        public int Ancho { get => ancho; set => ancho = value; }
        public int Peso { get => peso; set => peso = value; }

        public void Abrir()
        {
            abierta = true;
        }
        public void Cerrar()
        {
            abierta = false;
        }
        public void MostrarContenidoAtributos()
        {
            Console.WriteLine(
    alto, ancho, peso, abierta);
        }
    }
}
```

1.1. Lenguaje de programación

Un programa es un conjunto de órdenes que se le dan a una computadora para que realice una labor específica. Estas órdenes se le deben dar en un lenguaje que el ordenador sea capaz de comprender.

El problema es que el lenguaje que entiende la computadora se escribe con ceros y unos, por lo que, para nosotros, resulta casi imposible de leer, escribir y detectar errores en el código. Este lenguaje se llama "lenguaje máquina" o "código máquina". Un ejemplo sería:

$$0011\ 1110\ 0000\ 0010\ 0011\ 1010\ 0001\ 0000$$

Como para volverse loco, ¿verdad? Por este motivo vamos a emplear lenguajes que podamos entender mejor, es decir, lenguajes más parecidos al lenguaje con el que hablamos nosotros. Ya se encargará otro programa de traducirle al ordenador lo que le queremos decir.

A los lenguajes que se parecen más a cómo hablamos nosotros se les denomina de alto nivel y a los que se parecen más a lo que entiende el ordenador, lenguajes de bajo nivel. Un ejemplo de lenguaje de alto nivel sería Python. Mira qué sencillo es escribir algo por pantalla:

```
Print("Hola")
```

Y mira ahora cómo escribimos "hola" por pantalla en lenguaje ensamblador:

```
dosseg
.model small
.stack 100h
.data
saludo db 'Hola',0dh,0ah,'$'
.code
main proc
    mov ax,@data
    mov ds,ax
    mov ah,9
```

```
        mov dx,offset saludo
        int 21h
        mov ax,4C00h
        int 21h
main endp
end main
```

Vaya diferencia, ¿eh? Es mucho más difícil de leer. Pero, como decía, esto tampoco lo entiende el ordenador. Ya se ha dicho que solo entiende ceros y unos. ¿Cómo le podemos transmitir lo que queremos? Lee el siguiente punto.

1.2. Traduciendo al lenguaje máquina

La orden que hemos escrito se conoce como "programa fuente" y hay que traducirlo a ceros y unos para que el ordenador lo entienda y así poder obtener un "programa ejecutable".

Si utilizamos un lenguaje como el ensamblador, es decir, de bajo nivel, la traducción es más sencilla. De esta traducción se encargan unas herramientas llamadas **ensambladores**.

Cuando el lenguaje que hemos utilizado es de alto nivel, la traducción es más complicada. Es muy probable que haya que leer código de varios fuentes o incluir instrucciones que se encuentran en otras librerías que no son del mismo sistema. Las herramientas encargadas de esta traducción son los **compiladores**.

Después de traducir el fuente obtendríamos un programa ejecutable. Este archivo que se genera tiene una extensión .exe que seguro que has visto en más de una ocasión. Ahora, este archivo lo puedes abrir en cualquier ordenador que tenga el mismo sistema operativo, sin necesidad de que tenga instalados compiladores o ensambladores. Sin embargo, si el sistema operativo es distinto (por ejemplo, Linux o MacOS X) no funcionaría.

Un **intérprete** es una herramienta parecida a un compilador, pero no pueden generar archivos ejecutables, así que, si queremos darle nuestro programa a alguien, tenemos que darle el código fuente y el intérprete para que lo entienda.

Además del compilador y el intérprete, existe una alternativa intermedia. Hay lenguajes que no compilan a .exe (que solo leería Windows) sino que generan un ejecutable "multiplataforma" que podría correr en cualquier tipo de sistema operativo que tuviera una máquina virtual que entendiese ese ejecutable. Esto es lo que ocurre con el lenguaje C#, que se apoya en una máquina virtual llamada ".Net Framework" ("entorno punto net"). Los programas que desarrollamos con IDE´s (Integrated Development Environment –entorno de desarrollo integrado–) como Visual Studio, serán unos ejecutables que funcionarán en cualquier ordenador que tenga instalado dicho entorno .Net.

1.3. Pseudocódigo

Cuando queremos plantear el desarrollo de un programa, es habitual no usar ningún lenguaje de programación en concreto, sino emplear un lenguaje que nos sea mucho más cercano, por ejemplo, en español. Sí, parece raro, pero es muy habitual. Se trata de ir pensando o escribiendo los pasos que hay que seguir en la lógica del programa. A este lenguaje se le conoce como pseudocódigo.

Esos pasos que hay que seguir para resolver un problema se llama **algoritmo**. Entonces, podemos decir que *un programa es un algoritmo escrito con un lenguaje de programación.*

Por ejemplo, un algoritmo que sumase dos números introducidos por el usuario escrito en pseudocódigo sería:

```
Reservar espacio en memoria para guardar 2 números y un resultado.
Pedir el primer número al usuario.
Leerlo y guardarlo en su variable correspondiente.
Pedir el segundo número al usuario.
Leerlo y guardarlo en su variable correspondiente.
Hacer la suma y guardar el resultado en su variable correspondiente.
Mostrar en la consola el resultado de la operación.
Fin.
```

Podéis apreciar en este ejemplo, que el pseudocódigo suele ser menos detallado que el código de un algoritmo escrito en un lenguaje de programación real. Se trata de pensar en la lógica del programa, es una planificación.

1.4. C# y Visual Studio

C# es un lenguaje de programación de alto nivel, moderno, evolucionado a partir de C y C++. Además, tiene una sintaxis muy similar a la de Java. Fue creado por Microsoft para realizar programas para su plataforma .NET, pero afortunadamente, hoy en día ya es multiplataforma, es decir, podemos desarrollar código en C# en cualquier sistema operativo dentro del entorno .Net Core.

Aunque hay varias posibilidades a la hora de desarrollar en C#, nosotros lo vamos a hacer con Visual Studio (IDE, entorno de desarrollo integrado de Windows), ya que es el "desarrollador oficial" de Microsoft.

Ya podemos empezar a trabajar. Instala el IDE Visual Studio versión 2019. Lo puedes encontrar en la web oficial de Microsoft. Aquí te dejo la URL:

https://visualstudio.microsoft.com/es/vs/older-downloads/

Después selecciona el año 2019 y la versión Community (ver figura 1.1). Es la versión gratuita.

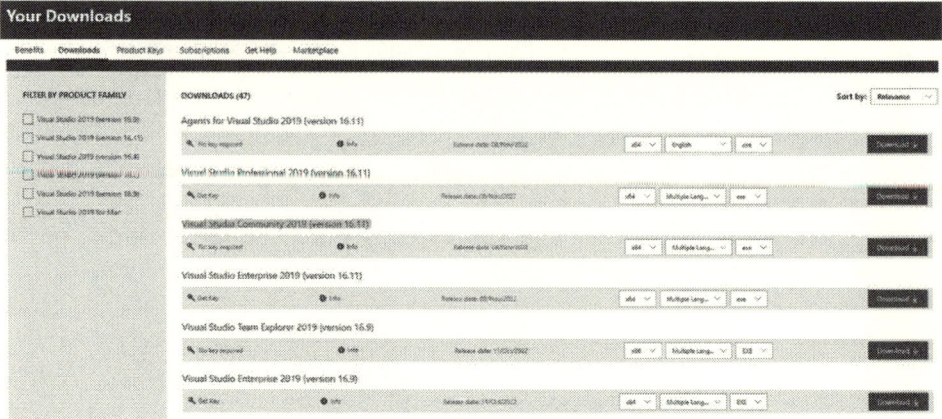

Figura 1.1. *Diferentes versiones disponibles de Visual Studio 2019.*

Durante la instalación encontrarás una ventana como la de la figura 1.2.

Selecciona el paquete "Desarrollo de escritorio de .Net". Una vez instalado, verás unas opciones iniciales para arrancar un proyecto (ver figura 1.3). Elige la opción "Crear un proyecto". Después selecciona la plantilla de proyecto en consola en C# (ver figura 1.4).

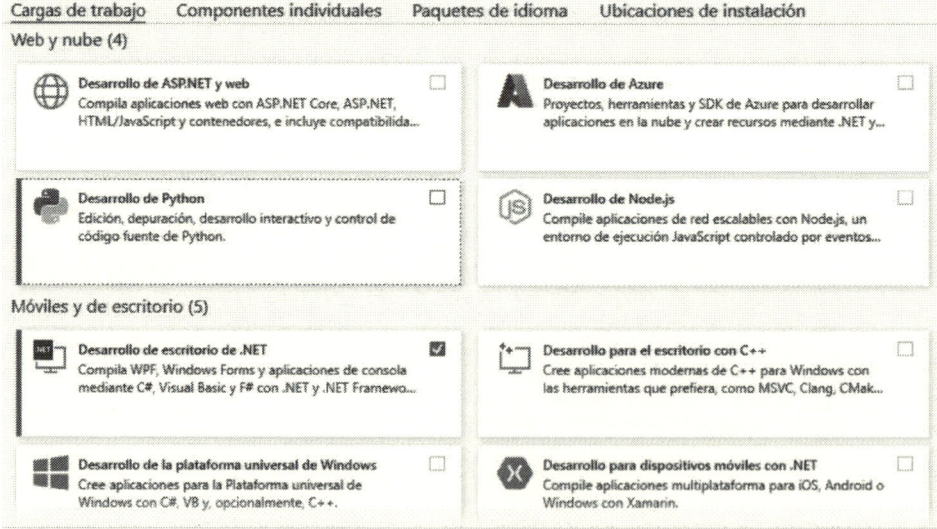

Figura 1.2. *Paquetes de desarrollo opcionales en la instalación de Visual Studio v.2019.*

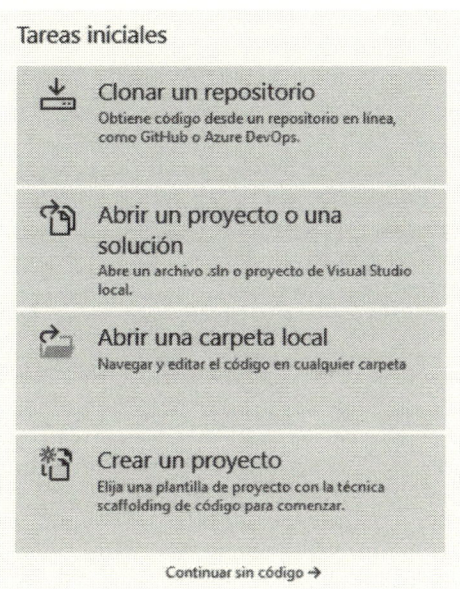

Figura 1.3. *Opciones para arrancar un proyecto.*

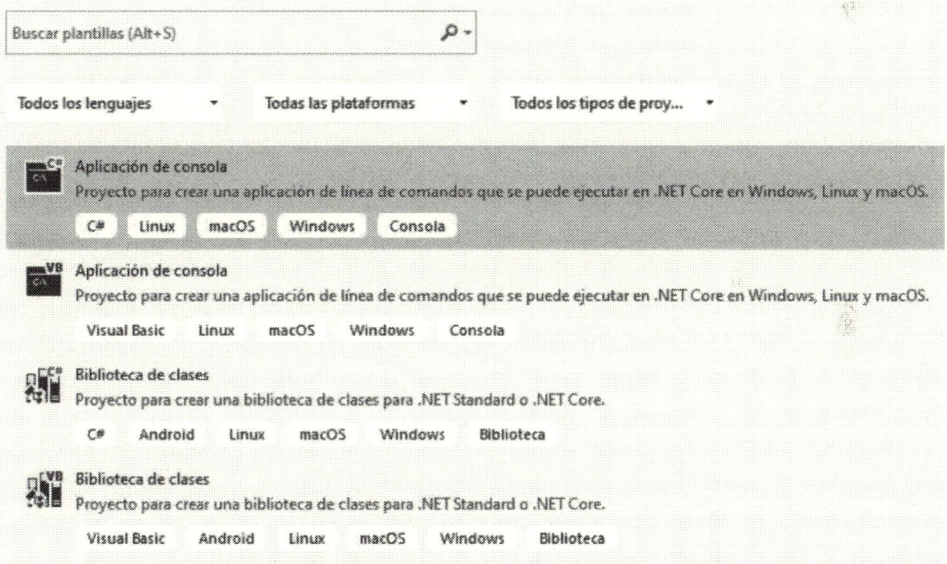

Figura 1.4. *Plantillas para crear un proyecto nuevo.*

El programa que aparece por defecto para probar un nuevo lenguaje o entorno es el clásico "Hola Mundo". Se trata de escribir en la pantalla "Hola Mundo" y comprobar que todo funciona como debería.

```
using System;

namespace HolaMundo
{
    class Program
    {
        static void Main(string[] args)
        {
            Console.Write("Hola Mundo ");
        }
    }
}
```

Si puedes ver este código es que todo ha ido bien durante la instalación.

Parecen demasiadas palabras, pero no te preocupes, vamos paso a paso. De momento tienes que saber que la orden que hace que se escriba en la consola es Console.Write(). Muy intuitivo, ¿verdad? Lo que se escribe dentro de los paréntesis se llama *parámetro*. Podemos pasar como parámetro el texto que queramos. Prueba. Dile al programa que te salude por tu nombre...

Ahora voy a contarte algo más, pero no quiero que te asustes. Solo te lo voy a contar para que te vayan sonando algunos términos nuevos que vas a tener que ir aprendiendo a lo largo del libro, pero poco a poco. *Console* es una **clase** (ya te explicaré más adelante qué es eso). Esta clase tiene varios **métodos**, y uno de esos métodos es *Write*. Además, te diré que la clase *Console* se encuentra en la biblioteca de clases *System* (también llamada **librería**). Dicho de otra forma: gracias a que hemos puesto la línea "using System;" hemos abierto una librería donde se encuentra la clase que queremos utilizar. Prueba a quitar el "using", ¿qué ha ocurrido? No encuentra la clase *Console*.

Otra cosa: las llaves { } se usan para delimitar un bloque de programa. En este caso, la línea de código Console.Write() está dentro de la función *Main*, que, a su vez, está dentro de la clase *Program*, que, a su vez, está dentro del *namespace* HolaMundo. Vamos a ver qué significa esto.

En la línea de código "public static void Main()", Main es el nombre que se le da por defecto a la función principal de la clase Program. Todas las clases pueden tener varias funciones, pero solo una es la principal, la función que arranca el programa. Los detalles de por qué hay que poner delante "public static void" y de por qué se pone después un paréntesis vacío lo veremos en el tema de "Funciones". De momento ya tenemos bastante teoría por ahora.

La línea "class Program" deberá existir también siempre en nuestros programas (aunque la clase puede tener cualquier otro nombre). Veremos más adelante qué significa eso de "clase".

Fíjate que cada orden que demos en C# debe terminar con un punto y coma (;)

C# es un lenguaje de formato libre, lo que significa que podemos escribir todas las órdenes seguidas si queremos, aunque es mucho más legible si escribimos con tabulados ordenados (a poner cada instrucción con su tabulación correcta se le llama **indentación**).

Fíjate en dónde se han colocado las llaves que delimitan los bloques de código. Hay dos formas frecuentes de colocar la llave de comienzo. Nosotros lo hemos hecho de la forma que muchos autores llaman el "estilo C". La segunda forma es situándola a continuación del nombre del bloque que comienza (algunos lo llaman al estilo Java), así:

```
using System;

namespace HolaMundo{
    class Program{
        static void Main(string[] args){
            Console.Write("Hola Mundo ");
        }
    }
}
```

Yo emplearé el estilo C. Creo que el código se lee mejor así. Tú desarrolla tu código como más te guste.

Otra cosa importante que tienes que saber es que C# distingue entre mayúsculas y minúsculas, por lo que "Write" es una palabra reconocida porque es del propio lenguaje, pero "write" o "WRITE" no lo son. Mucho cuidado con esto.

Hay una cosa más con la que hay que tener cuidado al principio. En algunas versiones de Visual Studio se muestra el resultado del programa y luego regresa al editor sin esperar a que el usuario o el desarrollador tengan tiempo de verlo. Si te ocurre esto, una solución sencilla es añadir "Console.ReadLine()" al final del programa, de modo que se quede parado hasta que pulsemos Intro. Así:

```
using System;

namespace HolaMundo
{
    class Program
    {
        static void Main(string[] args)
        {
            Console.Write("Hola Mundo ");
            Console.ReadLine();
        }
    }
}
```

1.5. Primeras operaciones

Si queremos realizar una operación matemática, basta con poner la operación dentro de la instrucción Console.Write. Así:

```
using System;

namespace HolaMundo
{
    class Program
    {
        static void Main(string[] args)
        {
            Console.Write(9+8);
        }
    }
}
```

Ha llegado el momento de que empieces a perder el miedo. Haz estos ejercicios sencillos. Intenta no mirar la solución.

Ejercicios

> 1. Desarrolla un programa que sume 53 y 63.
> 2. Desarrolla un programa que reste 658 y 251.

Te aconsejo que, aunque dos ejercicios se parezcan mucho, no copies y pegues el código. Escribirlo varias veces te ayudará a no cometer errores de sintaxis como colocar bien las llaves o los punto y coma.

Vamos a ver los símbolos que se utilizan para realizar las operaciones matemáticas más sencillas (ver tabla 1.1). La mayoría son muy intuitivas:

Tabla 1.1. *Símbolos de las operaciones matemáticas más habituales*

Operación	Símbolo
Suma	+
Resta, negación	-
Multiplicación	*
División	/
Módulo (resto de la división)	%

Así, podemos realizar operaciones como estas:

```
using System;

public class Program
{
    public static void Main()
    {
        Console.WriteLine("Vamos a multiplicar.");
        Console.WriteLine(6 * 3);
        Console.WriteLine("Ahora vamos a dividir.");
        Console.WriteLine(9 / 3);
        Console.WriteLine("Vamos a calcular el resto de una división");
        Console.WriteLine(84 % 5);
    }
}
```

Ejercicios

3. Desarrolla un programa que multiplique 8 por 17.
4. Desarrolla un programa que divida 541 entre 3.
5. Desarrolla un programa que calcule el resto de la división 541 entre 3.

1.6. Variables de tipo entero

Hasta ahora hemos escrito en pantalla cosas como "hola" o 6*3, pero lo habitual en un programa es que muestre el resultado de algo que quiera o necesite el usuario que está utilizando el programa. El procedimiento normal de un programa sencillo como los que hemos visto sería pedir un número al usuario, pedir otro número y luego preguntarle qué quiere hacer con esos números, como una calculadora.

Para guardar esos números que nos indica el usuario necesitamos reservar un espacio en memoria, y esto lo hacemos declarando variables, es decir, una variable es un espacio que reservamos en memoria para guardar un dato. Además, para diferenciar una variable de otra, tenemos que ponerles un nombre que sea único. No se puede repetir porque llevaría a confusión.

Para empezar, vamos a ver un tipo de dato muy común, el número entero, es decir, sin decimales. Podemos reservar un espacio de 32 bits en memoria simplemente escribiendo "int" ("integer" en inglés). Después escribimos el nombre que tendrá la variable. Así:

```
int numero1;
```

A esta variable que acabamos de crear podemos darle un valor así:

```
int numero1 = 4;
```

Acabamos de asignar el valor 4 a la posición de memoria llamada "numero1".

Al ser "variable" podemos cambiar su valor tantas veces como queramos, pero fíjate que solo declaro la variable una vez. Así:

```
int numero1 = 4;
numero1 = 5;
numero1 = 9;
```

Si tenemos varias variables del mismo tipo, podemos declararlas en la misma línea de código. Así:

```
int numero1, numero2, numero3;
```

O incluso podemos darles un valor inicial en la declaración. Así:

```
int numero1 = 8, numero2 = 4, numero3 =87;
```

Lo que acabamos de hacer en esta última línea de código es: 1) reservar 3 espacios en memoria de 32 bits para guardar números enteros (int); 2) hemos nombrado cada uno de esos espacios con un identificador único; 3) hemos guardado un valor inicial en cada uno de esos espacios de memoria.

Ahora podemos declarar una variable nueva de tipo entero y operar con las variables que tenemos. Así:

```
int suma = numero1 + numero2 + numero3;
```

Evidentemente, lo que estamos sumando es el contenido de las variables, es decir, 8, 4 y 87. El resultado de esta operación se guardará en la nueva variable que hemos creado (suma).

Vamos a mostrar en pantalla el valor de una variable del mismo modo que lo hacíamos con los números o las palabras. Así:

```
using System;

public class Program
{
    public static void Main()
    {
        int numero1 = 8, numero2 = 4, numero3 =87;
        int suma = numero1 + numero2 + numero3;
        Console.WriteLine(suma);
    }
}
```

Hay una manera más "elegante" de mostrar los resultados. Podemos añadir texto (ya sabemos hacerlo, entre comillas) y hacer referencia con un "comodín" a las variables que queremos que salgan en pantalla. Así:

```
int num = 4;
Console.WriteLine("El número es: {0}", num);
```

Este "comodín" empieza en 0 y se va incrementando, dependiendo del número de variables que queremos que aparezcan en consola. Así:

```
using System;

public class Program
{
    public static void Main()
    {
        int numero1 = 8, numero2 = 4, numero3 =87;
        int suma = numero1 + numero2 + numero3;
        Console.WriteLine("El resultado de sumar {0}, {1} y {2} es {3}",
numero1,  numero2, numero3, suma);
    }
}
```

Fíjate que el "comodín" hace referencia a la variable que va justo detrás de la coma, es decir, {0} hace referencia a la variable numero1, {1} a la variable numero2, y así sucesivamente.

El resultado de este programa es: El resultado de sumar 8, 4 y 87 es 99.

Repasemos lo que hace el programa:

- La línea "using System;" abre la biblioteca System donde se encuentran un montón de clases, entre ellas, la clase Console que vamos a utilizar.
- Las palabras "public", "class", "static" y "void" las veremos más adelante.
- La función principal Main() nos permite escribir el programa. Está delimitado por llaves.
- `int numero1 = 8, numero2 = 4, numero3 =87;` reserva espacio en memoria (32 + 32 + 32 bits) para guardar 3 números enteros. A estos espacios les llamamos "numero1", "numero2" y "numero3". Además, a las 3 variables les asignamos un valor inicial.
- `int suma = numero1 + numero2 + numero3;` reserva espacio en memoria (32 bits) para guardar el resultado de la suma de las 3 variables.
- `Console.WriteLine("El resultado de sumar {0}, {1} y {2} es {3}", numero1, numero2, numero3, suma);` muestra en pantalla el texto y los valores de las 4 variables (los 3 números iniciales y su suma).

Ejercicios

6. Desarrolla un programa que multiplique 2 números usando variables.
7. Desarrolla un programa que divida dos números usando variables (te recuerdo que estamos usando variables de tipo entero, es decir, no hay decimales).
8. Desarrolla un programa que obtenga el resto de la división anterior usando variables.

Otra cosa: los nombres que le ponemos a las variables (llamados "identificadores") no deben tener eñes o tildes. Tampoco pueden empezar por números. Tienen que empezar por una letra minúscula. Si quieres que tenga un nombre con varias palabras, tienes que enlazarlas poniendo la primera letra de la siguiente palabra en mayúscula (p.e. numeroUno), no pueden tener espacios intermedios. Tampoco podremos usar como identificadores las palabras reservadas de C#.

Nombres NO válidos para una variable:

- 1numero (empieza por número)
- un numero (contiene un espacio)
- Año (tiene una eñe)
- número (tiene una vocal acentuada)
- Numero (empieza por mayúscula)
- Console (es una palabra reservada por el sistema)

Realmente, Visual Studio sí permite nombres de variables que contengan eñe y tildes, pero como no es lo habitual para otros entornos de desarrollo, mejor los obviamos.

9. Desarrolla un programa que multiplique 2 números usando variables. Trata de llamar a estas variables "1numero" y "2numero". ¿Qué ha ocurrido?

1.7. Comentarios

A lo largo del código podemos ir escribiendo comentarios a modo de notas para, más tarde, poder recordar qué hemos hecho, por ejemplo. De momento vamos a ver dos tipos de comentarios distintos: de línea y de bloque. Los comentarios de línea se activan cuando escribimos dos barras seguidas. Así:

```
//Esto es un comentario de línea
```

Observa que Visual Studio lo escribe en verde para resaltar el texto. Llegados a este punto del código, el compilador obviará todos los comentarios, es decir, no influyen para nada en el resultado del programa.

Los comentarios de bloque se activan cuando escribimos barra y asterisco. El bloque del comentario sigue hasta que escribimos asterisco y barra para cerrarlo. Así:

```
/*Esto es un
 * comentario
 * de bloque*/
```

Los asteriscos que aparecen al comienzo de cada línea los pone el programa de manera automática. No tienes que preocuparte por eso. Elegiremos un comentario u otro dependiendo de la longitud de este.

Sería conveniente que fueses escribiendo comentarios en tus programas para aclarar qué estás haciendo en cada paso. Probablemente te ayude a ir encontrando la lógica de los programas poco a poco. Al principio, también podría ser aconsejable poner un comentario al comienzo del programa para que te recuerde lo que hace. Así:

```
using System;
//Este ejercicio suma 3 variables prefijadas
public class Program
{
    public static void Main()
    {
        int numero1 = 8, numero2 = 4, numero3 =87;//En esta línea declaramos
```

las variables y les asignamos un valor

```
        int suma = numero1 + numero2 + numero3;/*En esta línea se declara la
variable suma y se
                                        * le asigna como valor el
resultado de las suma de las variables anteriores*/
        Console.WriteLine("El resultado de sumar {0}, {1} y {2} es {3}",
numero1,  numero2, numero3, suma);
        /*Tras mostrar en consola el resultado de la suma
         * el resultado debería ser
         * El resultado de sumar 8, 4 y 87 es 99*/
    }
}
```

Ejercicios

10. Desarrolla un programa que convierta 4.500 metros a millas (1 milla = 1.609 m). Usa los dos tipos de comentarios vistos a lo largo del código.

1.8. Leer datos introducidos por el usuario

Hasta ahora hemos utilizado datos prefijados, pero lo habitual es que sea el usuario que utiliza el programa el que introduzca los valores que necesite, o incluso que se lean desde un fichero, o desde una base de datos.

Para poder leer los valores que introduzca el usuario de nuestro programa, necesitamos una nueva orden: "Console.ReadLine()". Como ves, esta orden también es muy intuitiva. Funciona así:

```
using System;
public class Program
{
    public static void Main()
    {
        Console.Write("Introduce un número: ");
        int num = Convert.ToInt32(Console.ReadLine());
    }
}
```

Lo que acabamos de hacer en esta línea int num = Convert.ToInt32(Console. ReadLine()); es (se lee mejor de derecha a izquierda): 1) leer un dato que el usuario ha escrito en la consola (ReadLine()); 2) convertirlo a entero con la orden "Convert.ToInt32(); 3) almacenar el valor en la variable num.

Siguiendo el ejemplo anterior que suma números enteros, si fuese el usuario el encargado de introducir los números, el programa sería algo parecido a esto:

```
using System;
public class Program
{
    public static void Main()
    {
        Console.Write("Introduce un número: ");
        int num1 = Convert.ToInt32(Console.ReadLine());
        Console.Write("Introduce otro número: ");
        int num2 = Convert.ToInt32(Console.ReadLine());
        int suma = num1 + num2;
        Console.WriteLine("El resultado de sumar {0} y {1} es: {2}", num1,
num2, suma);
    }
}
```

Un detalle. Si te fijas en el código anterior, en ocasiones he escrito Console.Write() y otras veces Console.WriteLine(). La diferencia radica en que, si escribes solo Write, el cursor te espera a continuación, mientras que, si escribes WriteLine, se hace un "intro" y el cursor te espera en la línea de abajo. Vamos a verlo ejecutando el siguiente código:

```
using System;
public class Program
{
    public static void Main()
    {
        Console.Write("Introduce un número: ");
        int num1 = Convert.ToInt32(Console.ReadLine());
        Console.WriteLine("Introduce otro número: ");
        int num2 = Convert.ToInt32(Console.ReadLine());
    }
}
```

Observa que, cuando se pide el primer número, se hace con Write. Mira el cursor en la siguiente ilustración (ver figura 1.5).

Figura 1.5. *El cursor se posiciona inmediatamente después de la petición del número.*

Sin embargo, cuando se pide el segundo número, se hace con WriteLine. En esta ocasión el cursor se sitúa en la línea de abajo (ver figura 1.6).

Figura 1.6. *El cursor se posiciona en la línea de abajo.*

Ejercicios:

11. Desarrolla un programa que multiplique dos números introducidos por el usuario.
12. Desarrolla un programa que divida dos números introducidos por el usuario (recuerda que las variables de tipo entero no tienen decimales). Luego obtén el módulo de la división.

1.9. Secuencias de escape

Hemos visto que escribimos por pantalla con Console.WriteLine(), pero ¿cómo escribimos una comilla doble en pantalla? Observa este ejemplo:

```
Console.WriteLine("Vamos a escribir algo "entre comillas" para ver qué pasa.");
```

Como ves, al escribir las dobles comillas (") se nos ha cerrado el texto que queríamos escribir por la consola. Para poder hacerlo, tenemos que utilizar unos caracteres reservados por C# llamados secuencias de escape. Así, utilizando la contrabarra o barra invertida (backslash en inglés) el compilador se detiene y espera una orden. Sería algo así como decirle al compilador: "las comillas que voy a escribir ahora no son para cerrar el texto, sino para que las muestres por consola". Vamos a ver cómo quedaría el ejemplo anterior con las secuencias de escape.

```
Console.WriteLine("Vamos a escribir algo \"entre comillas\" para ver qué
pasa.");
```

Observa cómo ahora sí que se escribiría todo el texto en consola excepto la secuencia de escape (la contrabarra).

Lo mismo nos ocurre si queremos escribir comillas simples o la propia contrabarra. Para estos casos también es necesario utilizar las secuencias de escape. Así:

```
using System;
public class Program
{
    public static void Main()
    {
        Console.WriteLine("Vamos a escribir \'comillas simples\'");
        Console.WriteLine("Y ahora una contrabarra \\");
    }
}
```

Las secuencias de escape más habituales son estas (ver tabla 1.2):

Tabla 1.2. *Secuencias de escape más habituales*

Secuencia	Significado
\n	Avanza de línea (como pulsar "*Intro*")
\r	Retorno de carro (vuelve al principio de la línea)
\t	Salto de tabulación horizontal
\'	Muestra una comilla simple
\"	Muestra una comilla doble
\\	Muestra una barra invertida

TIPOS DE DATOS PRIMITIVOS

2.1. Tipo de dato entero

Ya hemos visto los tipos de datos enteros de 32 bits (*int*), pero hay más. La diferencia radica en la cantidad de bits que se reservan para guardar un número. Así, dependiendo de esta cantidad de bits, vamos a clasificar los tipos en 4: *byte*, *short*, *int* y *long*. Además, cada tipo de variable puede ser positivo o negativo (ver tabla 2.1).

Pero ¿por qué hay tantos tipos? ¿es realmente importante? Bueno, la respuesta es que hace unos cuantos años, sí. Teníamos que gestionar muy bien la poca memoria que teníamos en los ordenadores. Si, por ejemplo, queríamos guardar la edad de una persona, era un desperdicio reservar 32 bits para un número tan pequeño, así que, se utilizaba la variable byte y así ahorrábamos memoria. Además, al ser una edad, no necesitamos usar números negativos.

En la siguiente tabla se puede apreciar los distintos tipos de datos enteros que tenemos en C#, el tamaño de memoria que reservan y el rango de valores que caben en ese espacio:

Tabla 2.1. *Tipos de datos enteros*

Nombre	Tamaño (bytes)	Rango de valores
Sbyte	1	-128 a 127
Byte	1	0 a 255
Short	2	-32768 a 32767
Ushort	2	0 a 65535
Int	4	-2147483648 a 2147483647
Uint	4	0 a 4294967295
long	8	-9223372036854775808 a 9223372036854775807
ulong	8	0 a 18446744073709551615

Como decía, el tipo de dato más razonable para guardar edades sería "*byte*", que permite valores entre 0 y 255, y necesita menos memoria que otros tipos. Mira unos ejemplos:

```
using System;
public class Program
{
    public static void Main()
    {
        byte age = 65;
        ushort year = 2041;
        long result = 100000000000;
        Console.WriteLine("Los datos son: {0}, {1} y {2}", age, year, result);
    }
}
```

Ejercicio:

1. Calcula el producto de 1.000.000 por 1.000.000, usando una variable llamada "producto", de tipo "long". Prueba también a calcularlo usando una variable de tipo "int". ¿Qué ha ocurrido? El resultado no cabe en la variable "int" y se ha producido un desbordamiento (overflow).

Si queremos que el dato lo introduzca el usuario, de igual modo que teníamos que convertir a entero de 32 bits, ahora tenemos que convertir al tipo de dato que necesitemos.

En la siguiente tabla verás las distintas instrucciones de conversión a los distintos tipos de datos entero (ver tabla 2.2):

Tabla 2.2. *Cómo convertir a tipos de dato entero*

Tipo de dato entero	Conversión
Byte	Convert.ToByte()
SByte	Convert.ToSByte()
Short	Convert.ToInt16()
UShort	Convert.ToUInt16()
Int	Convert.ToInt32()
UInt	Convert.ToUInt32()
Long	Convert.ToInt64()
ULong	Convert.ToUInt64()

Vamos a ver un ejemplo con las distintas opciones:

```
using System;
public class Program
{
    public static void Main()
    {
        Console.Write("Introduce un número Int: ");
        int numeroInt = Convert.ToInt32(Console.ReadLine());
        Console.Write("Introduce un número UInt: ");
        uint numeroUInt = Convert.ToUInt32(Console.ReadLine());
        Console.Write("Introduce un número Byte: ");
        byte numeroByte = Convert.ToByte(Console.ReadLine());
        Console.Write("Introduce un número SByte: ");
        sbyte numeroSByte = Convert.ToSByte(Console.ReadLine());
        Console.Write("Introduce un número Short: ");
        short numeroShort = Convert.ToInt16(Console.ReadLine());
        Console.Write("Introduce un número Ushort: ");
        ushort numeroUShort = Convert.ToUInt16(Console.ReadLine());
        Console.Write("Introduce un número Long: ");
        long numeroLong = Convert.ToInt64(Console.ReadLine());
        Console.Write("Introduce un número ULong: ");
        ulong numeroULong = Convert.ToUInt64(Console.ReadLine());
        Console.WriteLine("Los números enteros introducidos son: {0}, {1}, {2},
{3}, {4}, {5}, {6}, {7}",
            numeroInt, numeroUInt, numeroByte, numeroSByte, numeroShort,
numeroUShort, numeroLong, numeroULong);
    }
}
```

Es decir, dependiendo de la longitud y el signo que necesitemos pedir, utilizaremos un tipo de variable u otra. Practica hasta memorizar los distintos tipos de conversión.

2.2. Tipo de dato real

Es muy frecuente que queramos trabajar con números reales (con decimales). En estos casos no nos valdrían las variables que ya conocemos, sino que necesitamos otro tipo de datos que sí esté preparado para guardar decimales. Del mismo modo que teníamos variables de tipo entero de distintos tamaños, tendremos varias variables de tipo real para elegir según necesidad (ver tabla 2.3).

En C# tenemos tres tipos de números reales: para números con hasta 7 cifras decimales (lo que se conoce como "un dato real de simple precisión") usaremos el tipo "float"; para números que necesiten hasta 16 decimales, es decir, más precisión (conocidos como "doble precisión") tenemos el tipo "double"; y, si necesitamos más precisión aún (hasta 28 decimales) existe un tercer tipo de números reales llamado "decimal" (ver tabla 2.3).

Tabla 2.3. *Tipos de dato real*

	float	double	decimal
Tamaño en bits	32	64	128
Valor más pequeño	$-1,5 \cdot 10^{-45}$	$5,0 \cdot 10^{-324}$	$1,0 \cdot 10^{-28}$
Valor más grande	$3,4 \cdot 10^{38}$	$1,7 \cdot 10^{308}$	$7,9 \cdot 10^{78}$
Cifras decimales	7	16	28

Vamos a ver un ejemplo:

```
using System;
public class Program
{
    public static void Main()
    {
        int i1 = 2, i2 = 3;
        int divisionI;
        Console.WriteLine("Vamos a dividir 2 entre 3 usando int");
        divisionI = i1 / i2;
        Console.WriteLine("El resultado es {0}", divisionI);

        float f1 = 2, f2 = 3;
        float divisionF;
        Console.WriteLine("Vamos a dividir 2 entre 3 usando float");
        divisionF = f1 / f2;
        Console.WriteLine("El resultado es {0}", divisionF);

        double doble1 = 2, doble2 = 3;
        double divisionD;
        Console.WriteLine("Vamos a dividir 2 entre 3 usando double");
        divisionD = doble1 / doble2;
        Console.WriteLine("El resultado es {0}", divisionD);

        decimal dec1 = 2, dec2 = 3;
        decimal divisionDec;
        Console.WriteLine("Vamos a dividir 2 entre 3 usando decimal");
        divisionDec = dec1 / dec2;
        Console.WriteLine("El resultado es {0}", divisionDec);
    }
}
```

Vemos como, usando variables de tipo real, sí hemos podido dividir con decimales. El resultado de este programa es:

```
Vamos a dividir 2 entre 3 usando int
El resultado es 0
Vamos a dividir 2 entre 3 usando float
El resultado es 0,6666667
Vamos a dividir 2 entre 3 usando double
El resultado es 0,6666666666666666
Vamos a dividir 2 entre 3 usando decimal
El resultado es 0,6666666666666666666666666667
```

Ejercicio:

> 2. Desarrolla un programa que muestre el resultado de dividir 6 entre 7 usando números enteros y luego usando números reales.

Una cosa importante con la que debes tener mucho cuidado si queremos asignar un valor inicial a un dato *"float"*, es que se le puede dar un valor entero, como hemos hecho en el ejemplo anterior. Así:

```
float f1 = 2, f2 = 3;
```

Pero no podremos asignar un valor que contenga cifras decimales porque el compilador lanzará un error. Un poco raro, ¿verdad? Tiene una explicación: el compilador, por defecto, espera un dato de doble precisión (*"double"*) y nosotros estamos forzando a que sea de simple precisión (*"float"*), es decir, vamos a perder precisión. Entonces, tenemos que avisar de que, efectivamente, nosotros queremos perder precisión. Es algo así como decirle al compilador: "Sí, sé que estoy perdiendo precisión, pero no me importa."

Este problema se soluciona muy fácil. Solo hay que añadir una "f" al final del número real asignado. Así:

```
float pi = 3.14; // Así no compila
float pi = 3.14f; // Poniendo la "f" al final, sí
```

Un ejemplo. Vamos a desarrollar un programa que pida al usuario el valor de un radio para calcular la longitud de una circunferencia (la fórmula es: 2 * PI * radio). Quedaría así:

```
using System;
public class Program
{
    public static void Main()
    {
        int radio;
        float pi = 3.14f; // Atención a la "f" del final
        Console.Write("Introduce el radio: ");
        radio = Convert.ToInt32(Console.ReadLine());
        Console.WriteLine("La longitud de la circunferencia es: {0}", 2 * pi *
radio);
    }
}
```

Ejercicios

3. Desarrolla un programa que divida 4 entre 3 usando una variable de tipo entero, luego usando variables de tipo real de precisión simple y de precisión doble.
4. Desarrolla un programa que calcule el área de un círculo (área = pi * radio al
   cuadrado). El radio se le pedirá al usuario.

Al igual que hacíamos con los tipos de dato entero, los datos reales también
hay que convertirlos. Ahora usaremos *Convert.ToDouble()* cuando se trate de un
dato de doble precisión (double), *Convert.ToSingle()* cuando sea un dato de simple precisión (float) y *Convert.ToDecimal()* para un dato de precisión extra (decimal) (ver tabla 2.4):

Tabla 2.4. *Cómo convertir tipos de dato real*

Tipo de dato real	Conversión
float	Convert.ToSingle()
double	Convert.ToDouble()
decimal	Convert.ToDecimal()

Vamos a ver un ejemplo:

```
using System;
public class Program
{
    public static void Main()
    {
```

```
    Console.Write("Introduce un número float: ");
    float numeroFloat = Convert.ToSingle(Console.ReadLine());
    Console.Write("Introduce un número double: ");
    double numeroDouble = Convert.ToDouble(Console.ReadLine());
    Console.Write("Introduce un número Decimal: ");
    decimal numeroDecimal = Convert.ToDecimal(Console.ReadLine());

    Console.WriteLine("Los números enteros introducidos son: {0}, {1},
{2}", numeroFloat, numeroDouble, numeroDecimal);
    }
}
```

Mucho ojo cuando escribas números con decimales. Para separar la parte entera de la decimal en el editor de código, tienes que escribir un punto. Así:

```
double numero = 63.25441; // Separamos la parte entera de la decimal con un punto
```

Sin embargo, cuando escribimos el número en la consola, vamos a depender del sistema operativo que tengamos instalado y del país en el que estemos. Por ejemplo, Windows "sabe" que en España se usa la coma para separar los decimales, entonces considera que la coma es el separador correcto y no el punto, que será ignorado (ver figura 2.1).

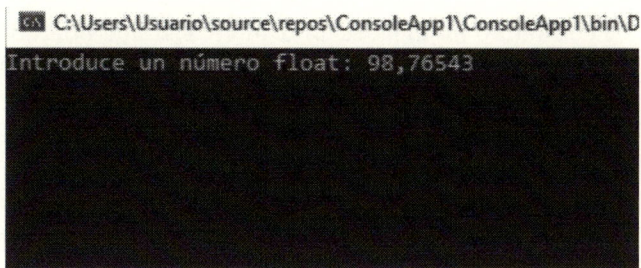

Figura 2.1. *Separación con coma de la parte entera de la decimal.*

Vamos a verlo con un ejemplo:

```
using System;
public class Program
{
    public static void Main()
```

```
    {
        float primerNumero;
        float segundoNumero;
        float suma;
        Console.Write("Introduce el primer número: ");
        primerNumero = Convert.ToSingle(Console.ReadLine());
        Console.Write("Introduce el segundo número: ");
        segundoNumero = Convert.ToSingle(Console.ReadLine());
        suma = primerNumero + segundoNumero;
        Console.Write("La suma de {0} y {1} es {2}", primerNumero,
segundoNumero, suma);
    }
}
```

Mira lo que ocurre al probar el programa (ver figura 2.2). Voy a introducir el primer número con coma y el segundo con punto.

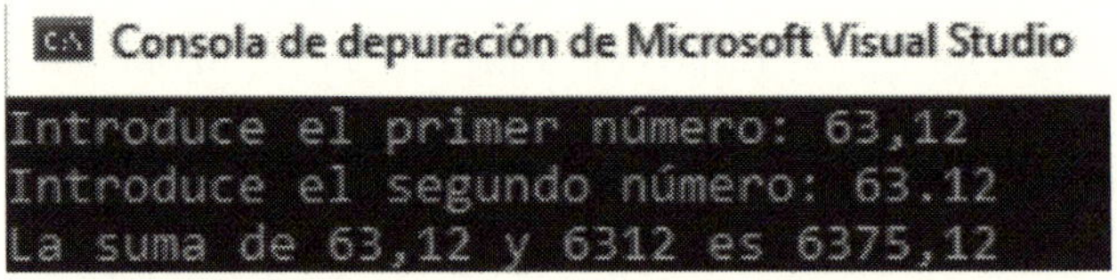

Figura 2.2. *Resultado de la ejecución del programa.*

El separador con punto no lo ha reconocido el sistema operativo, por lo que el resultado de la suma está mal. En este caso tendría que haber escrito todos los números separados por comas.

Ejercicios:

5. Desarrolla un programa que calcule el volumen de una esfera (volumen = pi * radio al cubo * 4/3). El radio lo introducirá el usuario y se leerá con una variable de tipo *double*.
6. Desarrolla un programa que pida al usuario una distancia y una velocidad constante. El programa calculará el tiempo necesario para recorrer ese espacio en horas, minutos y segundos.

2.2.1. Formatear números

En ocasiones, nos puede interesar dar formato a los números que calculamos en nuestros programas. Por ejemplo, si queremos guardar estos números en una base de datos y que todos los datos contengan solo 3 decimales o redondear una calificación a 1 decimal, etc...

La mejor forma de formatear es usando el método "*ToString*()". A este método le pasamos como parámetro (lo que escribimos dentro de los paréntesis), el formato numérico que queremos usar. Para ello utilizamos ceros, almohadillas o la letra N. Vamos a ver varios ejemplos:

```
using System;
public class Program
{
    public static void Main()
    {
        double numero = 256.32147;
        Console.WriteLine(numero);
        Console.WriteLine(numero.ToString("N1"));
        Console.WriteLine(numero.ToString("N3"));
        Console.WriteLine(numero.ToString("0.0"));
        Console.WriteLine(numero.ToString("0.00"));
        Console.WriteLine(numero.ToString("#.####"));
        Console.WriteLine(numero.ToString("#.#####"));
    }
}
```

La salida de este programa es (ver figura 2.3):

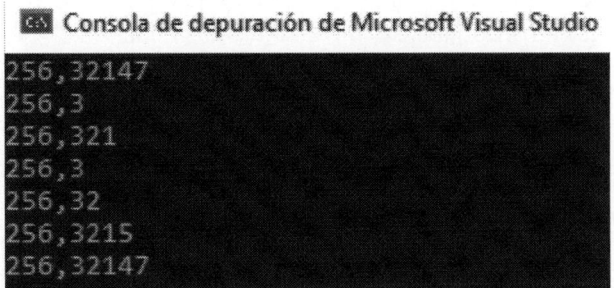

Figura 2.3. *Datos de salida tras la ejecución del programa de ejemplo.*

Es decir:

– El cero se diferencia de la almohadilla (#) en que se indica una posición en la que *debe* aparecer un número, pero si no lo hay se añadiría un 0. Por ejemplo, del siguiente programa el resultado sería 256,300 porque el número (256.3) solo tiene un decimal, pero el formateo obliga a tener 3, por lo que se rellena con ceros:

```csharp
using System;
public class Program
{
    public static void Main()
    {
        double numero = 256.3;
        Console.WriteLine(numero.ToString("0.000"));
    }
}
```

- La almohadilla (#), por lo tanto, indica una posición en la que *podría* aparecer un número en caso de haberlo, pero si no lo hay no se escribe nada.
- El punto hace de separador entre la parte entera y la decimal.
- Las N mayúsculas se usan como formato abreviado. Por ejemplo, N2 quiere decir "con dos cifras decimales" y N5 es "con cinco cifras decimales".

Habrás visto que:

- Si indicamos menos decimales de los que tiene el número, se redondea.
- Si indicamos más decimales de los que tiene el número, se mostrarán ceros si usamos como formato Nx o 0.000, y no se mostrará nada si usamos #.###
- Si indicamos menos cifras antes de la coma decimal de las que realmente tiene el número, aun así, se muestran todas ellas.

Ejercicios:

7. Desarrolla un programa que pida al usuario que introduzca dos números de doble precisión. El programa dividirá el primero entre el segundo y mostrará el resultado por consola utilizando tres cifras decimales.
8. Vuelve a desarrollar un programa que calcule el volumen de una esfera (volumen = pi * radio al cubo * 4/3), pero ahora formatea el resultado para que solo aparezcan 2 decimales.

2.3. Tipo de datos carácter

Para almacenar caracteres existe un tipo de datos que reserva 16 bits en memoria (2 bytes) para guardar un único carácter. Este tipo se llama "*char*". Se declara así:

```
char caracter;
```

Para asignar un valor a esta variable hay que escribir el carácter entre comillas simples. Así:

```
char caracter = 'z';
```

Para convertir los datos carácter que introduce un usuario tenemos que escribir Convert.ToChar(). Así:

```
char caracter = Convert.ToChar(Console.ReadLine());
```

Ejemplo: un programa que pida un carácter al usuario y luego lo muestre por consola sería:

```
using System;
public class Program
{
    public static void Main()
    {
        Console.Write("Introduce un carácter: ");
        char caracter = Convert.ToChar(Console.ReadLine());
        Console.WriteLine("El carácter introducido es: {0}", caracter);
    }
}
```

Ejercicio:

9. Desarrolla un programa que pida varias letras al usuario y luego las muestre por pantalla formando una única palabra.

2.4. Tipo de datos cadenas de caracteres

Las cadenas de caracteres o de texto no son tipos de datos simples o primitivos, ya que utilizan una estructura más compleja, pero a la hora de declararlas se hace igual que con el tipo de datos simple.

Una cadena de caracteres se declara con "*string*". Así:

```
string cadena;
```

Si queremos asignar un valor inicial, tenemos que escribirlo entre comillas dobles. Así:

```
string cadena = "hola";
```

Si queremos leer un "*string*" introducido por el usuario, NO hace falta convertir a nada porque es el dato que por defecto espera el compilador. Me explico: todo lo que se introduce por teclado son caracteres (un punto, una coma, una r, un 4, etc.), de tal forma que no hay que convertirlo a otro tipo de dato porque ya es una cadena de caracteres. Si tú quieres que el carácter "4" sea un número para poder operar con él (por ejemplo, sumarlo a otro número) entonces tienes que convertirlo a número (*Convert.ToInt32()*). Vamos a ver un ejemplo:

```
using System;
public class Program
{
    public static void Main()
    {
        string cadena;
        Console.Write("Introduce una cadena de caracteres: ");
        cadena = Console.ReadLine(); // No hay que convertir a nada
        Console.WriteLine("La cadena introducida es: {0}", cadena);
    }
}
```

Fíjate que solo he escrito *Console.ReadLine()*. No he convertido lo leído a nada porque es lo que espera el compilador, caracteres.

Prueba a introducir "números". ¿Qué ocurre? Pues que no hay ningún problema en almacenarlos dentro de un *string* porque ¡son caracteres! El problema vendría si quisieses operar con ellos. Entonces sí tendrías que convertirlos a números.

Vamos a ver un ejemplo de lo que se puede hacer con una cadena de caracteres:

```
using System;
public class Program
{
    public static void Main()
    {
        string usuario, password;
        Console.Write("Introduce el usuario: ");
        usuario = Console.ReadLine();
        Console.Write("Introduce la contraseña: ");
        password = Console.ReadLine();
        Console.WriteLine("El usuario es: {0}\nLa contraseña es: {1}", usuario,
password);
    }
}
```

Con las cadenas de texto se pueden hacer muchas operaciones como convertir a mayúsculas o a minúsculas, eliminar espacios, extraer un fragmento, dividir la cadena, etc. Pero ya lo veremos más adelante. De momento, que sirva este apartado a modo de presentación de las cadenas.

Ejercicio:

10. Desarrolla un programa que pida al usuario 5 palabras de una en una. Después se mostrarán en consola como una frase.

2.5. El tipo de dato booleano

Quizás este tipo de dato sea un poco más difícil de entender, y no porque sea distinto del resto, sino porque al principio no se suele comprender para qué sirven.

Vamos a ver una breve introducción a la variable booleana, pero ya se desarrollará el tema más adelante cuando veamos las estructuras de control.

El tipo de dato booleano (*bool*) se declara así:

```
bool pagado;
```

Y solo se le puede asignar el valor *true* o *false* (verdadero o falso). Así:

```
bool pagado = true;
```

Un ejemplo:

```
using System;
public class Program
{
    public static void Main()
    {
        bool palabrasIntroducidas;
        string palabra1, palabra2;
        Console.Write("Introduce la primera palabra: ");
        palabra1 = Console.ReadLine();
        Console.Write("Introduce la segunda palabra: ");
        palabra2 = Console.ReadLine();
        palabrasIntroducidas = true; // Si llegamos a esta línea es porque no
ha habido ningún fallo, es decir, se han introducido bien las dos palabras
        Console.WriteLine("¿Se han introducido 2 palabras? {0}", palabrasIntro-
ducidas); // Por lo tanto la respuesta es true
```

Si el compilador llega hasta la línea de código donde se asigna el valor *true* a la variable *"palabrasIntroducidas"* es porque no ha detectado ningún error previo. Por lo tanto, por consola se escribirá *true*.

De momento, es normal que no le veas mucha utilidad, pero ya verás cómo se la encuentras más adelante.

2.6. Conversión de tipos (*type casting*)

Ya hemos visto cómo convertir de manera explícita un tipo de dato a otro utilizando la clase *Convert*. La conversión de datos no solo sirve cuando leemos datos de un usuario, sino que, en ocasiones, querremos transformar algún dato para poder guardarlo en un tipo de variable distinta. Por ejemplo, imagina que queremos sumar dos enteros (*int*) y guardar el resultado en una variable real de simple precisión (*float*). Así:

```
using System;
public class Program
{
    public static void Main()
    {
        int num1 = 3, num2 = 8;
        float resultado = num1 + num2;
        Console.Write(resultado);
    }
}
```

En este caso se está realizando una conversión implícita de tipos (se realiza de manera automática) y no hay ningún problema porque el dato *"float"* puede guardar la parte entera. Sin embargo, intenta hacerlo al revés, es decir, suma dos números reales y trata de guardarlos en un *"int"*. Así:

```csharp
using System;
public class Program
{
    public static void Main()
    {
        float num1 = 3.8f, num2 = 8.5f;
        int resultado = num1 + num2; // Da error en la compilación
        Console.Write(resultado);
    }
}
```

¿Qué ocurre? Hay un error de compilación porque la variable entera no está preparada para guardar decimales.

Para estos casos es necesario convertir explícitamente el tipo de dato. Podemos hacerlo de 2 formas:

– Usar la clase *Convert* como se ha dicho antes

```csharp
using System;
public class Program
{
    public static void Main()
    {
        float num1 = 3.8f, num2 = 8.5f;
        int resultado = Convert.ToInt32 (num1 + num2); // Ya no hay error
        Console.Write(resultado);
    }
}
```

– O poniendo el tipo de variable al que quieres convertir entre paréntesis. Así:

```csharp
using System;
public class Program
{
    public static void Main()
    {
```

```
        float num1 = 3.8f, num2 = 8.5f;
        int resultado = (int) (num1 + num2); // Ya no hay error
        Console.Write(resultado);
    }
}
```

Vamos a dividir 2 entre 3 y a guardar el resultado en una variable de doble precisión (*double*). Después vamos a convertirlo en *float* y después en *int* forzando el nuevo tipo de datos. Así:

```
using System;
public class Program
{
    public static void Main()
    {
        double num1 = 2, num2 = 3;
        double resultadoDouble = num1 / num2;
        float resultadoFloat = (float) (num1 / num2);
        int resultadoInt = (int)(num1 / num2);
        Console.WriteLine("El resultado double es: {0}", resultadoDouble);
        Console.WriteLine("El resultado float es: {0}", resultadoFloat);
        Console.WriteLine("El resultado int es: {0}", resultadoInt);
    }
}
```

En la figura 2.4 se puede ver la salida de este programa:

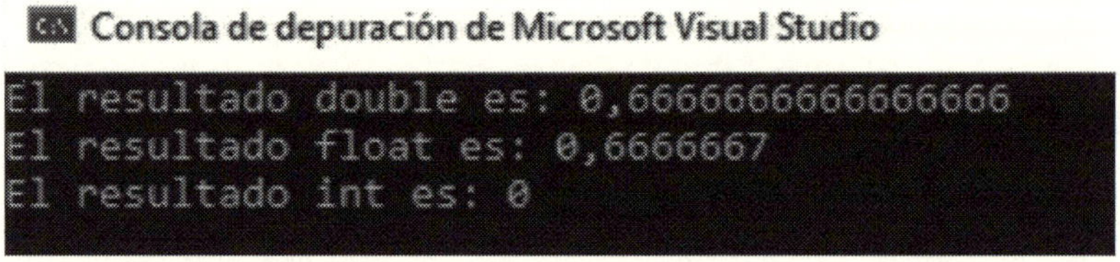

Figura 2.4. *Resultado de la ejecución del ejemplo anterior.*

Ejercicios:

11. Recupera el ejercicio 5 y muestra el resultado del volumen de la esfera con tipos *double*, *float* y *short*.

2.7. Atajos a las operaciones matemáticas más comunes

Hay un atajo muy útil que se usa con mucha frecuencia para realizar una operación muy habitual en programación: *variable = variable + 1*, es decir, un incremento de 1 en una variable.

Por ejemplo, si tenemos una variable entera llamada "*num*" y le asignamos un valor inicial de 5, y la queremos incrementar en uno, tendríamos que hacer esto:

```
using System;
public class Program
{
    public static void Main()
    {
        int num = 5;
        num = num + 1; // Aquí se incrementa el valor de num en 1, es decir,
ahora num vale 6
        Console.Write(num); // Escribe 6 en consola
    }
}
```

Pero podemos atajar haciendo esto:

```
using System;
public class Program
{
    public static void Main()
    {
        int num = 5;
        num++; // Aquí se hace lo mismo que antes, pero hemos abreviado la
escritura. num vale 6
        Console.Write(num); // Escribe 6 en consola
    }
}
```

Del mismo modo, también utilizamos el atajo para el decremento de las variables. Es decir:

```
using System;
public class Program
{
    public static void Main()
```

```
    {
        int num = 5;
        num--; // Ahora estamos decrementando en 1 el valor de la variable. num
vale 4
        Console.Write(num); // Escribe 4 en consola
    }
}
```

Además, también podemos abreviar otras operaciones muy habituales como sumar, restar, multiplicar o dividir (ver tabla 2.5).

Tabla 2.5. *Atajos para realizar las operaciones más comunes*

Operación	Operación abreviada
a = a + b	a += b
a = a - b	a -= b
a = a * b	a *= b
a = a / b	a /= b

Vamos a ver un ejemplo:

```
using System;
public class Program
{
    public static void Main()
    {
        int num = 5;
        Console.WriteLine("La variable num vale {0}", num); // num vale 5
        num += 5; // Ahora se le suma 5
        Console.WriteLine("Ahora vale {0}", num); // num vale 10
        num -= 3; // Ahora se le resta 3
        Console.WriteLine("Y ahora vale {0}", num); // num vale 7
        num *= 2; // Y ahora se multiplica por 2
        Console.WriteLine("Y ahora {0}", num); // num vale 14
    }
}
```

3

DECISIONES

3.1. Estructura *"if"*

Esta primera estructura es muy sencilla de utilizar porque es muy intuitiva. Se trata de usar un condicional para establecer el camino que vamos a seguir. Mira:

```
if (condición) sentencia;
```

Se lee literal: "**si** se cumple la condición del paréntesis **entonces** sentenciamos.

Vamos a ver un ejemplo:

```
using System;
public class Program
{
    public static void Main()
    {
        int num;
        Console.Write("Introduce un número: ");
        num = Convert.ToInt32(Console.ReadLine());
        if (num > 0) Console.WriteLine("El número es positivo.");
    }
}
```

Este programa pide un número entero al usuario. Si el número que se lee en consola es positivo, escribe en pantalla "El número es positivo.", y si es negativo o cero no hace nada.

La estructura se puede escribir de estas dos formas:

```
if (num > 0) Console.WriteLine("El número es positivo.");

if (num > 0)
{
    Console.WriteLine("El número es positivo.");
}
```

Fíjate, para comprobar si el valor es mayor que cero, hemos usado el carácter ángulo (>). Mira la siguiente tabla (tabla 3.1) para ver los distintos operadores relacionales que puedes encontrar en C#.

Tabla 3.1. *Operadores de operaciones en C*

Operador	Operación
<	Menor que
>	Mayor que
<=	Menor o igual que
>=	Mayor o igual que
==	Igual a
!=	No igual a (distinto de)

Vamos a ver otro ejemplo con estas opciones:

```
using System;
public class Program
{
    public static void Main()
    {
        int num;
        Console.WriteLine("Introduce un número");
        num = Convert.ToInt32(Console.ReadLine());
        if (num > 0) Console.WriteLine("El número es positivo.");
        if (num < 0) Console.WriteLine("El número es negativo.");
        if (num <= 0) Console.WriteLine("El número es negativo o cero.");
        if (num >= 0) Console.WriteLine("El número es positivo o cero.");
        if (num == 0) Console.WriteLine("El número es cero.");
        if (num != 0) Console.WriteLine("El número es distinto de cero.");
    }
}
```

Mucho ojo con el doble igual (==) en las condiciones. Si te equivocas y solo pones un igual (=) estarás asignando un valor a la variable. Mira:

```
    if (num1 == 0) Console.WriteLine("El número es 0."); // Así está
comparando si num1 es 0
    if (num1 = 0) Console.WriteLine("El número es 0."); // Así está mal.
Estás asignando 0 a la variable num1
```

Ejercicio:

1. Desarrolla un programa que pida al usuario dos números reales de simple precisión (*float*) y diga cuál es el mayor de ellos.

Además, puedes poner tantas sentencias como quieras, pero ya no valdría escribirlas a continuación de la condición del paréntesis, sino que tienes que escribirlas *dentro del espacio delimitado por las llaves* de la estructura "if" ({}). Así:

```
using System;
public class Program
{
    public static void Main()
    {
        double num;
        Console.Write("Introduce un número: ");
        num = Convert.ToDouble(Console.ReadLine());
        if (num > 0)
        {
            Console.WriteLine("El número es positivo.");
            Console.WriteLine("El número introducido es de doble precisión.");
            Console.WriteLine("Puedes poner tantas sentencias como quieras.");
        }
    }
}
```

En este ejemplo, si el número es positivo, se escriben varias sentencias.

Acuérdate de respetar la indentación del código (los tabulados o sangrías en el margen izquierdo de cada línea) para que tus instrucciones sean más legibles a primera vista. Observa que las llaves de apertura y cierre de cada estructura se colocan en la misma vertical para que se vea claramente a qué parte del programa pertenece cada instrucción. Si te fijas, según vas escribiendo palabras en tu código, éstas se van colocando donde corresponde automáticamente.

Ejercicio:

2. Desarrolla un programa que pida al usuario un número entero corto (*short*). Si es impar pedirá un segundo número entero, pero en esta ocasión largo (*long*). Ahora mostrará por pantalla si el número largo es impar.

3.2. Estructura "if...else"

Antes, con la estructura "*if*" nos hemos quedado "a medias" ya que no podíamos dar una alternativa al código en el caso de no cumplir la condición del paréntesis. Ahora eso lo podemos corregir añadiendo un "*else*" a la estructura. Es decir, podemos indicar lo que queremos que ocurra en caso de que no se cumpla la condición. Así:

```
using System;
public class Program
{
    public static void Main()
    {
        int num;
        Console.WriteLine("Introduce un número");
        num = Convert.ToInt32(Console.ReadLine());
        if (num > 0) Console.WriteLine("El número es positivo.");
        else Console.WriteLine("El número es cero o negativo.");
    }
}
```

Puede que estés pensando: ¿Para qué necesito el "else" si puedo poner tantos "if" como quiera? Algo así:

```
using System;
public class Program
{
    public static void Main()
    {
        int num;
        Console.WriteLine("Introduce un número");
        num = Convert.ToInt32(Console.ReadLine());
        if (num > 0) Console.WriteLine("El número es positivo.");
        if (num <= 0) Console.WriteLine("El número es cero o negativo.");
    }
}
```

La respuesta es que el comportamiento no es el mismo. Me explico: en el primero se mira si el valor es positivo; si no lo es, se pasa a la segunda orden, pero si lo es, el programa ya ha terminado. Es decir, es una única estructura. Sin embargo, en el segundo caso, aunque el número sea positivo, se vuelve a realizar la segunda comprobación para ver si es negativo o cero, por lo que el programa es algo más lento porque son estructuras distintas. A ver si queda más claro con este ejemplo:

```
using System;
public class Program
{
    public static void Main()
    {
        int num;
        Console.WriteLine("Introduce un número");
        num = Convert.ToInt32(Console.ReadLine());
        if (num > 0) Console.WriteLine("El número es positivo.");
        if (num < 0) Console.WriteLine("El número es negativo.");
        if (num == 0) Console.WriteLine("El número es cero.");
    }
}
```

Imagina que el usuario ha introducido un 7. En este caso, el programa haría la comprobación en el primer "if" y, como se cumple la condición, escribiría en consola que el número es positivo. En este momento deberíamos terminar el programa. Sin embargo, se va a hacer la segunda comprobación y luego la tercera. Son estructuras distintas y eso hace que el programa sea más lento. Por lo tanto, es óptimo utilizar una única estructura "*if...else*". Así:

```
using System;
public class Program
{
    public static void Main()
    {
        int num;
        Console.WriteLine("Introduce un número");
        num = Convert.ToInt32(Console.ReadLine());
        if (num > 0) Console.WriteLine("El número es positivo.");
        else if (num < 0) Console.WriteLine("El número es negativo.");
        else Console.WriteLine("El número es cero.");
    }
}
```

Además, se pueden enlazar condiciones utilizando operadores lógicos para ver si se cumplen varias al mismo tiempo. Así:

```
using System;
public class Program
{
    public static void Main()
    {
        Console.WriteLine("Introduce un número");
        int num1 = Convert.ToInt32(Console.ReadLine());
        Console.WriteLine("Introduce otro número");
        int num2 = Convert.ToInt32(Console.ReadLine());
        if ((num1 > 0) && (num2 > 0)) Console.WriteLine("Los dos números son
positivos.");
    }
}
```

En este caso estamos diciendo que solo si se cumplen las dos condiciones ((num1 > 0) && (num2 > 0)) entonces escriba que ambos son positivos. Existen varios operadores lógicos para encadenar las condiciones de una estructura *"if"* (ver tabla 3.2).

Tabla 3.2. *Operadores lógicos en C#*

Operador	Significado
&&	Y
||	O
!	No

Vamos a ver las distintas opciones:

```
using System;
public class Program
{
    public static void Main()
    {
        Console.WriteLine("Introduce un número");
        int num1 = Convert.ToInt32(Console.ReadLine());
        Console.WriteLine("Introduce otro número");
        int num2 = Convert.ToInt32(Console.ReadLine());
        if ((num1 > 0) && (num2 > 0)) Console.WriteLine("Los dos números son
positivos.");
        if ((num1 > 0) || (num2 > 0)) Console.WriteLine("Al menos uno de los
dos es positivo.");
        if (!(num1 == num2)) Console.WriteLine("Los números son distintos.");
    }
}
```

Ejercicios:

3. Desarrolla un programa que pida un número entero corto (*short*) al usuario y muestre por pantalla si es múltiplo de 2 o de 5, pedirá un nuevo número y lo restará al primero.
4. Desarrolla un programa que pida al usuario un número entero de un byte y que diga si es múltiplo de 2 y de 5.

3.2.1. Operador condicional

Hay otra forma de escribir la estructura *if...else* que es más reducida, por lo que se tarda menos en escribir, pero también es menos intuitiva o más difícil de leer. Es el operador condicional, y se representa con el carácter "?". Vamos a ver su sintaxis:

```
variable = condición ? valor1 : valor2;
```

Se podría leer así: "si se cumple la condición, le asignas a la variable el *valor1* y, si no, le asignas el *valor2*". Un ejemplo:

```
using System;
public class Program
{
    public static void Main()
    {
        Console.WriteLine("Introduce un número");
        int num1 = Convert.ToInt32(Console.ReadLine());
        Console.WriteLine("Introduce un número");
        int num2 = Convert.ToInt32(Console.ReadLine());
        int mayor = num1 > num2 ? num1 : num2; // Operador condicional
        Console.WriteLine("El mayor es: {0}", mayor);
    }
}
```

En la línea de código del operador condicional estoy comprobando la condición num1 > num2 y, si se cumple, asigno el valor de *num1* a la variable "mayor". Si no se cumple la condición, asigno el valor de *num2* a "mayor". Este programa equivale a:

```
using System;
public class Program
{
    public static void Main()
    {
        Console.WriteLine("Introduce un número");
        int num1 = Convert.ToInt32(Console.ReadLine());
        Console.WriteLine("Introduce un número");
        int num2 = Convert.ToInt32(Console.ReadLine());
        int mayor;
        if (num1 > num2)
        {
            mayor = num1;
        } else
        {
            mayor = num2;
        }
        Console.WriteLine("El mayor es: {0}", mayor);
    }
}
```

Como ves, el programa es más extenso, tiene más líneas de código, pero es más intuitivo a la hora de leerlo. Puedes utilizar indistintamente una estructura u otra.

También podemos hacer una estructura *if...else* aún mayor con el operador condicional. Mira este ejemplo:

```
using System;
public class Program
{
    public static void Main()
    {
        Console.Write("Introduce un número");
        int num = Convert.ToInt32(Console.ReadLine());
        string resultado = num > 0 ? "Es positivo" : num < 0 ? "Es negativo" :
"Es cero"; // Similar a la estructura if... else if... else
        Console.WriteLine(resultado);
    }
}
```

Fíjate, se puede imitar una estructura de if...else if... else tantas veces como quieras poniendo detrás de los dos puntos (:) otra nueva condición. El ejemplo anterior se podría leer de la siguiente manera: Si num>0 asigna la cadena "es positivo" a la variable resultado. Si no, si num<0 asigna la cadena "es negativo" a la variable resultado. Si no, asigna la cadena "es cero" a la variable resultado.

Ejercicio:

> 5. Usa el operador condicional para calcular el menor de dos números reales de doble precisión introducidos por el usuario.

Ahora que conocemos este tipo de estructuras para establecer condiciones, podemos profundizar en el conocimiento de las variables booleanas, ¿las recuerdas? Son las que solo podían tener 1 de dos valores posibles: *true* o *false*.

Estas variables harán que podamos escribir de forma simplificada algunas condiciones que podrían resultar complejas. Por ejemplo, piensa en todas las posibles condiciones que hay a la hora de acabar una partida de un videojuego: quedarnos sin vidas, quedarnos sin tiempo, acabar el último nivel... El código sería algo así como:

```
using System;
public class Program
{
    public static void Main()
    {
        bool partidaTerminada = false;
        bool salirDelJuego = false;
        int vidas = 3, nivel = 2, tiempo = 10, ultimoNivel = 5;
        if ((vidas == 0)||(tiempo==0)||(nivel == ultimoNivel)) salirDelJuego =
true; //No haría falta hacer todas estas comparaciones
        if (partidaTerminada==true) salirDelJuego = true; //Así simplificamos
    }
}
```

Observa que para decidir si salir del juego o no podemos hacerlo de dos formas: una enlazando varias condiciones con el operador lógico "o" (||) y la otra con una variable booleana. Como puedes ver con la booleana se simplifica el proceso.

A partir de ahora utilizaremos este tipo de variable para evitar hacer bloques de "*if*" más complejos. Vamos a ver un ejemplo que pida un carácter al usuario y diga si es una vocal, un número u otro carácter:

```
using System;
public class Program
{
    public static void Main()
    {
        bool esVocal, esNumero;
```

```
        Console.WriteLine("Introduce una letra");
        char caracter = Convert.ToChar(Console.ReadLine());
        esNumero = (caracter >= '0') && (caracter <= '9');
        esVocal = (caracter == 'a') || (caracter == 'e') || (caracter == 'i')
|| (caracter == 'o') || (caracter == 'u');
        if (esNumero)
            Console.WriteLine("Es una cifra numérica.");
        else if (esVocal)
            Console.WriteLine("Es una vocal.");
        else
            Console.WriteLine("Es una consonante u otro símbolo.");
    }
}
```

En este fragmento de código puedes ver varias cosas:

- A las variables booleanas se les puede asignar el resultado de una condición, es decir, en la línea de código esNumero = (caracter >= '0') && (caracter <= '9'); si se cumple la condición se asigna un *true*, y si no se cumple se asigna un *false*.
- Es lo mismo escribir la condición if (esVocal) que if (esVocal==true). Se suele escribir de la primera forma porque es más corto. Del mismo modo se puede escribir if (!esVocal) con la exclamación hacia abajo antes del nombre de la variable, para indicar que es *false* en lugar de if (esVocal==false).

Ejercicio:

6. Desarrolla un programa que pida dos números enteros cortos (*short*) al usuario. Después usará el operador condicional (?) para asignar a una variable booleana el valor "*true*" si los dos números son iguales, o "*false*" si no los son.

3.3. Estructura "switch"

En ocasiones tendremos que hacer programas donde haya que decidir entre muchas opciones. Por ejemplo, imagina que mostramos un menú en pantalla: la opción 1 hace una cosa, la opción 2 otra distinta, la opción 3 otra distinta, etc. En este caso tendríamos que hacer muchos bloques de "*if*" para decidir qué hacer: si opción1 entonces "sentencia1"; si opción2 entonces "sentencia2", y así sucesivamente. Para estos casos existe una estructura más optimizada, la orden "*switch*".

Vamos a ver su sintaxis antes de explicar cómo funciona:

```
switch (variable)
{
    case opcion1:
        sentencia1;
        break;
    case opcion2:
        sentencia2;
        sentencia2b;
        break;
    case opcion3:
        goto case opcion1;
        ...
    case opcionN:
        sentenciaN;
        break;
    default:
        otraOpcion;
        break;
}
```

Vamos a analizar esta estructura:

- Observa cómo, después de la orden "switch", se escribe entre paréntesis la variable a analizar.
- Tras los distintos "*case*" se indica cada una de las posibles opciones. Aquí hay que tener en cuenta que, si lo que estás analizando es una cadena de caracteres, la opción a analizar tiene que ir entre comillas dobles; si estás analizando un carácter, tienes que escribir la opción entre comillas simples y, si es un número, no hay que poner nada, simplemente el número. Mira este ejemplo:

```
switch (variable)
{
    case "Hola":
        Console.Write("El usuario ha escrito Hola");
        break;
    case 'r':
        Console.Write("El usuario ha escrito r");
        break;
    case 7:
        Console.Write("El usuario ha escrito 7");
        break;
    default:
        Console.Write("El usuario ha escrito otra cosa");
        break;
}
```

Sigamos analizando:

– Puedes poner en cada "case" todas las sentencias que necesites.
– Todos los "*case*" tienen que acabar con una orden "*break*".
– Finalmente, si no se cumple ninguno de los "*case*" tendremos que detallar qué ocurre en la orden "*default*".
– Si dos "*case*" tienen la/s misma/s sentencia/s, es más rápido añadir la orden "*goto case*" en lugar de escribir las mismas sentencias varias veces. La orden "*goto case*" se lee literalmente, es decir, "ve al caso…" Mira este ejemplo:

```
switch (variable)
{
    case 1:
        Console.Write("El usuario ha escrito un número entre el 1 y el 5.");
        break;
    case 2:
        goto case 1;
    case 3:
        goto case 1;
    case 4:
        goto case 1;
    case 5:
        goto case 1;
    default:
        Console.Write("El usuario ha escrito otra cosa");
        break;
}
```

Otra opción aún más rápida, para los casos en los que se repitan sentencias, es dejar los "*case*" en blanco y solo sentenciar en el último. Esto lo podemos hacer porque cuando el compilador ve un "case" vacío pasa al siguiente y continúa así hasta que encuentra una sentencia. Mira este ejemplo:

```
switch (variable)
{
    case 1:
    case 2:
    case 3:
    case 4:
    case 5:
        Console.Write("El usuario ha escrito un número entre el 1 y el 5.");
        break;
```

```
        default:
            Console.Write("El usuario ha escrito otra cosa");
            break;
}
```

Vamos a ver un ejemplo, que analice un carácter introducido por el usuario. Recuerda que todas las teclas de tu teclado son caracteres, es decir, puedo leer un 7 como un carácter en lugar de convertirlo a número. Así:

```
using System;
public class Program
{
    public static void Main()
    {
        Console.Write("Introduce un carácter: ");
        char caracter = Convert.ToChar(Console.ReadLine());
        switch (caracter)
        {
            case ' ':
                Console.WriteLine("El usuario ha escrito un espacio en
blanco.");
                break;
            case '1':
            case '2':
            case '3':
            case '4':
            case '5':
            case '6':
            case '7':
            case '8':
            case '9':
            case '0':
                Console.WriteLine("El usuario ha escrito un número.");
                break;
            default:
                Console.WriteLine("El usuario ha escrito un carácter que no es
un número ni un espacio en blanco.");
                break;
        }
    }
}
```

Vamos a ver otro ejemplo con cadenas de texto:

```csharp
using System;
public class Program
{
    public static void Main()
    {
        Console.Write("Introduce un nombre: ");
        string nombre = Console.ReadLine();
        switch (nombre)
        {
            case "Lucas":
                Console.WriteLine("Hola, Lucas.");
                break;
            case "Carlos":
                Console.WriteLine("Hola, Carlos.");
                break;
            case "Luis":
                Console.WriteLine("Hola, Luis.");
                break;
            default:
                Console.WriteLine("No te conozco.");
                break;
        }
    }
}
```

Observa cómo los "*case*" van entre comillas dobles por ser cadenas de caracteres.

Vamos a ver un ejemplo más "real". En un videojuego es muy habitual ver un menú de inicio donde tengamos distintas opciones como: jugar, ver las reglas del juego, ver un ranking o los créditos, por ejemplo. Mira este código para ver cómo podríamos seleccionar una opción del menú:

```csharp
using System;
public class Program
{
    public static void Main()
    {
        Console.Write("MENÚ DEL JUEGO: ");
        Console.Write("\n1) Jugar\n2) Reglas del juego\n3) Ranking\n4)
Créditos\n5) Salir\n\nElige una opción: ");
        int opcion = Convert.ToInt32(Console.ReadLine());
        switch (opcion)
        {
            case 1:
                Console.WriteLine("Con esta opción iríamos al juego.");
                break;
```

```
        case 2:
            Console.WriteLine("Con esta opción se mostrarían las reglas.");
            break;
        case 3:
            Console.WriteLine("Con esta opción se vería el ranking.");
            break;
        case 4:
            Console.WriteLine("Con esta opción se mostrarían los
créditos.");
            break;
        case 5:
            Console.WriteLine("Con esta opción saldríamos del juego.");
            break;
        default:
            Console.WriteLine("No es una opción correcta.");
            break;
    }
  }
}
```

Ejercicio:

7. Desarrolla un programa que pida al usuario que introduzca un carácter. Después dirá si se trata de un signo de puntuación (. , ; :), un número u otro carácter.

3.4. Planificando el programa

Del mismo modo que nos ayudaba a entender o a planificar un programa utilizar pseudocódigo, también existen diagramas para hacer la tarea más sencilla. Vamos a ver una introducción a los diagramas de flujo para tratar de planificar los ejercicios.

Para desarrollar el diagrama se sigue una notación de símbolos para poder representar el flujo de un programa. De momento, vamos a utilizar solo 4 de estos símbolos para planificar nuestro programa. Así:

- Un *círculo* representa el inicio o el final de un programa.
- Un *rectángulo* representa un proceso interno, como asignar valores a las variables o realizar alguna operación.
- Un *paralelogramo* con los lados laterales inclinados representa las entradas y salidas del programa, como la escritura en consola o la lectura de datos del usuario.

– Un *rombo* representa la toma de decisiones. De aquí saldrán dos flechas que representa el flujo que se seguirá en el programa en el caso de cumplirse la condición o no.

Para dibujar estos diagramas tienes muchas herramientas gratuitas en internet. Una muy conocida se llama draw.io. Prueba a poner esto en tu navegador: https://app.diagrams.net/

Ejemplo: vamos a planificar un programa que pida dos números al usuario y diga cuál es el menor (ver Figura 3.1).

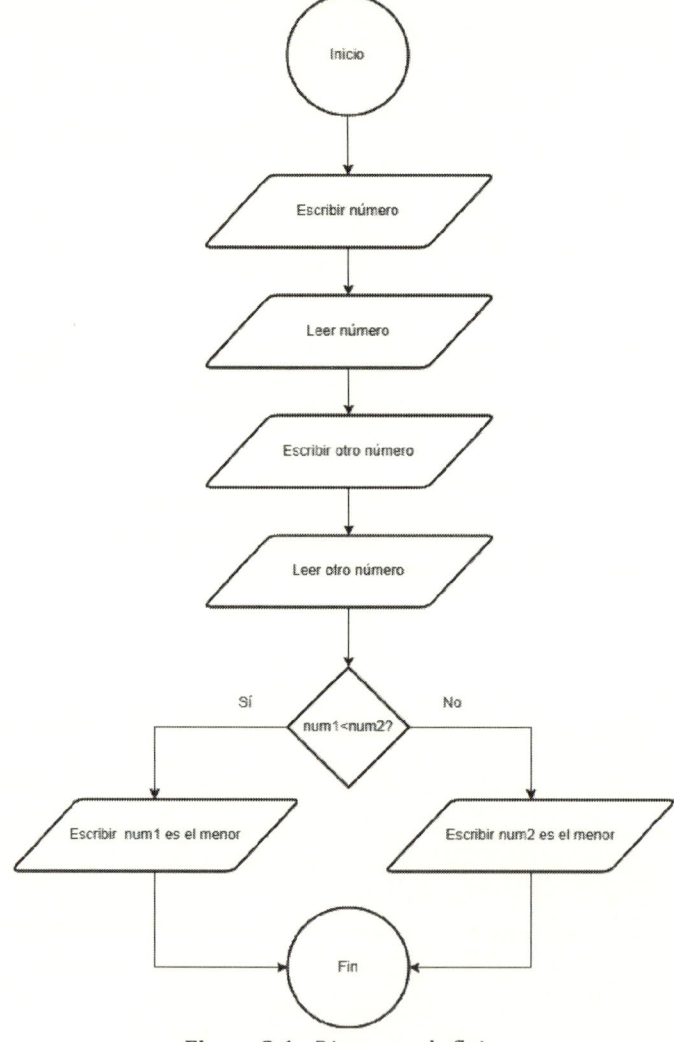

Figura 3.1. *Diagrama de flujo.*

La lectura del diagrama para después escribir el código es sencilla. La escritura se traduce a un Console.Write(); la lectura a un Console.ReadLine() y, como son números lo que pedimos al usuario, hay que convertirlo a entero, es decir, Convert.ToInt32(); lo que está dentro del rombo (la condición) se traduce a una estructura "if...else".

Ejercicios:

8. Dibuja un diagrama de flujo para planificar un programa que pida un número al usuario y diga si es positivo, negativo o cero.
9. Dibuja un diagrama de flujo para planificar un programa que pida tres números al usuario y diga cuál es el menor de los tres.

ITERACIONES (BUCLES)

4.1. Estructura de un bucle "while"

Para conseguir que una o varias órdenes se repitan un número indeterminado de veces, usaremos la instrucción "while". Vamos a ver su sintaxis:

```
while (condición)
{
    sentencia/s;
}
```

Por si no lo sabes, "while" significa "mientras" en inglés y, al igual que en la estructura "if" que vimos en el tema anterior, tenemos una condición. Podemos interpretar la sentencia leyéndola de manera literal: Mientras (while) se cumpla la condición del paréntesis, vamos a sentenciar en cada iteración (repetición), es decir, la sentencia se repetirá mientras la condición sea cierta. Si desde un primer momento no se cumple la condición, no se entra en el bucle de repetición y no se ejecuta la sentencia nunca. Puede haber tantas sentencias como necesites, pero delimitadas por llaves ({}).

Vamos a ver un primer ejemplo:

```
using System;
public class Program
{
    public static void Main()
    {
        Console.Write("Introduce un número (escribe 0 para salir): ");
        int numero = Convert.ToInt32(Console.ReadLine());
        while (numero != 0) // mientras el número introducido sea distinto de 0
haremos lo que hay entre las llaves, pero si el número es 0, saldrá del bucle
        {
            if (numero > 0)
            {
                Console.WriteLine("El número introducido es positivo.");
            }

            else
            {
                Console.WriteLine("El número introducido es negativo.");
            }
```

```
        Console.WriteLine("Introduce otro número (escribe 0 para salir): ");
        numero = Convert.ToInt32(Console.ReadLine());
    }
    Console.WriteLine("Fin del programa."); // salimos del bucle y se acaba
el programa
    }
}
```

En este ejemplo tenemos un programa que lee un número del usuario. Mientras (while) el número sea distinto de 0 el programa hará todo lo que hay entre las llaves del bucle "while", pero en el momento en el que el usuario escriba 0, saldremos del bucle e iremos al final del programa.

Si el usuario introduce 0 al empezar, no se cumple la condición y, por lo tanto, no llegamos a entrar en el bucle, yendo al final del programa directamente.

Ejercicios:

1. Desarrolla un programa que pida al usuario una contraseña. La contraseña correcta es 1234. *Mientras* no acierte la contraseña permanecerá el programa dentro del bucle pidiendo que vuelva a introducir la contraseña. Al final del programa se le dará *feedback* al usuario diciendo: "Contraseña acertada."
2. Desarrolla un programa que calcule el cubo de un número entero corto introducido por el usuario. Esto lo hará de manera repetitiva hasta que el usuario introduzca un 0. Al final del programa se le dará *feedback* al usuario diciendo: "Fin del programa."

Si te has fijado, no podemos saber de antemano cuántas iteraciones (repeticiones) va a hacer el programa porque no sabemos cuándo va a escribir el usuario la orden de salida. Pero podemos hacer un "truco" para que se repitan las sentencias un número *determinado* de veces. Verás, vamos a introducir un contador de iteraciones. Mira:

```
using System;
public class Program
{
    public static void Main()
    {
        int contador = 1;
        while (contador <= 10)
        {
            Console.WriteLine(contador);
            contador++;
        }
        Console.WriteLine("Fin del programa.");
    }
}
```

Este ejemplo cuenta desde 1 hasta 10 antes de salir del bucle y escribe por consola el número que se encuentra en la variable contador. Dicho de otra forma: tenemos una variable que inicialmente vale 1. Después, se comprueba la condición del "while". Como 1 es menor o igual que 10, entra en el bucle. Ahora, escribe 1 por consola y se incrementa el valor de la variable a 2. Como 2 sigue cumpliendo la condición del "while", permanece dentro del bucle. Ahora escribe 2 por consola y se incrementa a 3. Así sucesivamente hasta que el incremento llega a 11 y ya no cumple la condición del bucle. Entonces se sale.

Ejercicios:

3. Desarrolla un programa que muestre por consola los números impares del 39 al 17.

4.2. Estructura "do ... while"

Otra posibilidad que ofrece la orden "while" es comprobar la condición al final de la estructura en lugar de al principio, como antes. Así, nos aseguramos que todo lo que tengamos que hacer, al menos, se va a hacer una vez antes de llegar a la comprobación. Vamos a verlo mejor con un ejemplo, pero de momento vamos con la sintaxis:

```
do
{
    sentencia;
}
while (condición);
```

Al igual que en el caso anterior, podremos añadir todas las sentencias que necesitemos delimitadas por las llaves de la estructura.

Como ejemplo, vamos a ver un programa que pide una contraseña al usuario:

```
using System;
public class Program
{
    public static void Main()
    {
        int passwordCorrecto = 1234;
        int password;
        do
        {
```

```
        Console.Write("Introduce el password: ");
        password = Convert.ToInt32(Console.ReadLine());
        if (password != passwordCorrecto)
            Console.WriteLine("Password incorrecto.");
    }
    while (password != passwordCorrecto);
    Console.WriteLine("Password correcto.");
    }
}
```

Como decía, en esta ocasión, la comprobación de la condición se hace al final, por lo que nos aseguramos que el bloque de la orden "do" se hace, como mínimo, una vez. Mientras que la contraseña que introduce el usuario sea incorrecta, se volverá a iterar por el bloque "do", de modo que volverá a pedir que introduzca otra vez la contraseña. Este bucle iterará indeterminadamente hasta que el usuario introduzca la contraseña correcta. Entonces, acabará el programa.

No es necesario que introduzcamos números para hacer comprobaciones o establecer condiciones, sino que se puede hacer con cualquier tipo de variable. Por ejemplo, podemos preferir que la contraseña sea una cadena de caracteres en lugar de un número. Lo resolveríamos así:

```
using System;
public class Program
{
    public static void Main()
    {
        string passwordCorrecto = "mi_password_correcto";// ahora es un string
        string password;
        do
        {
            Console.Write("Introduce el password: ");
            password = Console.ReadLine(); // no hay que convertir
            if (password != passwordCorrecto)
                Console.WriteLine("Password incorrecto.");
        }
        while (password != passwordCorrecto);
        Console.WriteLine("Password correcto.");
    }
}
```

Ejercicio:

   4. Desarrolla un programa que muestre por consola los números pares del 86 al
      60, usando "do...while".

4.3. Estructura "for"

Hemos visto cómo utilizar una estructura para iterar un número *indeterminado* de veces hasta que se cumpla una condición. En otras ocasiones nos interesará otro tipo de estructura donde repetiremos órdenes un número *determinado* de veces. Gracias a la estructura "for" podremos iterar tantas veces como queramos, es decir, es el desarrollador el que tiene el control del número de iteraciones que va a realizar un bucle "for". Su sintaxis es:

```
for (valorInicial; condiciónDeRepetición; incremento)
{
    sentencia;
}
```

Como ves, es una estructura un poco más compleja y menos intuitiva que las anteriores. Por eso debes prestar especial atención a esta estructura porque, además, es de las más utilizadas en programación.

Creo que lo vas a ver más claro con un ejemplo sencillo. Vamos a contar del 1 al 5. Fíjate en la sintaxis. Vamos a desglosar punto por punto lo que hay que hacer:

– Lo primero que ves en la sintaxis es que necesitamos un valor inicial. Como queremos contar del 1 al 5, nuestro valor inicial es 1.
– Después, la sintaxis nos pide una condición de repetición, es decir, qué tiene que ocurrir para que se siga repitiendo la/s sentencia/s que tenemos delimitadas entre llaves. En este caso, la condición sería que el número sea menor o igual a 5.
– Para terminar, nos pide un incremento. En este caso queremos que el número se vaya incrementando de 1 en 1.
– Ahora solo faltaría por ver qué queremos que haga el programa esas 5 iteraciones que se van a producir. Por ejemplo, queremos solo una sentencia que sea mostrar por consola el número con el que estamos trabajando.

Resumiendo lo anterior, en código sería:

```
for (num = 1; num <= 5; num++)
{
    Console.WriteLine(num);
}
```

Es muy habitual utilizar siempre utilizar el nombre "i" para trabajar dentro de los bucles "for". Vamos a ver cómo quedaría el programa completo:

```
using System;
public class Program
{
    public static void Main()
    {
        int i;
        for (i = 1; i <= 5; i++)
            Console.WriteLine(i);
    }
}
```

Vamos a ver otro ejemplo un poco más elaborado. En esta ocasión queremos que se muestren los números comprendidos entre el 20 y el 40 que sean múltiplos de 3. Mira:

```
using System;
public class Program
{
    public static void Main()
    {
        int i;
        for (i = 20; i <= 40; i++) // empezamos a contar en 20 y acabamos en 40
        {
            if (i % 3 == 0) // si al dividir el valor de la variable i entre 3
da de resto 0
            {
                Console.WriteLine(i);
            }
        }
    }
}
```

Vamos a ver línea por línea qué hace este programa. A este proceso se le denomina "**depurar**". Así pues, vamos a depurar el código:

- Al empezar, la variable "i" tiene un valor de 20.
- Entramos en la estructura "if" y dividimos 20 entre 3. Como el resto NO es 0, entonces el programa no hace nada.
- Ahora que hemos acabado la/s sentencia/s del bucle "for" se incrementa el valor de la variable "i", es decir, ahora "i" vale 21.

- Comprobamos que cuando i=21 se sigue cumpliendo la condición del "for", es decir, "i" es menor o igual que 40.
- Volvemos a entrar en la estructura "if" y dividimos 21 entre 3. Como en esta ocasión el resto sí es 0, se escribe en pantalla 21.
- Ahora se vuelve a incrementar el valor de la variable "i" y comprobamos si se sigue cumpliendo la condición i<=40.
- El bucle continuará hasta que deje de cumplirse la condición, es decir, hasta que "i" tenga un valor de 41.

Ejercicios:

5. Desarrolla un programa que muestre por consola los números del 100 al 200 seguidos y separados por un espacio.
6. Desarrolla un programa que muestre por consola los números del 50 al 90 que sean divisibles entre 5 y entre 3.
7. Desarrolla un programa que muestre por consola los números pares comprendidos entre el 21 y el 37.
8. Desarrolla un programa que muestre por consola los números del 15 al 5, es decir, en lugar de incrementar, deberás decrementar la variable de 1 en 1.

4.4. Bucles infinitos

Habrá ocasiones en las que nos interesará que un bucle repita sentencias indefinidamente. Hay varias formas de conseguirlo. Por ejemplo, podemos no incluir el incremento en el *"for"*. Así la variable siempre valdrá lo mismo y, por lo tanto, se repetirá indefinidamente. Así:

```
for (i = 1; i <= 5;)
```

Como puedes comprobar, al no haber incremento, ni tan siquiera haría falta la condición del bucle. El valor de "i" siempre va a ser 1. Es un bucle sin fin.

Otra manera de hacer este bucle sin final es esta:

```
for (; ; )
```

Con una estructura "while" o "do...while" también se puede conseguir este tipo de bucle. Solo hace falta poner una condición que siempre se cumpla. Mira:

```
while (1 == 1)
```

Obviamente, 1 siempre va a ser igual a 1. Puedes poner cualquier condición que siempre vaya a ser cierta. También es habitual ver bucles sin fin con esta sintaxis:

```
while (true)
```

Utiliza la forma que más te guste. Todos estos ejemplos vistos funcionan de la misma manera.

Ejercicios:

9. Desarrolla un programa que escriba indefinidamente "no hay fin" en pantalla sin avanzar de línea.
10. Desarrolla un programa que muestre indefinidamente en pantalla los números pares empezando por el 2.

4.5. Bucles anidados

Tenemos más opciones a la hora de contar iteraciones. Piensa en situaciones en las que, en lugar de contar una vez, queramos contar dos, por ejemplo. ¿Cómo podríamos hacer esto? Metiendo un bucle dentro de otro. Lo que se llama "anidar bucles". Puede que con un ejemplo lo veas más claro. Si queremos desarrollar un programa que calcule las tablas de multiplicar del 1 al 5, tendremos que contar, por un lado, de 1 a 5 (multiplicando) y, por otro lado, de 1 a 10 (multiplicador). Así:

```
using System;
public class Program
{
    public static void Main()
    {
        int multiplicando, multiplicador;
        for (multiplicando = 1; multiplicando <= 5; multiplicando++)
        {
            for (multiplicador = 1; multiplicador <= 10; multiplicador++)
            {
                Console.WriteLine("{0} x {1} = {2}", multiplicando,
multiplicador, multiplicando * multiplicador);
            }
        }
    }
}
```

Os recomiendo que utilicéis siempre las mismas variables para las estructuras. Es muy habitual que la variable utilizada dentro de un bucle "for" se llame "i". Como en este caso hay un bucle dentro de otro, no se pueden llamar a las 2 variables igual, por lo que, en estos casos, a la segunda variable se le suele llamar "j". Así:

```
using System;
public class Program
{
    public static void Main()
    {
        int i, j;
        for (i = 1; i <= 5; i++)
        {
            for (j = 1; j <= 10; j++)
            {
                Console.WriteLine("{0} x {1} = {2}", i, j, i * j);
            }
        }
    }
}
```

Vamos a depurar el código:

- Cuando entramos en el primer bucle "for" (el de fuera), la variable "i" vale 1.
- Luego entra en el segundo bucle "for" (el de dentro), y la variable "j" vale 1.
- Entonces escribe 1 x 1 = 1 en consola.
- Ahora incrementa "j", por lo que vale 2. Entonces comprueba la condición de permanencia en el bucle "de dentro" y, como 2 es menor o igual que 10, sigue en este bucle.
- Entonces escribe 1 x 2 = 2 en consola. Vuelve a incrementar "j" y a comprobar la condición de permanencia. Como se sigue cumpliendo, permanece en el bucle "de dentro".
- Después de incrementar "j" varias veces llegará a j=11. En este caso ya no se cumple la condición del bucle "de dentro" y, por lo tanto, se sale del bucle.
- Al salir del bucle "de dentro", vuelve a entrar en el "de fuera". Entonces, se incrementa la "i", que ahora vale 2, y vuelve a entrar en el bucle "de dentro", donde "j" vale 1 de nuevo. Ahora escribe 2 x 1 = 2.
- Se repetirá el proceso completo. Cuando el incremento de "j" no cumpla la condición de permanencia del bucle "de dentro", saldrá al bucle "de fuera".
- Cuando el incremento de "i" llegue a 6 ya no se cumplirá la condición del bucle "de fuera", por lo que habremos acabado.

Así, la salida de este programa es:

```
1 x 1 = 1
1 x 2 = 2
...
1 x 10 = 10
2 x 1 = 2
2 x 2 = 4
...
2 x 10 = 20
3 x 1 = 3
3 x 2 = 6
...
3 x 10 = 30
4 x 1 = 4
4 x 2 = 8
...
4 x 10 = 40
5 x 1 = 5
5 x 2 = 10
...
5 x 10 = 50
```

Ejercicios:

11. Desarrolla un programa que muestre 4 veces los números pares del 10 al 20, en una misma línea.
12. Desarrolla un programa que muestre por consola los números comprendidos entre el 100 y el 130 que sean divisibles entre 5, 6 o 7.
13. Desarrolla un programa que escriba arrobas dibujando un cuadrado de lado 3. Así:

```
@@@
@@@
@@@
```

Vamos a hacer una pequeña mejora. Es muy normal que haya muchos bucles dentro de un programa. Si seguimos declarando las variables fuera de los bucles nos vamos a quedar sin letras para nombrarlos. Es mejor declarar estas variables dentro del "*for*" para que, en el siguiente bucle, se pueda reutilizar el mismo nombre. Esto se debe a que una variable solo la conoce el código que está dentro del mismo bloque delimitado por llaves (lo llamamos variable local). Es decir, si declaro una variable dentro de un bucle "*for*", solo lo que está dentro de ese bucle conoce esa variable. Así, si tengo que volver a usar otro bucle "*for*" puedo volver a usar una variable con el mismo nombre. Mira:

```
for (int i = 1; i <= 10; i++) ...
```

¿Ves? He declarado la variable "*i*" dentro del bucle. Así, solo ese bucle conoce esa variable. Si tengo que volver a hacer, más tarde, otro bucle "*for*" puedo volver a utilizar el nombre "*i*" sin problema. Es muy habitual que las variables utilizadas en los bucles "*for*" utilicen la letra "*i*".

Mira un par de ejemplos para que entiendas mejor lo que quiero decir. Vamos a calcular la tabla de multiplicar del 5. Declaro la variable "*i*" fuera de los bucles. Así:

```
using System;
public class Program
{
    public static void Main()
    {
        int i;
        for (i = 1; i <= 10; i++)
            Console.WriteLine("5 x {0} = {1}", i, i * 5);

        while (i <= 10) // cuando llegamos aquí n vale 11 por lo que no entra
en el while
        {
            Console.WriteLine("5 x {0} = {1}", i, i * 5);
            i++;
        }
    }
}
```

Entonces, cuando llegamos al bucle "*while*" la variable "*i*" tiene un valor de 11, por lo que no entraría en el bucle.

Ahora, si declaramos la variable "*i*" dentro del bucle "*for*", el bloque "*while*" no compilaría porque no conoce la variable "*i*":

```
using System;
public class Program
{
    public static void Main()
    {
        for (int i = 1; i <= 10; i++)
            Console.WriteLine("5 x {0} = {1}", i, i * 5);

        while (i <= 10) // ahora el bucle while no conoce la variable i
```

```
        {
            Console.WriteLine("5 x {0} = {1}", i, i * 5);
            i++;
        }
    }
}
```

A partir de ahora siempre declararemos las variables de las estructuras *"for"* dentro del bucle. Además, aunque sabemos que no hace falta delimitar con llaves si dentro de una estructura solo tenemos una sentencia, nos vamos a acostumbrar a ponerlas siempre para evitar problemas.

Ejercicios:

14. Desarrolla un programa que pida un número entero de tamaño byte al usuario y muestre por consola los múltiplos de 7 que haya entre 1 y el número introducido. Declara las variables que necesites dentro del bucle y delimita la/s estructura/s con llaves.

4.6. Órdenes "break", "goto" y "continue"

Si recuerdas, las órdenes *"break"* y *"goto"* las vimos dentro de la estructura de un *"switch"*. Utilizamos *break* para salir de cualquier estructura cuando queramos. Imagina que queremos incrementar una variable indefinidamente hasta un número que nos dé el usuario. Podemos hacerlo así:

```
using System;
public class Program
{
    public static void Main()
    {
        Console.Write("Introduce un número: ");
        int num = Convert.ToInt32(Console.ReadLine());
        for (int i=1; ;i++ )
        {
            Console.Write(i);
            if (i == num) break;
        }
    }
}
```

Fíjate, en el bucle *"for"* no tengo una condición de permanencia, por lo que "i" se estaría incrementando indefinidamente de 1 en 1. Cuando se cumple que *"i"* vale lo mismo que el número introducido por el usuario (*"num"*) entonces forzamos la salida del bucle con la orden *"break"*.

Break es una orden que, en la medida de lo posible, tenemos que evitar para una mejor legibilidad del programa. El ejemplo anterior se podría haber resuelto sin *"break"*. Así:

```
using System;
public class Program
{
    public static void Main()
    {
        Console.Write("Introduce un número: ");
        int num = Convert.ToInt32(Console.ReadLine());
        for (int i=1; i<=num ;i++ )
        {
            Console.Write(i);
        }
    }
}
```

Observa cómo, al introducir la condición de permanencia dentro del bucle *"for"* (i<=num), ya no hace falta utilizar el *"break"*. Siempre que sea posible evitaremos su utilización.

La orden *"goto"* se lee literal, es decir, "ve a". Así podemos ir de un sitio a otro del código sin problema. Tiene una sintaxis muy sencilla:

```
goto unLugar; // aquí saltas a un lugar
unLugar: // aquí continuas con el programa
```

Esto tiene una parte buena, que es la flexibilidad, pero tiene otra muy mala que es una pésima legibilidad del programa, es decir, para una persona que no haya escrito el código es muy difícil de seguir. Esto no quiere decir que en ocasiones no nos resulte útil, pero tenemos que tratar de evitarlo en la medida de lo posible. Imagina que estamos dentro de un bucle *"for"* anidado. Si utilizásemos un *"break"* solo saldríamos del bucle interno, pero no de la estructura. Aquí podríamos utilizar un *"goto"* para salir "del todo". Mira este ejemplo:

```
using System;
public class Program
{
    public static void Main()
    {
        Console.Write("Introduce un número: ");
        int num1 = Convert.ToInt32(Console.ReadLine());

        for (1nt i = 1; ; i++)
            for (int j = 1; j <= 5 ; j++)
            {
                if (i == num1)
                {
                    goto otroLugar;
                }
                Console.WriteLine("i vale {0} y j vale {1}.", i, j);
            }
        otroLugar:
        Console.Write("Fin del programa");
    }
}
```

Observa que, como no tenemos una condición en el for "de fuera" estamos creando un bucle infinito, pero le vamos a dar la opción al usuario de introducir un número para terminar con las iteraciones. De este modo, vamos a iterar hasta que se alcance el número introducido por el usuario. Al tener una orden "*goto*" saldremos de los dos bucles simultáneamente hacia "otroLugar", que podrá estar en cualquier parte del programa. Parece una buena solución, pero como decía, al igual que ocurría con la orden "*break*", es mejor planificar el código para no tener que usar nunca la orden "*goto*". En este ejemplo lo podríamos resolver así:

```
using System;
public class Program
{
    public static void Main()
    {
        Console.Write("Introduce un número: ");
        int num1 = Convert.ToInt32(Console.ReadLine());

        for (int i = 1; i <= num1; i++) // aquí ponemos la condición que itere
hasta que llegue al número del usuario
            for (int j = 1; j <= 5 ; j++)
            {
                Console.WriteLine("i vale {0} y j vale {1}.", i, j);
```

```
        }
        Console.Write("Fin del programa");
    }
}
```

Con la orden "*continue*" podemos forzar la siguiente iteración dentro de un bucle. Imagina que hay una iteración dentro de un bucle que no te interesa, entonces podemos saltarla con la orden "continue". Así:

```
using System;
public class Program
{
    public static void Main()
    {
        for (int i = 1; i <= 5; i++)
        {
            if (i == 3) // cuando lleguemos a 3 saltará esta iteración
            {
                continue;
            }
            Console.Write(i);
        }
    }
}
```

La salida de este programa es: 1 2 4 5

Pero, al igual que antes, es una orden que tenemos que tratar de evitar para una mayor legibilidad del programa. En este caso podríamos haber obviado la orden "*continue*" simplemente añadiendo un "*if*". Mira:

```
using System;
public class Program
{
    public static void Main()
    {
        for (int i = 1; i <= 5; i++)
        {
            if (i != 3)
            {
                Console.Write(i);
            }
        }
    }
}
```

Ejercicios:

15. Desarrolla un programa que pida al usuario dos números enteros de 32 bits y busque su MCM (mínimo común múltiplo), es decir, que busque el número más bajo que al dividirlo entre los números que introduce el usuario dé de resto 0. Interrumpe la búsqueda cuando lo hayas encontrado.

16. Desarrolla un programa que muestre por consola los números impares del 85 al 17, excepto los múltiplos de 5. Hazlo con y sin la orden "continue".

ARRAYS

5.1. Denominación y sintaxis

Ya sabemos declarar variables. Pero imagina que necesitas 100 variables de tipo entero para guardar 100 números. Vaya aburrimiento. Por este motivo surgieron los arrays, para agilizar este proceso. Son estructuras que pueden almacenar tantos datos como necesitemos en una sola instrucción. Mira cómo lo haría:

```
int[] numeros = new int[100];
```

La orden que acabo de escribir me ha reservado 100 posiciones de 32 bits en memoria para guardar 100 números enteros. Vamos a ver cómo lo hace:

- int ya lo conoces. Significa que el tipo de datos que vamos a guardar son números enteros de 32 bits.
- Los corchetes [] nos están indicando que se trata de un array y no de una única variable.
- numeros es el nombre que le he dado al array. Hay que nombrarlo igual que a una variable, pero en esta ocasión, en plural.
- new es la orden que nos permite inicializar el array y reservar espacio en memoria.
- int[100] es el número de variables que quieres guardar dentro del array.

Supongo que estarás pensando, pero ¿cómo meto 100 números ahí? Pues verás, a cada posición dentro del array hay que asignarle un número. Es decir, la primera es la posición 0, la segunda, la posición 1, y así sucesivamente. Así podemos introducir o leer cada uno de los números en una posición determinada. Así:

```
numeros[0] = 34;
numeros[1] = 987;
numeros[2] = 564;
...
numeros[99] = 22;
```

Fíjate que, al haber 100 posiciones, se establecen de la 0 a la 99.

De momento no estamos ahorrando tiempo declarando un array en lugar de variables independientes porque lo estamos haciendo una a una, pero dentro de muy poco verás que merece la pena hacerlo así...

Vamos a ver un primer ejemplo. El programa le pedirá 3 números enteros al usuario y los guardará en un array. Después, mostrará su contenido.

```csharp
using System;
namespace ConsoleApp
{
    public class Program
    {
        public static void Main()
        {
            int[] numeros = new int[3];

            Console.Write("Introduce el primer número: ");
            numeros[0] = Convert.ToInt32(Console.ReadLine()); // leemos el
primer número y lo guardamos en la primera posición del array
            Console.Write("Introduce el segundo número: ");
            numeros[1] = Convert.ToInt32(Console.ReadLine());// leemos el
segundo número y lo guardamos en la segunda posición del array
            Console.Write("Introduce el tercer número: ");
            numeros[2] = Convert.ToInt32(Console.ReadLine());// leemos el
tercer número y lo guardamos en la tercera posición del array

            Console.WriteLine("Los números introducidos son: {0}, {1} y {2}",
numeros[0], numeros[1], numeros[2]);
        }
    }
}
```

Hasta ahora guardábamos los datos que leíamos del usuario en una variable independiente (un espacio en memoria de un tamaño determinado con un nombre propio), pero ahora hemos reservado 3 espacios de memoria al mismo tiempo y le hemos dado un nombre en común. Para poder diferenciar de qué posición se trata, ponemos el nombre común (en este caso numeros) seguido de la posición correspondiente. Así, numeros[0] corresponde al primer número introducido por el usuario, numeros[1] al segundo, y así sucesivamente.

No es necesario que el usuario vaya introduciendo los valores del array, también lo podemos inicializar nosotros. En este caso, lo haremos añadiendo los datos entre llaves y separándolos por comas. Así:

```csharp
float[] numerosReales = new float[5] { 32.3, 85.6, 741.325, 2.6, 85.35 };
string[] capitalesEuropeas = new string[4] { "madrid", "parís", "londres",
"roma" };
```

Esta inicialización se puede optimizar. Podemos evitar escribir "new" y el tamaño, ya que el compilador será capaz de entender lo que queremos hacer. Es decir, es un poco más ilegible, pero más rápido de escribir. Queda a tu elección elegir una forma u otra. La versión abreviada quedaría así:

```
float[] numerosReales = { 32.3, 85.6, 741.325, 2.6, 85.35 };
string[] capitalesEuropeas = { "madrid", "parís", "londres", "roma" };
```

Ejercicios:

1. Desarrolla un programa que declare un array de tipo entero de 32 bits. Después pedirá al usuario 4 números y los almacenará dentro del array. Terminará mostrando por consola la media aritmética de los números introducidos.
2. Desarrolla un programa que declare un array de números reales de simple precisión (*float*). Después, pedirá al usuario 5 números y los almacenará dentro del array. Terminará mostrando por consola los números en orden inverso al que se introdujeron.
3. Desarrolla un programa que declare un array de números enteros de tamaño byte con el número de días que tiene cada mes. Después, mostrará por consola los datos almacenados.

5.2. Recorriendo la estructura del array

Como decía antes, de momento, no estamos ahorrando tiempo escribiendo código porque tenemos que rellenar las posiciones del array una a una. Pero, como era de prever, hay una manera más rápida de rellenarlo y de leerlo. Se trata de las estructuras iterativas que ya conocemos (while, do...while, for). Mira este ejemplo:

```
int[] numeros = new int[5]; //declaro un array de 5 posiciones de enteros
for (int i = 0; i <= 4; i++) // la i va a representar cada una de las
posiciones del array
{
    Console.WriteLine(numeros[i]); // escribo por consola todas las posiciones
del array
}
```

En este ejemplo, he declarado un array (numeros) de 5 posiciones. Para poder leer su contenido podría haber hecho esto:

```
int[] numeros = new int[5];
Console.WriteLine("Los valores que hay en el array son: {0}, {1}, {2}, {3} y
{4}", numeros[0], numeros[1], numeros[2], numeros[3], numeros[4]);
```

Es mucho más lento a la hora de escribir. Además, imagina que el array fuese de 100 posiciones… Por este motivo, a partir de ahora, siempre vamos a rellenar y a leer el contenido de los arrays con una estructura iterativa (habitualmente "for"). Vamos a ver ahora un ejemplo completo:

```
using System;
namespace ConsoloApp
{
    public class Program
    {
        public static void Main()
        {
            int[] numeros = {8, 15, 4, 96, 21};
            int suma = 0;
            for (int i = 0; i <= 4; i++)
            {
                suma += numeros[i];
            }
            Console.WriteLine("Su suma es {0}", suma);
        }
    }
}
```

Vamos a analizar esta instrucción que puede que te resulte confusa: `suma += numeros[i];` Para empezar, suma vale 0, entonces la primera operación que hace es suma = 0 + 8 (la primera posición del array es 8); la segunda es suma = 8 + 15; y así sucesivamente hasta que recorremos todo el array.

Otra cosa. Fíjate que el array ya está lleno con valores prefijados. Pero también le podemos pedir todos esos valores al usuario metiendo la petición de datos en otra estructura iterativa. Mira:

```
using System;
namespace ConsoleApp
{
    public class Program
    {
        public static void Main()
```

```
        {
            int[] numeros = new int[5];
            int suma = 0;

            for (int i = 0; i <= 4; i++)
            {
                Console.WriteLine("Introduce un valor para el array: ");
                numeros[i] = Convert.ToInt32(Console.ReadLine());
            }
            for (int i = 0; i <= 4; i++)
            {
                suma += numeros[i];
            }
            Console.WriteLine("Su suma es {0}", suma);
        }
    }
}
```

De esta forma es el usuario el que decide qué números quiere sumar.

Vamos a ver otro ejercicio un poco más complejo. Se trata de pedir 10 números al usuario y guardarlos en un array de enteros. Después el programa dirá cuál es el mayor de los números introducidos. Así:

```
using System;
namespace ConsoleApp
{
    public class Program
    {
        public static void Main()
        {
            int[] numeros = new int[10];

            for (int i = 0; i < 10; i++)
            {
                Console.WriteLine("Introduce un valor para el array: ");
                numeros[i] = Convert.ToInt32(Console.ReadLine());
            }
            int mayor = numeros[0]; // se inicializa en la primera posición del
array para empezar a comparar
            for (int i = 0; i < 10; i++)
            {
                if (numeros[i] > mayor) //si el valor de la posición que se
está comprobando es mayor que el que está almacenado en la variable "mayor"...
                {
                    mayor = numeros[i];//...entonces el nuevo valor mayor se
guarda en la variable "mayor"
```

```
            }
        }
        Console.WriteLine("El mayor de los números introducidos es {0}",
mayor);
    }
  }
}
```

Fíjate, para calcular el mayor valor de un array, se ha inicializado la variable "mayor" con la primera posición del array para asegurar que saldrá un valor que se encuentra en el array. Además, no es conveniente inicializar en 0 u otro valor porque puede que todos los valores del array sean negativos.

Ejercicios:

4. Desarrolla un programa que pida al usuario 6 números enteros largos y luego los muestre por consola en orden inverso al que se introdujeron.
5. Desarrolla un programa que pida al usuario la longitud de un array de *float* (es decir, cuántos números quiere introducir). Después, recorrerá el array para calcular la media y mostrarla por consola.
6. Desarrolla un programa que pida al usuario 10 números reales de doble precisión. Se guardarán esos valores en un array, calculará la media y luego mostrará por consola todos los valores que estén por encima de la media.
7. Desarrolla un programa que declare un array para almacenar 100 nombres. Se pedirá al usuario que introduzca nombres de manera repetitiva hasta que se pulse la tecla "*intro*" (se representa con una cadena vacía). Después, el programa mostrará los nombres que se han introducido hasta ese momento.

5.3. Cómo operar dentro de un array

Hay operaciones frecuentes dentro de los arrays: buscar, añadir, borrar e insertar, entre otras.

Para *buscar* datos hay que recorrer todo el array con alguna estructura iterativa que vaya comparando, posición a posición, el valor que encuentra con el que está buscando. Quizá nos interese saber solo si está o no, por lo que interrumpiríamos la búsqueda al encontrar el dato, pero también podemos querer saber cuántos datos iguales hay, por lo que tendríamos que recorrer el array hasta el final e ir incrementando un contador cada vez que apareciese el dato que estamos buscando.

Un ejemplo donde buscamos un nombre en un array e interrumpimos la búsqueda si lo encontramos:

```csharp
using System;
namespace ConsoleApp
{
    public class Program
    {
        public static void Main()
        {
            string[] nombres = { "francisco", "juan", "lucas", "miguel", "juan"
};
            Console.Write("Introduce el nombre que quieres buscar: ");
            string buscarNombre = Console.ReadLine();
            for (int i=0; i<5; i++)
            {
                if (buscarNombre == nombres[i])
                {
                    Console.WriteLine("El nombre {0} ha sido encontrado.",
buscarNombre);
                    break;
                }
            }
        }
    }
}
```

En este ejemplo, si el usuario escribe "juan" lo encontrará en la posición 1 del array, lo escribirá por consola y saldrá del bucle "for".

Otro ejemplo donde contamos cuántos nombres determinados hay en un array:

```csharp
using System;
namespace ConsoleApp
{
    public class Program
    {
        public static void Main()
        {
            string[] nombres = { "francisco", "juan", "lucas", "miguel", "juan"
};
            int contadorNombres = 0;
            Console.Write("Introduce el nombre que quieres buscar: ");
            string buscarNombre = Console.ReadLine();
            for (int i=0; i<5; i++)
            {
                if (buscarNombre == nombres[i])
                {
```

```
                    contadorNombres++;
                }
            }
            Console.WriteLine("El nombre {0} aparece {1} veces en el array.",
buscarNombre, contadorNombres);
        }
    }
}
```

En este otro ejemplo, si el usuario escribe "juan", el programa lo busca dentro del array. Lo encuentra en la posición 1, incrementa la variable "contadorNombres" y sigue buscando. Después, lo encuentra de nuevo en la última posición del array (posición 4) y vuelve a incrementar la variable "contadorNombres". Luego termina de iterar en el bucle "for" y se sale. Entonces escribe por consola cuántas veces a aparecido el nombre.

Para *añadir* un nuevo dato, lo primero que tenemos que hacer es saber si hay espacio libre en el array. Para ello, es conveniente tener un contador de posiciones que se van almacenando, es decir, si se han reservado 10 espacios para números enteros y se han introducido 7, sabemos que queda espacio libre, pero se sabe que se han introducido 7 porque hemos ido incrementando una variable "contador" cada vez que se ha introducido un dato. Después de comprobar que hay espacio libre, se introduce el nuevo dato en la primera posición libre.

```
using System;
namespace ConsoleApp
{
    public class Program
    {
        public static void Main()
        {
            string[] nombres = new string[5];
            int totalPosiciones = 5;
            int contadorPosicionesOcupadas = 0;

            Console.Write("Introduce el nombre que quieres añadir: ");
            string nuevoNombre = Console.ReadLine();

            if (contadorPosicionesOcupadas < totalPosiciones) // comprobamos si
quedan posiciones vacías dentro del array...
            {
                nombres[contadorPosicionesOcupadas] = nuevoNombre;//como la
variable contadorPosicionesOcupadas vale 0 en este momento, en nombres[0]
introducimos el nuevo nombre.
                contadorPosicionesOcupadas++;//incrementamos las posiciones
```

ocupadas para que la siguiente vez que queramos introducir se añada el dato en
la posición 1

```
            }
            Console.Write("Ahora hay {0} posiciones ocupadas en el array.",
contadorPosicionesOcupadas);
        }
    }
}
```

Fíjate que primero se comprueba si hay posiciones vacías. Como sí hay, entonces asigna el dato del nuevo nombre a la primera posición que encuentra vacía en el array, en este caso la posición 0. Después incrementa el contador de posiciones vacías en 1.

Si lo que queremos es *insertar,* tenemos que mirar si hay espacio libre en el array para introducir un dato nuevo. Si lo hay, se tiene que hacer hueco en la posición en la que se quiere insertar. Hay que tener en cuenta que, si se introduce un dato donde había otro, el primero se elimina, por lo que, para no solapar datos, se tienen que desplazar los datos existentes antes de insertar el nuevo. Hay que empezar a desplazar por el último dato y moverlo "hacia la derecha", ocupando un espacio vacío; después, se mueve el penúltimo "hacia la derecha" solapando y eliminando el valor que antes era el último; después, se moverá el antepenúltimo dato a la posición penúltima, solapando y eliminando... Se seguirá iterando de esta forma hasta que lleguemos a la posición en la que se quiera insertar. Como el valor que se encuentra en la posición en la que queremos insertar ya ha sido desplazada "hacia la derecha" no se pierde ningún valor de los que ya había en el array. Mira este ejemplo.

```
using System;
namespace ConsoleApp
{
    public class Program
    {
        public static void Main()
        {
            string[] nombres = new string[5];
            nombres[0] = "miguel";
            nombres[1] = "carlos";
            nombres[2] = "rafael";
            int totalPosiciones = 5;
            int contadorPosicionesOcupadas = 3;//ya se han ocupado 3 posiciones
del array

            Console.Write("Introduce el nombre que quieres insertar: ");
            string nuevoNombre = Console.ReadLine();
```

```
        Console.Write("Introduce la posición en la que quieres insertar: ");
        int posicion = Convert.ToInt32(Console.ReadLine());

        if (contadorPosicionesOcupadas < totalPosiciones)//comprobamos si
hay espacio libre en el array
        {
            for (int i=contadorPosicionesOcupadas; i>=posicion; i--)//
empezamos a contar en la posicion 3, que es a la que vamos a desplazar la
posición 2
            {
                nombres[i] = nombres[i - 1];//en la primera iteración a la
posición 3 le asignamos la posición 2
            }
            nombres[posicion] = nuevoNombre; //cuando hemos desplazado
todos los datos insertamos el nuevo nombre
            contadorPosicionesOcupadas++;
        }
        else
        {
            Console.WriteLine("No se puede insertar porque el array está
lleno.");//saldría este mensaje en el caso de estar lleno el array.
        }
    }
  }
}
```

Observa que tenemos un array de 5 posiciones de las cuales ya hay 3 ocupadas. Lo primero que se hace es comprobar que hay espacio disponible para poder insertar. Como hay espacio, se desplazan los datos para no perder ninguno. Entonces, a la primera posición vacía se le asigna el dato de la última posición ocupada (`nombres[i] = nombres[i - 1];`) en la siguiente iteración, a la que era la última posición ocupada se le asigna el dato de la penúltima posición ocupada y seguimos iterando hasta que llegamos a la posición en la que se quiere insertar. Ahora ya se puede introducir un nuevo dato sin perder ninguno de los que ya estaban almacenados en el array.

Si queremos *borrar* un dato, ahora sí hay que solapar esa posición para eliminar el dato original y sustituirlo por otro. Es decir, hay que desplazar los datos "hacia la izquierda". Para ello, empezamos con la posición que está inmediatamente "a la derecha" de la que se quiere borrar; después la siguiente, y así sucesivamente hasta que llegamos al final de las posiciones ocupadas dentro del array. Vamos a ver un ejemplo:

```
using System;
namespace ConsoleApp
{
    public class Program
    {
        public static void Main()
        {
            string[] nombres = new string[5];
            nombres[0] = "miguel";
            nombres[1] = "carlos";
            nombres[2] = "rafael";
            int contadorPosicionesOcupadas = 3;//se han ocupado 3 posiciones
del array

            Console.Write("Introduce la posición que quieres borrar: ");
            int posicion = Convert.ToInt32(Console.ReadLine());

            for (int i = posicion; i <= contadorPosicionesOcupadas; i++)//
empezamos a contar en la posicion 3, que es a la que vamos a desplazar la
posición 2
            {
                nombres[i] = nombres[i + 1];//en la primera iteración a la
posición i le asignamos la posición i+1
            }
            contadorPosicionesOcupadas--; // tras borrar tenemos que
decrementar el contador
            for (int i = 0; i < contadorPosicionesOcupadas; i++) // este
bucle es para mostrar el contenido del array y comprobar que lo hemos hecho
correctamente
            {
                Console.WriteLine(nombres[i]);
            }
        }
    }
}
```

Fíjate que en el bucle "*for*" empezamos a contar por la posición que queremos borrar. Entonces, a esta posición, se le asigna el valor de la siguiente (nombres[i+1]). Este proceso se seguirá realizando hasta que lleguemos al final de las posiciones ocupadas del array.

No olvides decrementar el contador cuando acabes, ya que habrá un dato menos en el array.

Ejercicios:

8. Desarrolla un programa que declare un array que guarde 5 palabras. Después pedirá al usuario una palabra que quiera buscar dentro del array. El programa avisará si el dato está o no y, además, en el caso de encontrarse en el array, dirá cuántas veces aparece.

9. Desarrolla un programa que declare un array de 5 números enteros cortos. El array estará vacío y le pedirá al usuario que introduzca un número para añadirlo al array.

10. Desarrolla un programa que declare un array para guardar 5 caracteres (char). El array tendrá de inicio 3 posiciones ocupadas con los caracteres 'r', 's' y 'd'. Después le pedirá al usuario que introduzca un nuevo carácter y la posición en la que lo quiere insertar. El programa insertará el nuevo carácter y mostrará el resultado final por consola.

11. Desarrolla un programa que declare un array de 5 números enteros de simple precisión. El array tendrá de inicio 4 posiciones ocupadas con los valores que quieras. Después preguntará al usuario qué posición del array quiere borrar. El programa, tras borrar la posición, mostrará el contenido del array por consola.

5.4. Arrays multidimensionales

Puede que en alguna ocasión necesites guardar bloques distintos de datos. Para estos casos, se pueden declarar arrays de más dimensiones, de hasta 32. La multidimensionalidad se declara agregando comas entre corchetes. Así:

```
int[,] dosDimensiones; // array de dos dimensiones
int[,,] tresDimensiones; // array de tres dimensiones
int[,,,] cuatroDimensiones; // array de cuatro dimensiones
int[,,,,] cincoDimensiones; // array de cinco dimensiones
...
...
```

Mira cómo se declara y cómo se puede inicializar:

```
int[,] dosDimensiones = new int[3, 2];// en este ejemplo hay 3 bloques
distintos de 2 números cada uno
int[,] dosDimensiones = { { 11, 23 }, { 31, 24 }, { 65, 76 } }; // así se ini-
cializa
```

En el array bidimensional `int[,] dosDimensiones = new int[3, 2];` el primer rango del array (3) se refiere al número de filas y el segundo rango del array

(2) se refiere al número de columnas. Mira la siguiente tabla para aclararte (Tabla 5.1).

Tabla 5.1. *Valores del array bidimensional*

Fila ↓ Columna→	0	1
0	11	23
1	31	24
2	65	76

Para acceder a los valores del array, lo haremos como hasta ahora, es decir, poniendo la posición del array entre corchetes, pero con una diferencia: que ahora hay que poner dos índices. El primero corresponde con el número de fila y el segundo con el número de columna ([índice de fila, índice de columna]). Así:

```
dosDimensiones [0, 0]; // devuelve 11
dosDimensiones [0, 1]; // devuelve 23
dosDimensiones [1, 0]; // devuelve 31
dosDimensiones [1, 1]; // devuelve 24
dosDimensiones [2, 0]; // devuelve 65
dosDimensiones [2, 1]; // devuelve 76
```

Puede que te estés preguntando: y esto, ¿para qué sirve? Bien, imagina que un profesor quiere escribir las calificaciones de dos asignaturas distintas y que, cada una de ellas, tiene 15 alumnos, por ejemplo. O, llevándonos el ejemplo a los videojuegos, podemos utilizar los arrays bidimensionales para "pintar" escenas de un juego o para comprobar colisiones, ya que tendremos que mirar las coordenadas x e y (horizontal y vertical, es decir, filas y columnas).

Vamos a ver ahora un ejemplo de array de tres dimensiones:

```
int[,,] tresDimensiones1 = new int[1, 2, 2]{
            { { 1, 2}, { 3, 4} }
        };

int[,,] tresDimensiones2 = new int[2, 2, 2]{
            { {11, 22}, {33, 44} },
            { {55, 66}, {77, 88} }
        };
```

```
int[,,] tresDimensiones3 = new int[2, 2, 3]{
            { { 1, 2, 3}, {4, 5, 6} },
            { { 7, 8, 9}, {10, 11, 12} }
        };

tresDimensiones2 [0, 0, 0]; // devuelve 11
tresDimensiones2 [0, 0, 1]; // devuelve 22
tresDimensiones2 [0, 1, 0]; // devuelve 33
tresDimensiones2 [0, 1, 1]; // devuelve 44
tresDimensiones2 [1, 0, 0]; // devuelve 55
tresDimensiones2 [1, 0, 1]; // devuelve 66
tresDimensiones2 [1, 1, 0]; // devuelve 77
tresDimensiones2 [1, 1, 1]; // devuelve 88
```

Como puedes observar, el array tresDimensiones1 [1, 2, 2] especifica que contendrá una fila de matriz bidimensional [2, 2]. El array tresDimensiones2 [2, 2, 2] indica que incluye dos filas de una matriz bidimensional de [2, 2], y el array tresDimensiones3 [2, 2, 3] incluye dos filas de matrices bidimensionales de [2, 3]. Por lo tanto, el primer rango indica el número de filas de arreglos bidimensionales internos.

Ejercicios:

12. Desarrolla un programa que declare un array bidimensional de 2 bloques de 10 números enteros. Después, pedirá al usuario datos para rellenar el array. El programa terminará mostrando el mayor dato que se ha introducido.

5.5. Array de arrays

Como su nombre indica, un array de arrays es un array que almacena distintos arrays. Si te has fijado, en los arrays multidimensionales, todos los bloques tenían que tener el mismo número de datos, es decir, en el ejemplo del profesor que tiene dos asignaturas distintas, el número de alumnos era de 15 para ambos casos. Pero, en ocasiones, puede que el número de alumnos no coincida. Para estos casos podemos utilizar un array de arrays, donde cada uno de ellos contendrá el número de datos que sea necesario. Mira cómo se declaran estos arrays:

```
int[][] array1 = new int[2][]; // incluye dos bloques de arrays unidimensionales
int[][,] array2 = new int[3][,]; // incluye 3 bloques de arrays bidimensionales
```

Observa cómo ahora no ponemos comas (,) sino que utilizamos varios corchetes [][]. Dentro del primero vamos a especificar cuántos bloques queremos y, dentro del segundo, las dimensiones de los arrays que queremos almacenar. Después, hay que especificar la longitud de cada uno de ellos. Así:

```
int[][] array = new int[2][]; // queremos dos bloques de arrays unidimensionales
array[0] = new int[3]; // el primer bloque tiene una longitud de 3 números
array[1] = new int[4]; // el segundo bloque tiene una longitud de 4 números
```

Al igual que antes, también podemos inicializarlos poniendo los valores entre llaves. Así:

```
int[][] array = new int[2][]
                {
                new int[3]{11, 22, 33},
                new int[4]{43, 53, 63, 37}
                };

array[0][0]; //devuelve 11
array[0][1]; //devuelve 22
array[0][2]; //devuelve 33
array[1][0]; //devuelve 43
array[1][1]; //devuelve 53
array[1][2]; //devuelve 63
array[1][3]; //devuelve 37
```

Para poder rellenar y leer los datos de un array de arrays vamos a usar un bucle "for" anidado. Mira cómo leemos los datos del ejemplo anterior:

```
using System;
namespace ConsoleApp
{
    public class Program
    {
        public static void Main()
        {
            int[][] array = new int[2][]
            {
                new int[3]{11, 22, 33},
                new int[4]{43, 53, 63, 37}
            };

            for (int i = 0; i < array.Length; i++)
```

```
        {
            for (int j = 0; j < array[i].Length; j++)
            {
                Console.WriteLine(array[i][j]);
            }
        }
    }
  }
}
```

Vamos a depurar el código para ver qué hace el bucle "for" anidado.

El "for" de fuera empieza a contar desde 0 hasta "la longitud" (Length) del array. La palabra "Length" se usa en la gran mayoría de los casos para decir que quieres iterar hasta el final, es decir, quieres ver todos los datos del array. En este caso, tenemos 2 bloques, así que "i" será 0 en la primera iteración y 1 en la segunda. Después se saldrá del bucle.

Cuando entramos en el bucle de "dentro" la variable "j" se inicializa en 0 y va a iterar hasta array[i].Length, es decir, hasta que acabe de leer todos los datos del primer bloque. Como el primer bloque tiene 3 datos (11, 22 y 33), habrá 3 iteraciones antes de salirse del bucle de "dentro" para volver a entrar en el bucle "de fuera".

Lo primero que hace el ejemplo de arriba es escribir por consola el valor que encuentra en la posición [0][0], que es 11. Después, se incrementa "j" por lo que mostrará el valor de la posición [0][1] y se vuelve a incrementar "j". Continuará de este modo hasta que recorra todo el primer bloque, después saldrá del bloque de "dentro" y volverá a entrar en el de "fuera", donde se incrementará la "i" y así pasaremos a leer el segundo bloque.

Para poder rellenar un array de arrays también se utiliza un bucle "for" anidado. Si no recuerdas bien estos pasos, vuelve a leer cómo anidar los bucles "for" en la unidad "Iteraciones".

Ejercicios:

13. Desarrolla un programa que pida al usuario 2 números enteros de tamaño byte. Luego declarará un array de 2 arrays con la longitud de los números que introdujo el usuario. Más tarde, se le pedirá al usuario que rellene ambos bloques de números. Finalmente deberá mostrar la media de cada uno de los bloques.

CADENAS DE CARACTERES

6.1. Introducción

Ya se introdujo el concepto de cadenas de caracteres (*string*) en un tema anterior, pero ahora que conocemos el funcionamiento de los arrays vamos a profundizar sobre el tema para poder operar con las cadenas.

Hasta el momento, sabemos cómo declarar e inicializar una variable de tipo string (string cadena = "hola";). También sabemos cómo leer una cadena que escriba el usuario (string cadena = Console.ReadLine();). Escribir una cadena por consola (Console.WriteLine("Hola");) o comparar su valor (if (cadena=="hola")).

Vamos a repasar estos conceptos antes de continuar. Para ello, desarrollemos un programa que pida al usuario su nombre. Si se llama igual que tú, responderá "Qué pasa, tocayo". Si no, dirá hola, seguido por su nombre. El código sería así:

```
using System;
namespace ConsoleApp
{
    public class Program
    {
        public static void Main()
        {
            Console.Write("Introduce tu nombre: ");
            string nombre = Console.ReadLine();

            if (nombre == "antonio")
            {
                Console.WriteLine("¡Qué pasa, tocayo!");
            }
            else
            {
                Console.WriteLine("Hola, {0}", nombre);
            }
        }
    }
}
```

Aprovecho para recordarte que C# distingue entre mayúsculas y minúsculas, es decir, si al escribir su nombre el usuario teclea "Antonio" con la A mayúscula, el compilador interpretará que se trata de nombres distintos. Pronto veremos cómo arreglar esto.

6.2. Accediendo a los caracteres de una variable *string*

Del mismo modo que podíamos acceder a cada una de las posiciones de un array, podemos acceder a cada uno de los caracteres de una cadena, es decir, si tenemos una cadena (string saludo = "hola";), el primer carácter (la primera posición de la cadena) sería saludo[0], o sea, la 'h'. El segundo carácter de la cadena sería saludo[1], y así sucesivamente. Igual que los arrays.

Para que te quede más claro, vamos a desarrollar un programa que pida al usuario su nombre y le devuelva su inicial:

```
using System;
namespace ConsoleApp
{
    public class Program
    {
        public static void Main()
        {
            Console.Write("Introduce tu nombre: ");
            string nombre = Console.ReadLine();

            Console.WriteLine("La inicial de tu nombre es: {0}", nombre[0]);
        }
    }
}
```

Además, del mismo modo que podíamos conocer la longitud de un array con la propiedad *Length*, también podemos saber el número de caracteres que forman la cadena de texto. En el ejemplo anterior, podríamos saber cuántos caracteres tiene la cadena "nombre" así:

```
int longitud = nombre.Length;
```

En el siguiente ejemplo vamos a recorrer una cadena con el bucle "*for*":

```
using System;
namespace ConsoleApp
{
    public class Program
    {
        public static void Main()
        {
            string cadena = "Saludos";
            int longCadena = cadena.Length;//aquí establecemos la longitud de
la cadena de texto
            Console.WriteLine("La longitud de {0} es {1}", cadena, longCadena);
            for (int i = 0; i < longCadena; i++)
            {
                Console.WriteLine("La letra {0} es {1}", i, cadena[i]);

            }
        }
    }
}
```

Ejercicios:

1. Desarrolla un programa que pida una palabra al usuario y después la muestre en consola separando los caracteres.
2. Desarrolla un programa que pida una frase al usuario y después la muestre por consola en orden inverso.

6.3. Método *Substring*()

Substring es un método que nos permite extraer un fragmento de una cadena más grande. Para utilizar este método hay que especificar dos números: desde dónde queremos empezar a extraer y cuántos caracteres. Así:

```
string subcadena = cadena.Substring(0, 2);
```

El resultado de esta operación será una subcadena (una cadena más pequeña que la original). En este caso le hemos dicho que queremos extraer de la cadena original 3 caracteres empezando por el primero, es decir, cadena[0], cadena[1] y cadena[2].

Además, se puede obviar el segundo número si lo que queremos es extraer todos los caracteres hasta el final de la cadena. La siguiente instrucción empezaría a extraer en el carácter 2 y seguiría hasta el final de la cadena, es decir, devolvería la subcadena "ludos".

```
string cadena = "Saludos";
string subcadena = cadena.Substring(2);
```

Ejercicios:

> 3. Desarrolla un programa como el ejercicio 1, pero usando el método *"Substring()"*.

6.4. Buscar en una cadena

Para buscar una cadena dentro de otra podemos utilizar dos métodos: IndexOf() y Contains(). El primero, si encuentra la cadena, devuelve la posición donde empieza el texto y, si no lo encuentra, devuelve un -1. Mira este ejemplo:

```
using System;
namespace ConsoleApp
{
    public class Program
    {
        public static void Main()
        {
            string frase = "Hola, ¿cómo estás?";
            string buscarCadena = "Adiós";
            int posicionBusqueda = frase.IndexOf(buscarCadena);//Va a buscar
"Adiós" dentro de la frase "Hola, ¿cómo estás?
            Console.WriteLine(posicionBusqueda);//Como no lo encuentra devuelve
un -1
        }
    }
}
```

Así, podemos utilizarlo como una condición, es decir, podemos utilizar una expresión como esta:

```
if (frase.IndexOf(buscarCadena)!=-1)
```

O esta otra:

```
if (frase.IndexOf(buscarCadena)>=0)
```

Lo que podríamos traducir por: si encuentras la cadena…

Además, se puede añadir otro parámetro para indicar la posición a partir de la cuál queremos buscar:

```
if (frase.IndexOf(buscarCadena, 5)>=0)
```

En este caso buscaría a partir de la posición 5 hasta el final.

También se puede añadir otro parámetro para indicar hasta dónde queremos que busque. Así:

```
if (frase.IndexOf(buscarCadena, 5, 20)>=0)
```

Ahora busca "Adiós" entre las posiciones 5 y 20.

Del mismo modo se puede utilizar el método LastIndexOf () para indicar la posición de la última vez que aparece una cadena. Así:

```
using System;
namespace ConsoleApp
{
    public class Program
    {
        public static void Main()
        {
            string frase = "Hola, ¿cómo estás?";
            string buscarCadena = "o";
            int posicionBusqueda = frase.LastIndexOf(buscarCadena);//Va a
buscar "o" dentro de la frase "Hola, ¿cómo estás?
            Console.WriteLine(posicionBusqueda);//La letra "o" aparece varias
veces, pero solo devuelve la última aparición, es decir, la 10
        }
    }
}
```

En el caso de no necesitar saber la posición en la que aparece una cadena, podemos usar el método Contains(). En esta ocasión devuelve un "true" si lo encuentra o un "false" en caso contrario (una variable booleana). Mira este ejemplo:

```csharp
using System;
namespace ConsoleApp
{
    public class Program
    {
        public static void Main()
        {
            string frase = "Hola, ¿cómo estás?";
            Console.Write("Introduce una cadena para buscar: ");
            string buscarCadena = Console.ReadLine();
            if (frase.Contains(buscarCadena))
            {
                Console.WriteLine("Se ha encontrado.");
            }
            else
            {
                Console.WriteLine("No se ha encontrado.");
            }
        }
    }
}
```

Mucho ojo con las mayúsculas y minúsculas. Te recuerdo que C# las diferencia, es decir, no es lo mismo "Hola" que "hola". A continuación veremos cómo arreglar esto con los métodos ToUpper() o ToLower(). De momento, haz un par de ejercicios para afianzar estos conceptos:

Ejercicios:

4. Desarrolla un programa que pida al usuario 5 frases que se guardarán en un array. Luego pedirá cadenas y las buscará por todo el array para ver si se encuentran. No es necesario saber la posición. El programa terminará cuando el usuario escriba "fin".
5. Desarrolla una versión del ejercicio anterior en la que el programa, en caso de encontrar la cadena en el array, avise si se encuentra en la primera posición de alguna de las frases.

6.5. Manipulación de cadenas

Las cadenas (string) son inmutables, es decir, no se pueden modificar. No se pueden hacer cosas como esta:

```
string frase = "Hola, ¿cómo estás?";
frase[0] = 'M'; //esta asignación da error
```

Pero no te preocupes, C# nos ofrece otra manera de poder hacerlo. Se trata de la clase *StringBuilder* que veremos más adelante. Por ahora, vamos a ver unos métodos que sí nos permiten manipular una cadena *string*:

- El método ToUpper() convierte una cadena a mayúsculas. Así:

```
string minusculas = "hola";
string mayusculas = minusculas.ToUpper();//convierte toda la cadena a mayúscu-
las. El resultado es "HOLA".
```

- El método ToLower() convierte una cadena a minúsculas. Así:

```
string mayusculas = "HOLA";
string minusculas = mayusculas.ToLower();//convierte toda la cadena a minúscu-
las. El resultado es "hola".
```

- El método Insert() inserta una cadena dentro de otra. Para ello, hay que introducir dos parámetros: la posición en la que quieres insertar y la cadena que quieres insertar. Así:

```
string cadena1 = "Hola";
string cadena2 = cadena1.Insert(2, "Adiós");//Inserta "Adiós" a partir del ca-
rácter 2 de "Hola", es decir, "HoAdiósla"
```

- El método Replace() reemplaza una cadena por otra todas las veces que aparezca en la cadena. Para ello hay que introducir como parámetros la cadena original que se quiere sustituir y la cadena sustituta. Así:

```
string cadena1 = "Hola, ¿cómo estás?";
string cadena2 = cadena1.Replace("cómo", "qué tal");//Reemplaza "cómo" de la
cadena original por "qué tal". El resultado es "Hola, ¿qué tal estás?"
```

– El método Remove() elimina una determinada cantidad de caracteres a partir de una determinada posición. Para ello, hay que introducir como parámetro la posición a partir de la cual quieres borrar. Así:

```
string cadena1 = "Hola, ¿cómo estás?";
string cadena2 = cadena1.Remove(4);//Elimina a partir de la posición 4 hasta el
final. La nueva cadena sería solo "Hola".
```

También tienes la opción de añadir un segundo parámetro para indicar la cantidad de caracteres que quieres eliminar. Así:

```
string cadena1 = "Hola, ¿cómo estás?";
string cadena2 = cadena1.Remove(7, 5);//Elimina 5 caracteres a partir de la
posición 7. El resultado es "Hola, ¿estás?"
```

Vamos a hacer un ejercicio para probar todos estos métodos:

```
using System;
namespace ConsoleApp
{
    public class Program
    {
        public static void Main()
        {
            string frase = "Me encanta programar en C#.";

            Console.WriteLine("La cadena completa es: {0}", frase);

            Console.WriteLine("El primer carácter es: {0}", frase[0]);
            Console.WriteLine("Los 10 primeros caracteres son: {0}", frase.
Substring(0, 10));
            Console.WriteLine("La longitud de la cadena es: {0}", frase.
Length);
            Console.WriteLine("La posición de la cadena en la que aparece
\"programar\" es la {0}", frase.IndexOf("programar"));
            Console.WriteLine("La última \"a\" está en la posición {0}", frase.
LastIndexOf("a"));

            Console.WriteLine("La cadena en mayúsculas sería: {0}", frase.
ToUpper());

            Console.WriteLine("La cadena en minúsculas sería: {0}", frase.
ToLower());
```

```
        Console.WriteLine("Si insertamos \" y aprender\" en la posición 20
quedaría: {0}", frase.Insert(20, " y aprender"));
        Console.WriteLine("Si cambiamos \"escribir código\" por
\"programar\": {0}", frase.Replace("programar", "escribir código"));
        Console.WriteLine("Si eliminamos \"en C#\" quedaría: {0}", frase.
Remove(20, 6));
        }
    }
}
```

La salida en consola sería:

```
La cadena completa es: Me encanta programar en C#.
El primer carácter es: M
Los 10 primeros caracteres son: Me encanta
La longitud de la cadena es: 27
La posición de la cadena en la que aparece "programar" es la 11
La última "a" está en la posición 18
La cadena en mayúsculas sería: ME ENCANTA PROGRAMAR EN C#.
La cadena en minúsculas sería: me encanta programar en c#.
Si insertamos " y aprender" en la posición 20 quedaría: Me encanta programar y
aprender en C#.
Si eliminamos "en C#" quedaría: Me encanta programar.
Si cambiamos "escribir código" por "programar": Me encanta escribir código en C#.
```

Ejercicios:

6. Ahora sí podemos evitar que el lenguaje distinga entre mayúsculas y minúsculas. Repite el ejercicio 4 para que busque las cadenas dentro del array sin importar cómo se escriban.
7. Desarrolla un programa que pida al usuario una frase y sustituya todas las "a" que contenga la cadena por "o".

6.6. Descomponer una cadena en fragmentos

Habrá ocasiones en las queramos descomponer una cadena en fragmentos. Por ejemplo, descomponer una frase en palabras. Para este propósito tenemos el método Split(). Este método guarda los fragmentos de la cadena que estamos descomponiendo en un array. La cadena se dividirá cuando encuentre el carácter que tenemos que introducir como parámetro. Así:

```
string frase = "Me encanta programar en C#.";
string[] palabras = frase.Split(' ');//Divide la frase cuando encuentra un es-
pacio en blanco y almacena en el array "palabras".
```

Mira este ejemplo para verlo más claro:

```
using System;
namespace ConsoleApp
{
    public class Program
    {
        public static void Main()
        {
            string frase = "primero,segundo,tercero,cuarto,quinto";
            string[] palabras = frase.Split(',');//Divide la frase cuando
encuentra una coma y almacena los fragmentos en el array "palabras".
            for (int i=0; i<palabras.Length; i++)
            {
                Console.WriteLine(palabras[i]); //Ahora tenemos un array de 5
string
            }
        }
    }
}
```

No tenemos por qué limitarnos a un único delimitador. Podemos crear un array de caracteres (*char*) y que la cadena se fragmente cuando encuentre algún carácter del array. Así:

```
using System;
namespace ConsoleApp
{
    public class Program
    {
        public static void Main()
        {
            char[] caracteres = { ',', ';', '.', '*' };
            string frase = "primero,segundo;tercero.cuarto*quinto";
            string[] palabras = frase.Split(caracteres);//Divide la frase
cuando encuentra algún carácter del array y almacena los fragmentos en el array
"palabras".
            for (int i=0; i<palabras.Length; i++)
```

```
        {
            Console.WriteLine("Fragmento {0}: {1}", i+1, palabras[i]);//
Ahora tenemos un array de 5 string
        }
    }
  }
}
```

Ejercicios:

8. Desarrolla un programa que pida al usuario una frase y la descomponga en palabras. El delimitador será el espacio en blanco. Después, mostrará por consola los fragmentos extraídos en orden inverso.
9. Desarrolla un programa que pida al usuario varios números enteros separados por espacios en blanco (recuerda que los números son caracteres salvo que los conviertas a números). Después se fragmentará la cadena cuando se encuentre un espacio y se guardará cada uno de los números enteros en un array. El programa terminará mostrando por consola la suma de todos los números del array (recuerda que si el número entero no se convierte al tipo *int* o cualquier otro no podrás operar con él).

6.7. Modificando cadenas con la clase *StringBuilder*

Como he comentado antes, las cadenas no se pueden modificar letra a letra, es decir, no se pueden hacer cosas como esta: cadena[0]='a'. Para conseguirlo habría que eliminar el carácter y luego insertar otro. Este proceso no es muy óptimo, por eso surgió otra alternativa: *StringBuilder*.

StringBuilder es una clase que se encuentra en otra biblioteca de clases. No te preocupes, todavía no hemos estudiado estos conceptos. Solo pretendo que te suenen. Hasta el momento solo hemos usado una biblioteca de clases llamada System. Es la primera línea de código en todos los programas que hemos hecho hasta ahora (using System;). Dentro de esta biblioteca hay clases que ya has utilizado como Console. Pues bien, ahora tenemos que añadir una biblioteca nueva. Se llama System.Text. Dentro se encuentra la clase *StringBuilder* que vamos a utilizar para modificar cadenas de texto. Mira un ejemplo sencillo para aclararte:

```
using System;
using System.Text;//Aquí se encuentra la clase StringBuilder
namespace ConsoleApp
{
    public class Program
    {
```

```
public static void Main()
{
    string palabra = "modificar";
    StringBuilder cadenaMutable = new StringBuilder(palabra);
    cadenaMutable[0] = 'L';//Se cambia la "m" por la "L" de la palabra
    Console.WriteLine(cadenaMutable);//Se imprime por pantalla
```
"Lodificar"
```
}
    }
}
```

Vamos a ver otro ejemplo más completo. Vamos a desarrollar un programa que pida una cadena al usuario para modificarla cambiando todas las "a" por "o".

```
using System;
using System.Text;
namespace ConsoleApp
{
    public class Program
    {
        public static void Main()
        {
            Console.Write("Introduce una frase: ");
            string frase = Console.ReadLine();
            StringBuilder cadenaMutable = new StringBuilder(frase);
            for (int i=0; i<cadenaMutable.Length; i++)
            {
                if (cadenaMutable[i] == 'a')
                {
                    cadenaMutable[i] = 'o';
                }
            }
            Console.WriteLine(cadenaMutable);
        }
    }
}
```

Ejercicios:

10. Desarrolla un programa que pida una cadena al usuario para modificarla cambiando los caracteres impares por letras mayúsculas y los pares por letras minúsculas.

6.8. Recorriendo *arrays* y cadenas con la estructura *"foreach"*

Existe una estructura parecida al bucle *"for"*, aunque más actual. Esta estructura la vamos a utilizar para recorrer arrays y cadenas de texto. Su sintaxis es esta:

```
string cadena = "hola";
foreach (char letra in cadena) //se lee de manera literal: para cada letra que
haya en la cadena...
{
    //Esta estructura recorre toda la cadena y se detiene en cada carácter
}
```

Vamos a ver un ejemplo de su uso. Un caso sencillo sería ver cuántas letras 'a' tiene una frase introducida por el usuario. Veamos:

```
using System;
namespace ConsoleApp
{
    public class Program
    {
        public static void Main()
        {
            int contadorA = 0;
            Console.Write("Introduce una frase: ");
            string frase = Console.ReadLine();
            foreach (char caracter in frase)
            {
                if (caracter == 'a')
                {
                    contadorA++;
                }
            }
            Console.WriteLine("La frase tiene {0} letras \'a\'.", contadorA);
        }
    }
}
```

Puedes usar las estructuras *"for"* y *"foreach"* indistintamente. Se suele usar más el *"for"* para contar un número de veces predeterminado y *"foreach"* para recorrer colecciones (no hemos visto todavía este concepto). Por otro lado, *"for"* es más rápido que *"foreach"*, aunque *"foreach"* es más literal (para cada) y, por lo tanto, más fácil de aprender... En fin, usa el que quieras.

Vamos a ver el ejemplo anterior con *"for"* para que veas que se puede hacer lo mismo:

```
using System;
namespace ConsoleApp
{
    public class Program
    {
        public static void Main()
        {
            int contadorA = 0;
            Console.Write("Introduce una frase: ");
            string frase = Console.ReadLine();
            for (int i=0; i<frase.Length; i++)
            {
                if (frase[i] == 'a')
                {
                    contadorA++;
                }
            }
            Console.WriteLine("La frase tiene {0} letras \'a\'.", contadorA);
        }
    }
}
```

Ejercicios:

11. Desarrolla un programa que pida al usuario una palabra la muestre por consola con los caracteres separados por espacios en blanco. Usa la estructura *"foreach"*.
12. Vuelve a desarrollar el ejercicio 8, pero usando la estructura *"foreach"*. En esta ocasión, se mostrarán las palabras en el mismo orden introducido por el usuario.

6.9. Control de errores. Las excepciones

Imagina que le pedimos al usuario que introduzca un número, se equivoca e introduce una 'r'. El programa se rompe. Decimos que "salta una excepción". En este caso en concreto el usuario puede que sepa cuál ha sido el error, pero no siempre es así. Puede haber muchas posibles excepciones en un programa y no siempre sabrá el usuario qué es lo que ha fallado. Lo normal es que se enfade cuando esto pasa. Para evitar estas situaciones hay que establecer en el programa un control de excepciones. Básicamente se trata de pensar qué puede fallar y avisar al usuario del fallo cuando ocurre.

Podríamos utilizar unos cuantos bloques de *"if"*, pero no parece óptimo, ya que puede haber decenas de posibles errores en un programa. Afortunadamente, en C# tenemos una alternativa. Se trata de dividir el programa en dos bloques: un bloque delimitado por una instrucción "*try*" y otro bloque con una o varias instrucciones "*catch*". Dentro del primer bloque (*try*) escribiremos todo nuestro programa y dentro del segundo (*catch*) todas las posibles excepciones que puedan surgir. Vamos a ver un primer ejemplo:

```
using System;
namespace ConsoleApp
{
    public class Program
    {
        public static void Main()
        {
            try
            {
                Console.Write("Introduce un número: ");
                int num = Convert.ToInt32(Console.ReadLine());//Aquí se espera
que introduzca un número, pero se puede equivocar e introducir una letra...
            }
            catch (Exception error)//En el caso no haber introducido un número
el usuario, saltaría este control de excepciones y escribiría en consola un
mensaje asociado al error producido.
            {
                Console.WriteLine("Ha habido un error: {0}", error.Message);
            }
        }
    }
}
```

La lógica del programa es tratar (*try*) de seguir todas las instrucciones del programa y, si falla algo, interceptarlo (*catch*). Además de lanzar un mensaje genérico de la clase *Exception*, podemos lanzar un mensaje específico dependiendo del tipo de excepción ocurrida. Mira este otro ejemplo. Vamos a controlar un error específico (en este caso una excepción de tipo formato) y otro posible error genérico. Al pedir un número entero (*int*) al usuario, puede escribir una letra o introducir un número tan grande que no quepa en los 32 bits de memoria que hemos reservado. Son dos errores distintos: uno de formato y otro de desbordamiento. Mira:

```
using System;
namespace ConsoleApp
{
    public class Program
    {
        public static void Main()
```

```
        {
            try
            {
                Console.Write("Introduce un número: ");
                int num = Convert.ToInt32(Console.ReadLine());
            }
            catch (FormatException)//Esta excepción es solo para errores de
formato
            {
                Console.WriteLine("No has introducido un número.");//En este
caso se muestra un mensaje de error específico, por lo que no es necesario
añadir un mensaje extra como en el caso genérico
            }
            catch (Exception error)//Para el resto de posibles errores
            {
                Console.WriteLine("Ha habido un error: {0}", error.Message);
            }
        }
    }
}
```

Hay muchos posibles errores en un programa. No es necesario que los conozcas todos, solo los más habituales. Para saber qué errores puedes obtener en un proceso, puedes consultar la web de MSDN (Microsoft Developer Network). Es la referencia oficial para programadores de C#.

Cuando tienes que escribir varias sentencias de "*catch*", hay que ordenarlas desde la más específica a la más genérica. Piensa que, si pones la más genérica al principio, esta será la que intercepte el error, por lo que los demás bloques de "catch" no servirían de nada. Vamos a ver otro ejemplo más complejo:

```
using System;
namespace ConsoleApp
{
    public class Program
    {
        public static void Main()
        {
            try
            {
                Console.Write("Introduce un número: ");
                int num1 = Convert.ToInt32(Console.ReadLine());
                Console.Write("Introduce otro número: ");
                int num2 = Convert.ToInt32(Console.ReadLine());
                Console.WriteLine("El resultado de la división es: {0}", num1/num2);
            }
```

```
            catch (DivideByZeroException)//Error muy específico. No se puede
dividir entre 0, es una indefinición
            {
                Console.WriteLine("No se puede dividir entre 0. ¡Estudia un
poco más!");//Mensaje específico para este error
            }
            catch (FormatException)//Error más probable que el anterior, pero
no genérico
            {
                Console.WriteLine("No has introducido un número. Ten más
cuidado.");//Mensaje específico para este tipo de error
            }
            catch (Exception error)//Error genérico. Es conveniente mostrar el
mensaje asociado al error para saber qué ha ocurrido
            {
                Console.WriteLine("Ha habido un error: {0}", error.Message);
            }
        }
    }
}
```

Ejercicios:

> 13. Desarrolla un programa que pida al usuario dos números de doble precisión
> (tipo *double*). Después los dividirá y mostrará el resultado por consola. Piensa
> en los posibles errores que pueden aparecer en el programa y contrólalos con
> varios bloques "*catch*".

7

FUNCIONES

7.1. Introducción

En todos los ejercicios que has desarrollado desde que empezaste a programar, solo has utilizado la función principal "Main()". Los problemas eran sencillos y cortos, por lo que resultaba relativamente sencillo leerlos. ¿Pero qué pasa si los complicamos o los hacemos más largos? ¿Seguimos escribiendo todo el código dentro del "Main()"? Esto sería muy difícil de leer y de encontrar posibles errores. Además, es conveniente, en problemas más complejos, buscar una forma para poder repartir el trabajo entre varias personas. Por todo esto, a partir de ahora, vamos a dividir nuestros programas en fragmentos más pequeños. De esta forma:

- Cada fragmento realizará una función determinada.
- La función principal "Main()" será mucho más breve y fácil de leer. A partir de ahora se limitará a llamar a estos fragmentos cuando haga falta.
- Dejaremos de redundar código. Simplemente llamaremos al fragmento que hace una cierta operación tantas veces como sea necesario y cuando sea necesario, pero no hay que escribir el mismo código más veces.
- Podremos repartir todo el trabajo para que cada programador se encargue de desarrollar un fragmento del programa para, al terminar, juntar todos los trozos.

Estos fragmentos de programa se llaman **funciones**.

7.2. Definición de función

Ya conoces la función principal del programa, "*Main*()". Lo que quizás no sabías es que es la función que pone en marcha el programa. Cada vez que le has dado al icono del triángulo verde (ejecutar) en Visual Studio, el compilador ha buscado dónde estaba la función "Main()" para empezar a compilar.

La sintaxis para definir una función es muy sencilla, solo tienes que darle un nombre (con la primera letra en mayúsculas) seguido de unos paréntesis. Además, llevará un **modificador de acceso** (public, private, protected o internal), otra palabra reservada: "static" (ya veremos más adelante qué significa esto) y otra palabra reservada como "void" o un tipo de datos (enseguida veremos qué significa esto). Si te fijas, es lo que has estado haciendo desde que empezaste a programar, ya que la función principal "Main()" se define así:

```
public static void Main(string[] args)
```

Lo que ponemos entre paréntesis se llaman argumentos o parámetros. Más adelante veremos qué significa todo esto. De momento piensa en la sintaxis para crear una función. Después, entre llaves, **implementaremos** la función, es decir, escribiremos lo que tiene que hacer.

Vamos a ver un primer ejemplo sencillo. Vamos a definir una función que escriba por consola "Hola mundo" cada vez que se le llame. Mira:

```csharp
using System;

namespace ConsoleApp1
{
    class Program
    {
        public static void Main(string[] args)
        {
            DecirHolaMundo();//Llamamos a la función
        }

        public static void DecirHolaMundo ()
        {
            Console.Write("Hola mundo.");
        }
    }
}
```

A la función que acabamos de crear la he llamado con un nombre muy intuitivo (*DecirHolaMundo*) para facilitar la comprensión. Es conveniente que los nombres de las funciones sean acciones (verbos) para dejar claro qué es lo que hacen. Además, puedes unir las palabras que haga falta en el nombre, pero sin espacios en blanco y poniendo la inicial en mayúsculas.

Para **invocar** (llamar) a esta función, solo tengo que escribir su nombre en cualquier otra, en este caso en "*Main*()".

Vamos a ver otro ejemplo. En este caso queremos definir una función que te salude por tu nombre. Así:

```csharp
using System;

namespace ConsoleApp1
{
    class Program
    {
```

```
        public static void Main(string[] args)
        {
            SaludarPorTuNombre();//Llamamos a la función
        }

        public static void SaludarPorTuNombre ()
        {
            Console.Write("Introduce tu nombre: ");
            string nombre = Console.ReadLine();
            Console.WriteLine("Hola, {0}", nombre);
        }
    }
}
```

Fíjate que no hace falta pedir datos al usuario en la función principal, sino que podemos hacerlo desde cualquiera.

Ejercicios:

1. Desarrolla un programa que defina una función que sume dos números introducidos por el usuario.
2. Desarrolla un programa que defina una función para dibujar un cuadrado formado por 3 filas con 3 almohadillas (#) cada una.

7.3. Argumentos o parámetros

Antes he puesto un ejemplo donde una función pedía al usuario que introdujese su nombre. Si este dato va a ser utilizado más veces debería pedírselo la función principal, que es la que, normalmente, se va a encargar de invocar al resto de funciones. Pero si pedimos el nombre desde la función "Main()", ¿cómo se lo enviamos a la función "SaludarPorTuNombre()"?

Estos "envíos" son los argumentos o parámetros de una función. Podemos enviar todos los que queramos, e irán dentro de los paréntesis. Mira este ejemplo para que lo tengas más claro:

```
using System;

namespace ConsoleApp1
{
    class Program
    {
        public static void Main(string[] args)
```

```
        {
            Console.Write("Introduce tu nombre: ");
            string nombre = Console.ReadLine();
            SaludarPorTuNombre(nombre);//Llamamos a la función y pasamos como
parámetro el nombre
        }

        public static void SaludarPorTuNombre (string nombre)//Aquí recibimos
el parámetro que han enviado desde Main()
        {
            Console.WriteLine("Hola {0}", nombre);
        }
    }
}
```

Como ves, al llamar hemos puesto directamente el nombre de la variable que queremos enviar, pero al recibir hay que indicar el tipo de dato que viene, en este caso "*string*". Podemos enviar todos los parámetros que queramos separados por comas. Pero recuerda poner el tipo de datos de todos y cada uno de ellos al recibirlos.

Vamos a ver otro ejemplo con más parámetros:

```
using System;

namespace ConsoleApp1
{
    class Program
    {
        public static void Main(string[] args)
        {
            Console.Write("Introduce un número: ");
            int num1 = Convert.ToInt32(Console.ReadLine());
            Console.Write("Introduce otro número: ");
            int num2 = Convert.ToInt32(Console.ReadLine());
            SumarNumeros(num1, num2);//Llamamos a la función y pasamos los
números como parámetros separados por comas
        }

        public static void SumarNumeros (int numero1, int numero2)//Fíjate que
al recibir los parámetros no tienen por qué llamarse igual
        {
            Console.WriteLine("La suma es: {0}", numero1+numero2);
        }
    }
}
```

Fíjate que la función "*SumarNumeros*", cuando recibe los parámetros, les pone otro nombre distinto. No pasa nada, puedes poner el nombre que quieras, son variables distintas con el mismo contenido. Ya veremos las diferencias entre **variables locales y globales** más adelante.

Observa también que, al haber más de un parámetro, están separados por comas.

Ejercicios:

> 3. Desarrolla un programa que defina una función para dibujar un rectángulo con el carácter, el ancho y el alto que indique el usuario. Estos datos se pasarán como parámetros.

7.4. Devolviendo datos

Podemos pedirle a una función que nos devuelva el resultado de una operación para poder utilizarlo en otro sitio del programa. Por ejemplo, si enviamos dos números a la función Sumar(), pero después queremos utilizar el resultado de la suma en la función Restar(). Estas "devoluciones" se definen en la propia función. Mira:

```
public static int Sumar(int numero1, int numero2)//Hemos cambiado la palabra
reservada "void" por "int"
{
    return numero1 + numero2;//Devuelve un int
}
```

Hasta ahora hemos trabajado con funciones donde quedaba claro que no queríamos que devolviese nada. Se lo indicábamos con la palabra reservada "void" en la definición de la propia función (fíjate cómo lo has puesto siempre después de "static"), es decir, si al definir la función indicamos "void" significa que no es necesario que devuelva nada. Sin embargo, si especificamos un tipo de dato (bool, int, float, string...) significa que queremos que devuelva un dato de ese tipo. Estarás pensando: ¿devolver adónde? Pues a la propia llamada. Vamos a ver un ejemplo más completo para que te quede más claro. Vamos a pedir a una función que devuelva un entero para mostrarlo por consola. Así:

```
using System;

namespace ConsoleApp1
{
    class Program
    {
```

```
{
    public static void Main(string[] args)
    {
        Console.Write("Introduce un número: ");
        int num1 = Convert.ToInt32(Console.ReadLine());
        Console.Write("Introduce otro número: ");
        int num2 = Convert.ToInt32(Console.ReadLine());

        Console.WriteLine("El resultado de la suma es: {0}", Sumar(num1,
num2));//Va a mostrar por consola lo que devuelva la función sumar
    }

    public static int Sumar (int numero1, int numero2)
    {
        return numero1 + numero2;//Devuelve un int
    }
}
}
```

También podemos hacer algo como esto:

```
int resultado = Sumar(5, 7);
```

Es decir, se invoca a la función Sumar, se le pasan como parámetros los números enteros 5 y 7, después la función realiza la suma y devuelve un 12 al mismo sitio donde ha sido invocada. Entonces se guarda un 12 en la variable "resultado". De esta forma podríamos continuar usando el resultado de la suma en otra parte del programa. Vamos a ver un ejemplo más completo:

```
using System;

namespace ConsoleApp1
{
    class Program
    {
        public static void Main(string[] args)
        {
            Console.Write("Introduce un número: ");
            int num1 = Convert.ToInt32(Console.ReadLine());
            Console.Write("Introduce otro número: ");
            int num2 = Convert.ToInt32(Console.ReadLine());

            int resultadoSuma = Sumar(num1, num2);//Esperamos el resultado de
la suma para seguir trabajando con este dato
```

```csharp
            Console.WriteLine("Introduce otro número para restar: ");
            int otroNumero = Convert.ToInt32(Console.ReadLine());

            Restar(resultadoSuma, otroNumero);//Llamamos a la función Resta,
pero no queremos que nos devuelva nada

        }

        public static int Sumar (int numero1, int numero2)//Sustituimos "void"
por "int" para que devuelva el resultado
        {
            return numero1 + numero2;//Devuelve un int
        }

        public static void Restar(int resultadoSuma, int otroNumero)//Al
escribir "void" le decimos que no queremos que devuelva nada
        {
            Console.WriteLine("El resultado de la resta es: {0}",
resultadoSuma, otroNumero);//La propia función muestra por consola el resultado
de la resta
        }
    }
}
```

En la función puedes escribir más de un "return", pero solo puedes devolver un resultado. Es decir, en cuanto el compilador alcance un "return", se sale de la función. Mira este ejemplo para verlo más claro:

```csharp
using System;

namespace ConsoleApp1
{
    class Program
    {
        public static void Main(string[] args)
        {
            Console.Write("Introduce un número: ");
            int num1 = Convert.ToInt32(Console.ReadLine());
            Console.Write("Introduce otro número: ");
            int num2 = Convert.ToInt32(Console.ReadLine());

            Console.WriteLine("El mayor es: {0}", CalcularMayor(num1, num2));
        }
        public static int CalcularMayor (int numero1, int numero2)
        {
            if (numero1 > numero2)
```

```
        {
            return numero1;
        }
        else
        {
            return numero2;
        }
    }
  }
}
```

¿Has visto? He escrito dos "return", pero solo se usa uno.
Mira otro ejemplo para devolver 2 datos en una cadena:

```
using System;

namespace ConsoleApp1
{
    class Program
    {
        public static void Main(string[] args)
        {
            Console.Write("Introduce un número: ");
            int num1 = Convert.ToInt32(Console.ReadLine());
            Console.Write("Introduce otro número: ");
            int num2 = Convert.ToInt32(Console.ReadLine());

            Console.WriteLine(DevolverDosNumeros(num1, num2));
        }
        public static string DevolverDosNumeros (int num1, int num2)
        {
            return "La suma de los números es: " + (num1 + num2) + " y la resta
es: " + (num1 - num2);
        }
    }
}
```

Ojo, es una cadena de caracteres, no números operables.

Ejercicios:

4. Desarrolla un programa que defina una función que calcule el cuadrado de un
número de doble precisión (*double*) que se le indique como parámetro. La función devolverá el resultado.

5. Desarrolla un programa que defina una función para calcular el menor de dos números enteros cortos (*short*) enviados como parámetros. La función devolverá el resultado.

7.5. Variables locales y globales

Cuando declaras una variable, solo el código que esté comprendido dentro de los límites delimitados por las llaves donde has declarado, conocerá la existencia de esa variable, es decir, si se declara dentro de la función "Main()", solo lo que esté dentro de la función principal la conocerá. Estas variables se conocen como **locales**. Mira este ejemplo:

```
using System;

namespace ConsoleApp1
{
    class Program
    {
        public static void Main(string[] args)
        {
            Console.Write("Introduce un número: ");
            int num1 = Convert.ToInt32(Console.ReadLine());//Solo el código
dentro del Main() conoce la variable num1
            Console.Write(num1);
        }
        public static void BuscandoVariablesLocales ()
        {
            num1++;//No se puede hacer operaciones con la variable num1 porque
no se conoce en esta función
        }
    }
}
```

Fíjate que he declarado una variable llamada "num1" dentro de la función *Main()*. Dentro de esta función se conoce la existencia y el valor de esta variable, pero en la función *BuscandoVariablesLocales* no se sabe nada de ésta, por lo que el compilador avisará de que hay un error. Es decir, "num1" es una variable local de la función Main().

Mira otro ejemplo aún más restrictivo de variable local. Declaramos una variable dentro de un bucle "for". Todo el código que escribas dentro de las llaves del "for" conocerá la existencia y el valor de la variable "i" en todo momento. Sin embarazo, al salir del bucle, ya no podrás utilizar la variable porque no se conoce. Diríamos que "i" es una variable local del bucle "for".

```csharp
public static void Main(string[] args)
{
    for (int i = 0; i < 5; i++)
    {
        Console.WriteLine(i);
    }
    i++;//En esta parte del programa no se conoce la variable i por lo que el
compilador arrojaría un error
}
```

Si queremos que una variable se conozca en toda la clase (class Program en este caso) hay que declararla dentro de la clase, pero fuera de las funciones. Así:

```csharp
namespace ConsoleApp1
{
    class Program
    {
        static int num = 5; //Está declarada dentro de la clase, pero fuera de
las funciones. Es una variable global.
        public static void Main(string[] args)
        {
            Console.WriteLine("Vamos a incrementar el número: {0}", num++);
            DecrementarNum();
        }
        public static void DecrementarNum()
        {
            Console.WriteLine("Vamos a decrementar el número: {0}", num--);
        }
    }
}
```

Observa cómo he declarado la variable dentro de la clase, pero fuera de las funciones. Piensa que las funciones también están comprendidas dentro de las llaves que delimitan la clase, por lo que conocen la variable "num". Diríamos que "num" es una variable global o de clase.

Observa también que no se puede declarar como hemos hecho siempre, sino que hay que añadir la palabra reservada "static" al principio. Esta palabra significa que es una variable de clase y, además, estamos indicando que lo sabemos, que no es ningún error, que realmente queremos declararla ahí. Esto se debe a que, por convención, debemos tratar de evitar el uso de variables globales en la medida de lo posible. Lo óptimo sería que todas fueran locales para conseguir que todas las funciones trabajen con sus propias variables y que "nadie de fuera" pueda cambiarte el valor de una de ellas.

Por si esto fuera poco, de esta forma, conseguimos que un error en una función del programa pueda afectar al resto. La manera correcta de compartir datos no es con variables globales, sino enviando valores como parámetros.

Ejercicios:

6. Desarrolla un programa que defina una función para escribir en consola la tabla de multiplicar de un número entero recibido como parámetro. Utiliza únicamente variables locales.
7. Desarrolla un programa que defina una función que averigüe si un número recibido como parámetro es primo o no. La función devolverá true o false. Utiliza variables locales.

7.6. Parámetros por valor y por referencia

Recuerda que, para poder conservar el cambio que se ha hecho en una función del valor de una variable, hay que devolverla. Si no, la función original (la que envía la variable como parámetro) no "sabe" qué cambios se han hecho. Lo vas a entender un poco mejor viendo este ejemplo:

```csharp
using System;

namespace ConsoleApp1
{
    class Program
    {
        public static void Incrementar(int num)
        {
            num++;//Aquí se incrementa la variable, pero Main() no lo sabe
        }
        public static void Main()
        {
            int num = 1;
            Console.WriteLine(num);//Aquí num vale 1
            Incrementar(num);
            Console.WriteLine(num);//Aquí num sigue valiendo 1. No le afectan
los cambios que ha hecho la función Incrementar()
        }
    }
}
```

Fíjate en dos cosas: primero, NO importa el orden en el que escriba mis funciones. El compilador buscará siempre *Main*() para arrancar el programa y luego seguirá el orden de llamadas de la función principal. Segundo: Al no devolver el valor incrementado de la variable *num*, la función *Main*() no tiene conocimiento de lo que ha ocurrido, es decir, el cambio de valor no le afecta. Esto ocurre porque, por defecto, los parámetros se envían "**por valor**", que significa que no estamos enviando el dato original sino una copia. Entonces, la función *Incrementar*() está modificando una copia de un dato, no el propio dato.

Si queremos conservar las modificaciones que hace la función Incrementar() hay que enviarle como parámetro el valor original, no la copia. Esto lo hacemos indicando que el pasamos el valor **por referencia** (palabra reservada "ref". Así:

```
using System;

namespace ConsoleApp1
{
    class Program
    {
        public static void Incrementar(ref int num)//recibe el parámetro por
referencia
        {
            num++;//Aquí se incrementa la variable "original" por lo que Main()
tiene constancia
        }
        public static void Main()
        {
            int num = 1;
            Console.WriteLine(num);//Aquí num vale 1
            Incrementar(ref num);//Envía el parámetro por referencia, es decir,
el original
            Console.WriteLine(num);//Ahora num vale 2
        }
    }
}
```

Supongo que te estarás preguntando para qué sirve esto, pues bien, recuerda que con "*return*" solo podías devolver un resultado. Si necesitas cambiar más valores tendrás que hacerlo pasando esos valores por referencia. Vamos a ver otro ejemplo:

```
using System;

namespace ConsoleApp1
{
    class Program
    {
        public static void Incrementar(ref int num1, ref int num2)
        {
            num1++;//La función Main() "conoce" estos incrementos porque ha
pasado los valores por referencia, es decir, los datos originales, no copias
            num2++;
        }
        public static void Main()
        {
            int num1 = 1;
            int num2 = 2;
            Console.WriteLine("num1 vale {0} y num2 vale {1}", num1, num2);//
Aquí num1 vale 1 y num2 vale 2
            Incrementar(ref num1, ref num2);//Pasamos los valores por
referencia
            Console.WriteLine("Ahora num1 vale {0} y num2 vale {1}", num1,
num2);//Ahora num1 vale 2 y num2 vale 3
        }
    }
}
```

Además, tenemos otra opción para enviar parámetros. Se trata de los **parámetros de salida**. En esta ocasión enviamos variables vacías donde queremos que la función guarde los valores necesarios, es decir, las variables no deben estar inicializadas. Mira este ejemplo:

```
using System;

namespace ConsoleApp1
{
    class Program
    {
        public static void GuardarValores(out int num1, out int num2)
        {
            num1 = 4;//Se van a guardar estos valores en las posiciones de
memoria que se han enviado como parámetros de salida
            num2 = 5;
        }
        public static void Main()
        {
```

```
            int num1;//Vamos a enviar estas variables. NO están inicializadas
            int num2;
            GuardarValores(out num1, out num2);//Pasamos las variables como
parámetros de salida
            Console.WriteLine("num1 vale {0} y num2 vale {1}", num1, num2);//
num1 vale 4 y num2 vale 5
        }
    }
}
```

Ejercicios:

8. Desarrolla un programa que defina una función que extraiga la primera y la última letra de una palabra. Utiliza parámetros de salida.
9. Desarrolla un programa que defina una función que calcule el cubo de tres números enteros que reciba como parámetros. Envía los números generados de manera aleatoria por referencia. Para calcular el cubo utiliza la clase Math. Así:

```
Math.Pow(base, exponente); //Cuidado, no puedes llamar a una variable
"base" porque está reservada por el lenguaje… Pronto descubrirás por
qué.
```

Y para obtener números aleatorios utiliza la clase Random. Así:

```
Random generador = new Random();
int numAleatorio = generador.Next(numeroMinimo, numeroMaximo + 1);//
Si, por ejemplo, quisieses imitar el lanzamiento de un dado, tendrías
pasar los parámetros 1 y 7
```

7.7. La función recursiva

Una función recursiva es una función que, para resolver un problema, se llama a sí misma un número indeterminado de veces hasta que se cumple una condición. Esta condición se llama "caso base". De esta forma, la recursividad trata de simplificar un problema buscando "casos" más sencillos. El ejemplo más típico de recursividad es el cálculo del factorial de un número. Un factorial se resuelve así:

```
n! = n · (n-1) · (n-2) · ... · 3 · 2 · 1
```

Es decir, el factorial de 5 es:

5! = 5 · 4 · 3 · 2 · 1 = 120

Aquí es donde entra la recursividad. Podemos simplificar el proceso del cálculo del factorial dividiendo el proceso en pasos más cortos. Así:

---

n! = n · (n-1)!

De esta manera, la función resuelve un paso pequeño y se vuelve a llamar a sí misma para hacer el siguiente, y luego el siguiente, así sucesivamente hasta que se alcanza el caso base. Con un ejemplo lo verás más claro:

```csharp
using System;

namespace ConsoleApp1
{
    class Program
    {
        public static int CalcularFactorial(int num)
        {
            if (num == 1)//Caso base. Hay que asegurarse que siempre se va a
llegar aquí en algún momento.
            {
                return 1;
            }
            else
            {
                return num * CalcularFactorial(num - 1);//Guarda num* y vuelve
a llamarse a sí misma pasando el número, pero ahora restándole 1
            }
        }
        public static void Main()
        {
            Console.Write("Introduce un número: ");
            int num = Convert.ToInt32(Console.ReadLine());
            Console.WriteLine("El factorial de {0} es {1}", num,
CalcularFactorial(num));
        }
    }
}
```

Ten mucho cuidado al hacer la recursividad. Siempre debes tener claro que en algún momento se va a alcanzar el caso base. De otra forma el programa se quedará "colgado".

Ejercicios:

10. Desarrolla un programa que defina una función recursiva para calcular una potencia. Piensa en cuál sería el caso base para que el programa no se "cuelgue".
11. Desarrolla un programa que defina una función recursiva para invertir una palabra. Piensa en el caso base.

CLASES
Y OBJETOS

8.1. Introducción

Simplificando estos conceptos para una mejor comprensión, una **clase** es una plantilla que vamos a utilizar para definir un objeto. Un **objeto**, según la sexta acepción de la RAE (Real Academia Española) es una "cosa". Así, vamos a crear una plantilla para definir una cosa.

Todas las "cosas" tienen una serie de atributos y pueden realizar una serie de acciones. Estas acciones pasarán a ser los métodos de esa "cosa" que pondremos en su plantilla correspondiente.

Vamos a ver un ejemplo para que lo veas más claro:

```
public class Ventana//Declaro la clase
{
    int alto, ancho, peso;//Atributos
    bool abierta;
    public void Abrir()//Métodos
    {
        abierta = true;
    }
    public void Cerrar()
    {
        abierta = false;
    }
}
```

Fíjate que lo que conocíamos como variables ahora se llaman atributos, ya que caracterizan un objeto, y las funciones, ahora se llaman métodos. Así, nuestra ventana tendrá un alto, un ancho y un peso. Además, la ventana se podrá abrir y cerrar.

Si ahora quisiésemos una ventana, la tendríamos que **instanciar**, es decir, crear una desde cualquier otra clase. Así:

```
Ventana v1 = new Ventana();
v1.Abrir();
```

Puedes poner todas las clases dentro de un mismo archivo, es decir, donde antes tenías la clase "Program" que contenía la función "Main()" ahora también podrías añadir la clase Ventana. Así:

```
using System;

namespace ConsoleApp
{
    class Program
    {
        public static void Main()
        {
            Ventana v1 = new Ventana();
            v1.Abrir();
        }
    }
    public class Ventana
    {
        int alto, ancho, peso;//Atributos
        bool abierta;
        public void Abrir()//Métodos
        {
            abierta = true;
        }
        public void Cerrar()
        {
            abierta = false;
        }
    }
}
```

Pero es mejor poner cada clase en su propio archivo para una mejor legibilidad del programa, detección de errores y distribución del trabajo.

Para crear un archivo con la extensión .cs (C Sharp) que contenga una clase nueva tienes que entrar en el menú "Proyecto" y después seleccionar la opción "Agregar clase". Mira la figura 8.1:

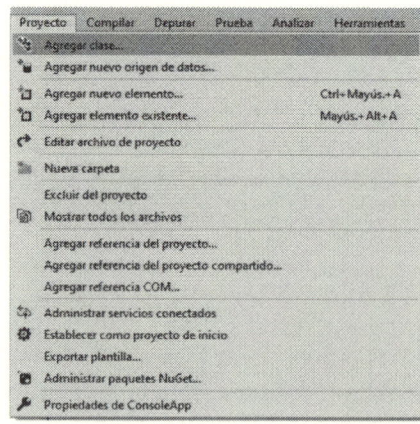

Figura 8.1. *Ventana emergente del menú Proyecto.*

Verás una ventana como esta (ver figura 8.2):

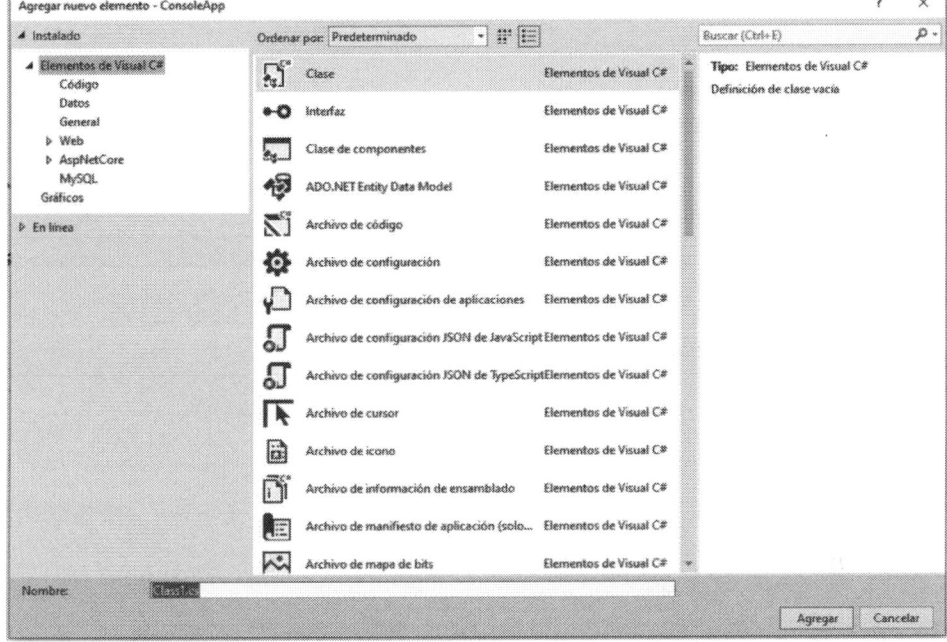

Figura 8.2. *Ventana de diálogo de selección de clase en Visual Studio.*

Seleccionas la primera opción: "clase" y ya lo tienes.

Fíjate que desde la función principal "Main()" he instanciado un objeto de tipo Ventana, al que he llamado "v1" y que, a través de él he podido acceder al método Abrir(). *Si no tengo un objeto de la clase, no puedo acceder a sus métodos.*

Vamos a ver el primer ejemplo completo. Cada clase estará en su archivo correspondiente. Además, se van a inicializar los atributos de la clase ventana y se va a añadir un método que muestre el contenido de los atributos. Así:

Clase program

```
using System;

namespace ConsoleApp
{
    class Program
    {
        public static void Main()
```

```
        {
            Ventana v1 = new Ventana();
            v1.Abrir();
            v1.MostrarContenidoAtributos();
        }
    }
}
```

Clase Ventana

```
using System;

namespace ConsoleApp
{
    public class Ventana
    {
        int alto = 2;
        int ancho = 3;
        int peso = 5;
        bool abierta;
        public void Abrir()
        {
            abierta = true;
        }
        public void Cerrar()
        {
            abierta = false;
        }
        public void MostrarContenidoAtributos()
        {
            Console.WriteLine("Alto = {0}; Ancho = {1}; Peso = {2}; Abierta =
{3}", alto, ancho, peso, abierta);
        }
    }
}
```

Tienes que saber que las variables (atributos) tienen un valor inicial predefinido. Me explico: si declaras una variable numérica y no la inicializas, tendrá por defecto el valor 0; para las cadenas será un "intro" (cadena vacía) y para las booleanas un "false".

Ejercicio:

1. Crea tu primera clase. Piensa en un objeto y en los atributos y métodos que tendría. Desde la función "Main()" instancia un objeto de este tipo y lanza sus métodos a través de él. Define también un método "Mostrar()" para que se pueda ver a través de la consola qué valores tienen los atributos del objeto.

8.2. Encapsulamiento

El encapsulamiento de datos es una de las grandes propiedades de la orientación a objetos. Si eres capaz de imaginar los datos de un objeto dentro de una cápsula, verás que están aislados del exterior, es decir, no nos interesa que otras clases puedan acceder a nuestros atributos para que cada uno ponga el valor que le interese. A esto también se le llama **ocultación de datos**.

Piensa en la clase ventana que se ha desarrollado antes. Se ha inicializado el atributo alto en 2 metros. ¿Qué pasaría si alguien de nuestro equipo de desarrollo necesitara una ventana de 3 metros de alto? Si el creador de la clase permitiese que "todo el mundo" pudiese acceder a sus atributos y cambiar el valor sería incontrolable. Por otro lado, es necesario que el desarrollador que necesite una ventana de 3 metros pueda obtenerla. Por este motivo, además de tener nuestros atributos privados (llamados **campos**) también vamos a preparar unas **propiedades** con procedimientos **get** y **set** de cada uno de los atributos para que sean accesibles desde cualquier punto del programa. Lógicamente, estas propiedades serán públicas. Vamos a ver un ejemplo para que lo entiendas mejor:

```
public class Ventana
  {
      int alto = 2;//Si antes de int no se pone nada significa que el atributo
es privado, por lo tanto, son campos
      private int ancho = 3;//Puedes especificar que es privado para una mejor
legibilidad, pero actúa igual que no poniendo nada
      int peso = 5;
      bool abierta;

      public int Alto { get => alto; set => alto = value; }//Las propiedades
son públicas
      public int Ancho}//Esta propiedad es igual que la anterior, pero con
otra sintaxis
      {
          get
          {
              return ancho;
          }
          set
          {
              ancho = value;
          }
      }
      public int Peso { get => peso; set => peso = value; }
  }
```

A las palabras reservadas "public" y "private" se les llama **modificadores de acceso** porque establecen el filtro de quién puede acceder y quién no tiene permiso. De momento, vamos a trabajar solo con estos dos modificadores. Si no se especifica nada, por defecto, es privado.

Cada uno de los campos puede tener una propiedad si prevemos que alguien del equipo de desarrolladores va a necesitar cambiar los valores de algún campo. En el ejemplo anterior, se han creado las propiedades Alto, Ancho y Peso. Fíjate que se llaman igual que los campos, pero empezando por mayúscula. Las propiedades tienen una sintaxis acortada y otra desarrollada. La segunda opción probablemente es más intuitiva: si alguien accede al método **get** de la propiedad, se le devuelve el valor del campo ancho, es decir, el que haya establecido el propio desarrollador de la clase. Sin embargo, si se accede al método **set** de la propiedad, podrás darle un valor nuevo a ese atributo.

Vamos a ver un ejemplo:

```
using System;

namespace ConsoleApp
{
    class Program
    {
        public static void Main()
        {
            Ventana v1 = new Ventana();//Instancio un objeto ventana
            int altoPorDefecto = v1.Alto;//Accedo al get de la propiedad Alto
            int nuevoAlto = v1.Alto = 3;//Accedo al set de la propiedad Alto
            Console.WriteLine("El alto original es {0} y el nuevo {1} m",
altoPorDefecto, nuevoAlto);
        }
    }
}
```

En la clase Program se necesita una ventana. Puedo acceder al get de la propiedad Alto si quiero el valor por defecto (2m) o al set para especificar un alto nuevo, dependiendo de lo que necesite.

Ejercicios:

2. Desarrolla un programa que tenga 2 clases: la clase Program (donde estará la función "Main()") y la clase "Cocina". Cada clase estará en su fichero correspondiente. La clase "Cocina" tendrá dos campos reales de simple precisión (float): la superficie y el volumen. Además, tendrá sus propiedades con los procedimientos get y set. También tendrá un método que muestre por consola las dimensiones de la cocina. La función "Main()" instanciará dos objetos de tipo

Cocina, uno tomará los valores que se le ofrezcan por defecto y el otro reasignará sus dimensiones.

3. Desarrolla un programa que tenga 2 clases: la clase Program que contendrá la función Main() y la clase "Moto". Cada clase estará en su fichero correspondiente. La clase Moto tendrá los campos "marca" y "modelo" de tipo string, "cilindrada" de tipo entero y "potencia" de tipo float. También tendrá las propiedades correspondientes. Además, definirá un método para mostrar por consola los datos de un objeto. La función "Main()" instanciará un objeto Moto y pedirá al usuario el valor de sus atributos marca, modelo, cilindrada y potencia. Después mostrará en consola todos los datos.

8.3. Herencia

Otro de los conceptos fundamentales del paradigma orientado a objetos es la herencia. Se trata de crear un nuevo objeto a partir de otro que tenga atributos y métodos similares. De esta forma no habrá que desarrollar la clase nueva, sino simplemente avisar al compilador que estamos heredando todos esos datos de otra.

Por ejemplo, vamos a crear la clase "Saetera", que es una ventana muy estrecha. En esta nueva clase podríamos volver a definir su altura, anchura, etc... pero ya lo tenemos hecho en la clase "Ventana". Es más rápido heredar todos los atributos de la clase "Ventana". Para heredar, solo hay que poner dos puntos y el nombre de la clase de la que heredas. Mira:

```
public class Saetera: Ventana
```

En este momento la clase "Saetera" hereda todos los atributos y métodos de la clase "Ventana". No estamos obligados a utilizar todo lo que heredamos. Además, se pueden añadir nuevos atributos o métodos a la clase "Saetera". Vamos a añadir el atributo "uso" de tipo string y el método "MostrarUso()". Quedaría así la nueva clase:

```
using System;

namespace ConsoleApp
{
    public class Saetera: Ventana//Aquí estamos heredando de la clase Ventana
    {
        private string uso;//Añadimos un nuevo campo

        public string Uso { get => uso; set => uso = value; }//Propiedad del
nuevo atributo
```

```
        public void MostrarUso()//Nuevo método para mostrar el uso de la
saetera
        {
            Console.WriteLine("Esta saetera se va a usar para {0}", uso);
        }
    }
}
```

Es muy común heredar un método que tengamos que redefinir para que se ajuste más a la clase actual. Por ejemplo, el método "MostrarContenidoAtributos()" que acabamos de heredar no dice nada sobre la saetera. Ahora nos puede interesar que este método diga el uso de la saetera para no tener que crear un método nuevo. Habría que volverlo a declarar añadiendo la palabra reservada "**new**" para indicar al compilador que queremos redefinir el método heredado. Así:

```
public new void MostrarContenidoAtributos()//Observa la palabra new
{
    Console.WriteLine("Esta saetera se va a usar para {0}", uso);
}
```

Ejercicios:

4. Continúa con el ejercicio de la clase "Cocina". Ahora hay que crear una clase llamada "Estancia" que será la que tenga los campos superficie y volumen y sus propiedades, además del método "Mostrar()". La clase "Cocina" heredará de la clase "Estancia". Crea también una nueva clase "Dormitorio" que heredará de "Estancia".
5. Continúa con el ejercicio de la clase "Moto". Ahora crea una clase "Vehiculo", que será la que contendrá todos los atributos que antes había en "Moto". De la clase "Vehiculo" heredarán "Moto" y una nueva clase "Coche".

8.4. Modificadores de acceso

Antes hablamos de las palabras reservadas "public" y "private". Se dijo que eran modificadores de acceso. También se dijo que, si no se escribía nada antes del atributo, significaba que, por defecto, eran privados. En este caso, los atributos de la clase "Ventana" no son accesibles desde ninguna otra clase, ni siquiera desde "Saetera". Esto puede no tener sentido. Si una clase "padre" tiene una o varias clases "hijas" podría ser necesario que éstas tuvieran acceso a los atributos y métodos del padre.

La solución no pasa por declararlas públicas, porque entonces estaríamos rompiendo la norma de la ocultación de datos. Lo que realmente queremos es que solo las clases derivadas (las hijas) puedan acceder, pero nadie más.

A partir de ahora vamos a utilizar un nuevo modificador de acceso. La palabra reservada es "protected" (protegido). Significa algo así como "privado para todos, excepto para mis hijas". Así:

```
protected int alto = 2;
protected int ancho = 3;
protected int peso = 5;
protected bool abierta;
```

El programa completo quedaría así:

Clase program

```
using System;

namespace ConsoleApp
{
    class Program
    {
        public static void Main()
        {
            Ventana v1 = new Ventana();//Instanciamos un objeto de la clase
ventana
            v1.Ancho = 4;//Accedemos al set de la propiedad Ancho para cambiar
el valor a 4
            v1.MostrarContenidoAtributos();//Mostramos los valores de la
ventana

            Saetera s = new Saetera();//Instanciamos un objeto de la clase
saetera
            s.Uso = "lanzar flechas";//Accedemos al set de la propiedad Uso para
darle un nuevo valor
            s.MostrarContenidoAtributos();//Mostramos los valores de la saetera
        }
    }
}
```

Clase Ventana

```
using System;

namespace ConsoleApp
{
    public class Ventana
    {
        protected int alto = 2;//Atributos protegidos para que solo los puedan
ver las clases derivadas (hijas)
        protected int ancho = 3;
        protected int peso = 5;
        protected bool abierta;

        public int Alto { get => alto; set => alto = value; }//Propiedades
públicas con get y set
        public int Ancho { get => ancho; set => ancho = value; }
        public int Peso { get => peso; set => peso = value; }

        public void Abrir()
        {
            abierta = true;
        }
        public void Cerrar()
        {
            abierta = false;
        }
        public void MostrarContenidoAtributos()
        {
            Console.WriteLine("Alto = {0}; Ancho = {1}; Peso = {2}; Abierta =
{3}", alto, ancho, peso, abierta);
        }
    }
}
```

Clase Saetera

```
using System;

namespace ConsoleApp
{
    public class Saetera: Ventana
    {
        private string uso;
        public string Uso { get => uso; set => uso = value; }

        public new void MostrarContenidoAtributos()//Con la palabra reservada
new estamos redefiniendo el método heredado
```

```
        {
            Console.WriteLine("El alto es {0} y el ancho es {1}", alto, ancho);
            Console.WriteLine("Esta saetera se va a usar para {0}", uso);
        }
    }
}
```

Ejercicios:

6. Continúa con el ejercicio de la clase "Estancia". Los atributos superficie y volumen serán protegidos. Las clases derivadas (hijas) redefinirán un método heredado de "Estancia" donde se especifica la utilidad de la estancia, es decir, la clase "Cocina" dirá "para cocinar y comer" y la clase "Dormitorio" dirá "para descansar".
7. Continúa el ejercicio de la clase "Vehiculo". Ahora todos los atributos de la clase base (padre) serán "protegidos" y los métodos serán "públicos". Añade un nuevo método en la clase base para que todas las derivadas (hijas) lo redefinan.

8.5. Constructores

Un constructor es una estructura parecida a un método, pero, en este caso, no hay que especificar si tiene que devolver algún valor, es decir, al definir la estructura no hay que poner las palabras void, int, string…, ya que no es su cometido. Además, el constructor tendrá siempre el mismo nombre que la clase. Por ejemplo, la sintaxis del constructor de nuestra clase Ventana sería tan sencilla como esta:

```
public Ventana()
{

}
```

El constructor lo vamos a utilizar para inicializar los valores de los atributos de la clase, es decir, cada vez que instanciamos un objeto (Ventana v1 = new Ventana();) la ventana "v1" recibe los valores que están inicializados en su constructor. El constructor de la clase Ventana quedaría así:

```
    public class Ventana
    {
        protected int alto;//Aquí se declaran los atributos, pero no se
inicializan
```

```
    protected int ancho;
    protected int peso;
    protected bool abierta;

    public Ventana()//En el constructor sí se inicializan los atributos
    {
        alto = 2;
        ancho = 3;
        peso = 5;
    }
...
```

Se pueden tener tantos constructores como se quiera, pero con parámetros distintos. A esto se le llama "sobrecarga de constructores". Este concepto lo veremos con detalle muy pronto.

Imagínate que nos interesa que el que instancie un objeto ventana pueda, o bien recibir los valores que se le ofrecen por defecto, o bien poder especificar el alto, el ancho y el peso sin necesidad de pasar por el set de las propiedades. Mira, así:

```
public Ventana(int nuevoAlto, int nuevoAncho, int nuevoPeso)
{
    alto = nuevoAlto;
    ancho = nuevoAncho;
    peso = nuevoPeso;
}
```

Así, al instanciar un nuevo objeto Ventana, podemos hacerlo de dos formas:

```
Ventana v1 = new Ventana();//Sin parámetros. Así, v1 tendrá los valores por
defecto especificados en su clase, es decir, alto = 2, ancho = 3 y peso = 5
Ventana v2 = new Ventana(1, 4, 7);//Así, v2 tendrá los valores alto = 1, ancho
= 4 y peso = 7
```

Vamos a ver un ejemplo completo de un programa que instancie dos objetos ventana. Uno obtendrá los valores por defecto que le ofrece la clase Ventana y el otro especificará el alto, el ancho y el peso de la ventana. Luego, ambos objetos accederán al método de la clase Ventana "MostrarContenidoAtributos()" para comprobar que lo hemos hecho bien. Quedaría así:

Clase Program

```
using System;

namespace ConsoleApp
{
    class Program
    {
        public static void Main()
        {
            Ventana v1 = new Ventana();
            Ventana v2 = new Ventana(1, 4, 7);
            v1.MostrarContenidoAtributos();
            v2.MostrarContenidoAtributos();
        }
    }
}
```

Clase Ventana

```
using System;

namespace ConsoleApp
{
    public class Ventana
    {
        protected int alto;
        protected int ancho;
        protected int peso;
        protected bool abierta;

        public Ventana()
        {
            alto = 2;
            ancho = 3;
            peso = 5;
        }
        public Ventana(int nuevoAlto, int nuevoAncho, int nuevoPeso)
        {
            alto = nuevoAlto;
            ancho = nuevoAncho;
            peso = nuevoPeso;
        }

        public int Alto { get => alto; set => alto = value; }
        public int Ancho { get => ancho; set => ancho = value; }
        public int Peso { get => peso; set => peso = value; }
```

```
    public void Abrir()
    {
        abierta = true;
    }
    public void Cerrar()
    {
        abierta = false;
    }
    public void MostrarContenidoAtributos()
    {
        Console.WriteLine("Alto = {0}; Ancho = {1}; Peso = {2}; Abierta =
{3}", alto, ancho, peso, abierta);
    }
  }
}
```

Ejercicios:

8. Añade un constructor a todas las clases del ejercicio "Estancia". Inicializa los valores de superficie y volumen en todos los constructores. Además, añade un segundo constructor a la clase "Cocina" para que se puedan definir tanto la superficie como el volumen en el momento de instanciar un objeto cocina.
9. Continúa con el programa de la clase "Vehiculo". Añade un nuevo atributo de tipo entero llamado "cantidadDeRuedas" a la clase Vehiculo. Este atributo tendrá su propiedad con su get y su set. Ahora, el constructor de la clase "Moto" inicializará este parámetro con el valor 2, y el constructor de la clase "Coche" lo hará con el valor 4.

8.6. Polimorfismo y sobrecarga

El prefijo "polys" significa muchos y "morfo" significa formas, así, polimorfismo se refiere a que un método puede tener muchas formas, es decir, diferentes implementaciones (hacer cosas distintas) aun llamándose igual. Podemos encontrar dos tipos distintos de polimorfismo:

– Sobrecarga. Los constructores "Ventana()" y "Ventana(int alto, int ancho, int peso)" del ejemplo anterior, se llaman igual pero reciben distintos parámetros. Se implementan de forma distinta (hacen cosas diferentes). En este caso decimos que los constructores de la clase Ventana están sobrecargados. También se pueden sobrecargar métodos. A la sobrecarga también se le conoce como "polimorfismo ad-hoc". En este tipo de polimorfismo, el compilador sabe en tiempo de compilación (primera etapa en la ejecución de un programa) a qué método o constructor se debe llamar.

- Polimorfismo puro. Piensa en el método "MostrarContenidoAtributos()" de los ejemplos anteriores. Este método está declarado en la clase "Ventana", pero heredado y redefinido en la clase "Saetera". Es decir, el mismo método se aplica a objetos distintos. En este caso el compilador podría no saber en tiempo de compilación a qué método debe acceder. Solucionaremos este problema un poco más adelante, cuando hablemos de las funciones virtuales.

Ejercicios:

10. Continúa el ejercicio de la clase "Estancia". Ahora añade otro método "MostrarDimensiones()" que reciba como parámetro un texto extra para mostrar por consola.
11. Continúa el programa de la clase "Vehiculo". Añade en la propia clase "Vehiculo" un nuevo atributo llamado "velocidad" (inicializado a 50) y dos métodos llamados "MantenerVelocidad()": uno recibirá la velocidad por defecto (50) y el otro recibirá un parámetro para ajustar la velocidad.

8.7. Orden de llamada de los constructores en una instancia

Cuando instancias un objeto de una clase que está heredando de otra (clase derivada o hija), antes de acceder al constructor de la clase del objeto pasa por el constructor de la clase base (padre). Por ejemplo, si en un juego definimos una clase "Soldado", que deriva (hereda) de una clase "Militar", que hereda a su vez de una clase "Enemigos", el orden de llamada a los constructores sería: Enemigo, Militar y Soldado. Mira este ejemplo para que te quede más claro:

Clase Program

```
using System;

namespace ConsoleApp
{
    class Program
    {
        public static void Main()
        {
            Enemigo enemigo = new Enemigo();//Se instancia un objeto Enemigo
            Militar militar = new Militar();//Se instancia un objeto Militar
            Soldado soldado = new Soldado();//Se instancia un objeto Soldado
        }
    }
}
```

Clase Enemigo

```
using System;

namespace ConsoleApp
{
    class Enemigo
    {
        public Enemigo()
        {
            Console.WriteLine("Clase enemigo.");
        }
    }
}
```

Clase Militar

```
using System;

namespace ConsoleApp
{
    class Militar:Enemigo//La clase Militar hereda de la clase Enemigo
    {
        public Militar()
        {
            Console.WriteLine("Clase militar.");
        }
    }
}
```

Clase Soldado

```
using System;

namespace ConsoleApp
{
    class Soldado:Militar//La clase Soldado hereda de la clase Militar
    {
        public Soldado()
        {
            Console.WriteLine("Clase soldado.");
        }
    }
}
```

La salida por consola al ejecutar el programa es:

```
Clase enemigo.
Clase enemigo.
Clase militar.
Clase enemigo.
Clase militar.
Clase soldado.
```

Es decir, el objeto Enemigo va directamente al constructor de mayor jerarquía, el constructor de la clase que es padre de las demás. El objeto Militar pasa primero por el de la clase Enemigo, su padre. El objeto Soldado pasa por la clase de su padre, pero como este también hereda, se va directamente a la clase Enemigo para empezar el orden de llamada de los constructores.

Ejercicios:

12. Continúa con el ejercicio de la clase "Estancia". Crea una nueva clase "CocinaCampera" que heredará de "Cocina" y añádele un constructor. Introduce una orden Console.WriteLine() en cada uno de los constructores de las clases "Estancia", "Cocina" y "CocinaCampera" e instancia 3 objetos: uno de la clase Estancia, otro de la clase Cocina y otro de la clase CocinaCampera. Observa el orden de llamada a los constructores.
13. Continúa con el programa de la clase "Vehiculo". Introduce en los constructores de todas las clases una orden Console.WriteLine() para que escriba por consola el nombre de la clase a la que pertenece. Después, instancia 3 objetos: uno de la clase "Vehiculo", otro de la clase "Moto" y otro de la clase "Coche". Observa el orden de llamada de los constructores.

PALABRAS IMPORTANTES RESERVADAS POR EL LENGUAJE

9.1. La palabra reservada "static"

La palabra reservada por el lenguaje C# "*static*" la hemos visto en todos los programas hechos hasta ahora. Fíjate que la función principal (*Main()*) siempre lleva esta palabra en su definición:

```
public static void Main()
```

En temas anteriores ya se introdujo el concepto brevemente, pero ha llegado el momento de profundizar algo más. Hasta ahora hemos definido funciones que llevaban la palabra "static" y métodos que no la llevaban. La diferencia radica en si tenemos que instanciar un objeto para poder acceder al método o no. Mira este ejemplo para que lo entiendas mejor:

```
public static void Main()
{
    Sumar();//LLamada a una función estática. No necesita ningún objeto.
}
public static void Sumar()//Función estática
{
    Console.Write(5 + 7);
}
```

Desde la función *Main()*, que es estática, simplemente llamamos a otra función estática escribiendo su nombre (en este caso *Sumar()*). No hace falta instanciar ningún objeto para poder acceder a ella. Sin embargo, mira este otro ejemplo:

Clase Program

```
class Program
{
    public static void Main()
    {
        Cocina c1 = new Cocina();//Se instancia un objeto de la clase Cocina
para poder acceder al método MostrarDimensiones()
        c1.MostrarDimensiones();
    }
}
```

Clase Cocina

```
class Cocina
{
    public void MostrarDimensiones()//Método no estático. Se necesita un objeto
para acceder aquí
    {
        //Mostrar dimensiones
    }
}
```

En este caso se ha tenido que instanciar un objeto de la clase Cocina para poder acceder al método MostrarDimensiones(). Pero, ¿cuándo tiene que ser estático o no estático? Bueno, depende de si necesitas un objeto o no. Me explico: en el primer ejemplo se ha invocado (llamado) a la función Sumar(). Esta función se ha limitado a sumar dos números y mostrarlos por pantalla. No necesitas ningún objeto para nada. Sin embargo, en el segundo ejemplo, estamos accediendo al método MostrarDimensiones(), y la pregunta es: ¿mostrar dimensiones de qué? Pues, de una cocina. Es decir, necesitas una cocina para que el método MostrarDimensiones() tenga sentido.

Piensa en un par de casos más para que quede más claro: imagina el método Abrir() de la clase Puerta. ¿Tiene que ser estático? Sí. Pregúntate, ¿qué va a abrir el método? Eso es, una puerta, un objeto puerta. Ahora piensa en el método BorrarPantalla() donde solo se implemente la orden Console.Clear(), ¿necesitas un objeto para que tenga sentido? No. Es más lógico que sea estático.

Además, la palabra "static" se utiliza para recalcar que una variable es global, es decir, que es un atributo de clase, que todas las funciones de la clase tienen acceso a este valor. Mira este ejemplo:

```
class Program
{
    static int num = 8;//Variable global o de clase. Todas las funciones de
esta clase tienen acceso a su valor
    public static void Main()
    {
        Console.WriteLine(num);//Desde esta función se tiene acceso a la
variable num
    }
    public static void MostrarNumero()
    {
        Console.WriteLine(num);//Desde esta función también se tiene acceso a
la variable num
    }
}
```

La variable *"num"* se ha declarado fuera de cualquier función, lo que la hace global, es decir, todas las funciones que se definan dentro de la clase Program, tendrán acceso a esta variable.

Ejercicios:

1. Desarrolla un programa que tenga una clase llamada Ventana, con los atributos alto y ancho, y un método llamado MostrarCaracteríscas(). Piensa si este método es estático o no estático y razona el porqué.
2. Desarrolla un programa que defina un método en la clase principal para borrar la consola. Piensa si este método será estático o no estático. Razona el porqué.

9.2. Arrays de objetos y la palabra reservada "new"

Del mismo modo que podemos optimizar tiempo y líneas de código cuando necesitamos varias variables de un mismo tipo declarando arrays, también lo podemos hacer cuando necesitamos varios objetos de una misma clase.

La sintaxis es igual que con cualquier otro tipo, solo que ahora habrá que escribir el nombre de la clase del objeto en lugar del tipo de dato. Por ejemplo, en el caso de la clase Ventana, podríamos declarar un array de 5 ventanas así:

```
Ventana[] ventanas = new Ventana[5];
```

Y, para que cada uno de esos objetos pase por su constructor a recibir sus atributos, habrá que recorrer el array. Así:

```
Ventana[] ventanas = new Ventana[5];
for (int i = 0; i < 5; i++)
{
    ventanas[i] = new Ventana();
}
```

Es decir, hay que usar la palabra *"new"* dos veces: primero declarando el array para reservar espacio en memoria, y luego para que cada uno de los objetos pase por su constructor a recibir sus atributos. Como puedes observar, el operador "new" crea una nueva instancia de un tipo determinado.

Vamos a ver un programa completo para que lo veas más claro:

Clase Program

```
using System;

namespace ConsoleApp
{
    class Program
    {
        public static void Main()
        {
            Ventana[] ventanas = new Ventana[5];
            for (int i=0; i<ventanas.Length; i++)
            {
                ventanas[i] = new Ventana();
            }
        }
    }
}
```

Clase Ventana

```
using System;

namespace ConsoleApp
{
    class Ventana
    {
        int alto;//Atributos de la clase
        int ancho;
        public Ventana()//Constructor
        {
            Alto = 2;
            Ancho = 3;
            Console.WriteLine("Estamos en el constructor de la clase
Ventana");//Ponemos esta línea para comprobar que cada uno de los objetos pasan
por su constructor
        }

        public int Alto { get => alto; set => alto = value; }//Propiedades de
los atributos
        public int Ancho { get => ancho; set => ancho = value; }
    }
}
```

He escrito la orden Console.WriteLine() dentro del constructor solo para que veas que cada uno de los objetos pasan por ahí para recibir sus atributos. Así, la salida de este programa sería:

```
Estamos en el constructor de la clase Ventana
Estamos en el constructor de la clase Ventana
Estamos en el constructor de la clase Ventana
Estamos en el constructor de la clase Ventana
Estamos en el constructor de la clase Ventana
```

Ejercicios:

> 3. Desarrolla un programa que, además de la clase que contiene la función principal Main(), tenga otra más. Esta clase nueva tendrá 2 atributos con sus propiedades correspondientes. También tendrá un método MostrarAtributos(). Después declara un array de 5 objetos de esa clase y muestra sus atributos por consola.

Además, también podemos declarar arrays de objetos de una clase base (padre) que tenga clases derivadas (hijas). Por ejemplo, piensa que la clase Ventana hereda de la clase Mobiliario. Entonces podríamos declarar un array de objetos Mobiliario donde unos serán mobiliario, pero otros pueden ser ventanas. Mira este ejemplo:

```
Mobiliario[] mobiliarios = new Mobiliario[5];
for (int i = 0; i < 2; i++)
{
    mobiliarios[i] = new Mobiliario();//Los objetos 0 y 1 serán mobiliarios
}
for (int i = 2; i < 5; i++)
{
    mobiliarios[i] = new Ventana();//Los objetos 2, 3 y 4 serán ventanas
}
```

El programa completo sería:

Clase Program

```
using System;

namespace ConsoleApp
{
    class Program
    {
        public static void Main()
        {
            Mobiliario[] mobiliarios = new Mobiliario[5];
```

```
                for (int i=0; i<2; i++)
                {
                    mobiliarios[i] = new Mobiliario();//Los objetos 0 y 1 serán
mobiliarios
                }
                for (int i = 2; i < 5; i++)
                {
                    mobiliarios[i] = new Ventana();//Los objetos 2, 3 y 4 serán
ventanas
                }
            }
        }
}
```

Clase Mobiliario

```
using System;

namespace ConsoleApp
{
    class Mobiliario
    {
        protected int alto;//Atributos de la clase
        protected int ancho;
        public Mobiliario()//Constructor
        {
            Alto = 2;
            Ancho = 3;
            Console.WriteLine("Estamos en el constructor de la clase
Mobiliario");//Ponemos esta línea para comprobar cuándo pasan los objetos por
aquí
        }

        public int Alto { get => alto; set => alto = value; }
        public int Ancho { get => ancho; set => ancho = value; }
    }
}
```

Clase Ventana

```
using System;

namespace ConsoleApp
{
    class Ventana:Mobiliario
    {
```

```
        public Ventana()
        {
            Console.WriteLine("Estamos en el constructor de la clase Ventana");
        }
    }
}
```

La salida de este programa sería:

```
Estamos en el constructor de la clase Mobiliario
Estamos en el constructor de la clase Mobiliario
Estamos en el constructor de la clase Mobiliario
Estamos en el constructor de la clase Ventana
Estamos en el constructor de la clase Mobiliario
Estamos en el constructor de la clase Ventana
Estamos en el constructor de la clase Mobiliario
Estamos en el constructor de la clase Ventana
```

Recuerda el orden de llamada a los constructores. Cuando instanciamos un objeto de una clase derivada, primero pasa por el constructor de la clase base. Por eso los objetos ventana primero escriben "Estamos en el constructor de la clase Mobiliario".

Ejercicios:

4. Continúa el ejercicio 3 y crea una nueva clase que herede de la que ya tienes. Ahora declara un array de objetos de la clase base, pero unos serán de la clase original y otros de la clase que acabas de crear. Escribe algo en cada constructor para que a la salida del programa se pueda saber por dónde han pasado los objetos instanciados.

9.3. Funciones virtuales: palabras "virtual" y "override"

Cuando heredamos métodos, al declarar un array de objetos de una clase base (padre) y crear una nueva instancia de un tipo de clase derivada, el compilador no sabe a qué método tiene que llamar, e invoca al del padre por defecto.

Mira este ejemplo para entenderlo mejor: tenemos la clase "Estancia" con un método "DecirUtilidad()" y las clases "Cocina" y "Dormitorio" que heredan de "Estancia". Vamos a redefinir el método heredado para que hagan cosas distintas al padre. Después, vamos a instanciar objetos y ver qué ocurre. Así:

Clase Program

```
using System;

namespace ConsoleApp
{
    class Program
    {
        public static void Main()
        {
            //Primero vamos a instanciar objetos de cada tipo
            Estancia e = new Estancia();
            Cocina c = new Cocina();
            Dormitorio d = new Dormitorio();
            e.DecirUtilidad();
            c.DecirUtilidad();
            d.DecirUtilidad();

            //Ahora vamos a declarar un array de objetos Estancia
            Estancia[] estancias = new Estancia[3];

            estancias[0] = new Estancia();
            estancias[1] = new Cocina();
            estancias[2] = new Dormitorio();

            estancias[0].DecirUtilidad();
            estancias[1].DecirUtilidad();
            estancias[2].DecirUtilidad();
        }
    }
}
```

Clase Estancia

```
using System;

namespace ConsoleApp
{
    class Estancia
    {
        public void DecirUtilidad()
        {
            Console.WriteLine("Es una estancia general.");
        }
    }
}
```

Clase Cocina

```csharp
using System;

namespace ConsoleApp
{
    class Cocina:Estancia
    {
        public new void DecirUtilidad()
        {
            Console.WriteLine("Sirve para cocinar.");
        }
    }
}
```

Clase Dormitorio

```csharp
using System;

namespace ConsoleApp
{
    class Dormitorio:Estancia
    {
        public new void DecirUtilidad()
        {
            Console.WriteLine("Sirve para descansar.");
        }
    }
}
```

La salida del programa es:

```
Es una estancia general.
Sirve para cocinar.
Sirve para descansar.
Es una estancia general.
Es una estancia general.
Es una estancia general.
```

Vemos que, cuando instanciamos objetos distintos, cada uno de ellos "sabe" a qué método tiene que ir, pero no ocurre lo mismo cuando declaramos un array de tipo Estancia, ya que todos invocan al método de la clase base. Esto no es lo que queremos.

Para invocar el método de la clase derivada, tenemos que hacerle saber al compilador que el método "DecirUtilidad()" de la clase Estancia puede que sea redefinido por sus clases derivadas (Cocina y Dormitorio) y que en tal caso, será este método el que se ha de invocar.

Para conseguir este comportamiento tenemos que añadir la palabra reservada "virtual" en la definición del método "DecirUtilidad()". Esta palabra le indica al compilador que puede que el método sea redefinido en sus clases derivadas. Además, al redefinir el método en las clases hijas, añadiremos la palabra reservada "override" para dejar claro al compilador que tiene que invocar el método redefinido. Así:

Clase Program

```csharp
using System;

namespace ConsoleApp
{
    class Program
    {
        public static void Main()
        {
            //Primero vamos a instanciar objetos de cada tipo
            Estancia e = new Estancia();
            Cocina c = new Cocina();
            Dormitorio d = new Dormitorio();
            e.DecirUtilidad();
            c.DecirUtilidad();
            d.DecirUtilidad();

            //Ahora vamos a declarar un array de objetos Estancia
            Estancia[] estancias = new Estancia[3];

            estancias[0] = new Estancia();
            estancias[1] = new Cocina();
            estancias[2] = new Dormitorio();

            estancias[0].DecirUtilidad();
            estancias[1].DecirUtilidad();
            estancias[2].DecirUtilidad();
        }
    }
}
```

Clase Estancia

```
using System;

namespace ConsoleApp
{
    class Estancia
    {
        public virtual void DecirUtilidad()//Añadimos la palabra virtual para
indicar al compilador que este método puede que sea redefinido por sus clases
derivadas
        {
            Console.WriteLine("Es una estancia general.");
        }
    }
}
```

Clase Cocina

```
using System;

namespace ConsoleApp
{
    class Cocina:Estancia
    {
        public override void DecirUtilidad()//Añadimos la palabra override para
indicar al compilador que el método ha sido redefinido y que tiene prioridad
sobre el método del padre
        {
            Console.WriteLine("Sirve para cocinar.");
        }
    }
}
```

Clase Dormitorio

```
using System;

namespace ConsoleApp
{
    class Dormitorio:Estancia
    {
        public override void DecirUtilidad()
        {
            Console.WriteLine("Sirve para descansar.");
        }
    }
}
```

Ahora el resultado sí es el esperado. Cada uno de los objetos invoca el método que le corresponde:

```
Es una estancia general.
Sirve para cocinar.
Sirve para descansar.
Es una estancia general.
Sirve para cocinar.
Sirve para descansar.
```

Ejercicio:

5. Desarrolla un programa que tenga 3 clases: la clase Program que será la que contenga la función principal (Main()), la clase Humano, que tendrá un método Hablar donde solo habrá una orden para escribir en consola "Estoy hablando como un humano"; y una clase Gorila, que heredará de humano y que redefinirá el método Hablar para decir "Estoy hablando como un gorila". Declara un array de objetos de la clase Humano y crea instancias tanto de humanos como de gorilas. Los objetos gorila tendrán que acceder a su método Hablar.

9.4. La palabra reservada "base"

Hay una palabra que nos puede ahorrar algo de tiempo a la hora de rescribir un método ampliando lo que ya había en la clase padre. Se trata de la palabra "base" que hace un llamamiento a la clase base para reutilizar todo lo que haya implementado en el método de la clase padre. Es decir, en lugar de volver a escribir todo lo que había en el método del padre, simplemente hacemos una llamada a ese método.

Con un ejemplo seguro que lo ves más claro:

```
class Estancia
{
    public virtual void DecirUtilidad()
    {
        Console.WriteLine("Es una estancia general.");
    }
}

class Cocina : Estancia
{
    public override void DecirUtilidad()
```

```
    {
        base.DecirUtilidad();//Aquí se implementa todo lo que hay en el método
DecirUtilidad() de la clase Estancia
        Console.WriteLine("Sirve para cocinar.");
    }
}
```

En este caso, el método DecirUtilidad() de la clase Cocina va a escribir por consola "Es una estancia general." y luego "Sirve para cocinar."

Mira cómo quedaría el programa completo:

Clase Program

```
using System;

namespace ConsoleApp
{
    class Program
    {
        public static void Main()
        {
            Estancia e = new Estancia();
            Cocina c = new Cocina();
            e.DecirUtilidad();
            c.DecirUtilidad();
        }
    }
}
```

Clase Estancia

```
using System;

namespace ConsoleApp
{
    class Estancia
    {
        public virtual void DecirUtilidad()
        {
            Console.WriteLine("Es una estancia general.");
        }
    }
}
```

Clase Cocina

```
using System;

namespace ConsoleApp
{
    class Cocina:Estancia
    {
        public override void DecirUtilidad()
        {
            base.DecirUtilidad();//Aquí se implementa todo lo que hay en el
método DecirUtilidad() de la clase Estancia
            Console.WriteLine("Sirve para cocinar.");
        }
    }
}
```

La salida del programa sería:

```
Es una estancia general.
Es una estancia general.
Sirve para cocinar.
```

Además, la palabra "base" tiene otra funcionalidad. Como ya sabemos, por el orden de llamadas de los constructores, cuando se instancia un objeto de una clase derivada pasa primero por el constructor del padre, pero, ¿qué ocurre si el constructor de la clase padre está sobrecargado?, ¿por qué constructor habría que pasar?

Así, con la palabra "base", podemos especificar a qué constructor hacemos referencia. Mira:

```
public Cocina (int x):base(x) //Aquí se le está diciendo al compilador que
queremos que pase por el constructor con parámetro de la clase base
{
    Console.WriteLine("Soy el constructor con el parámetro {0} de la clase
Cocina (clase hija).", x);
}
```

El programa completo sería así:

Clase Program

```
using System;

namespace ConsoleApp
{
    class Program
    {
        public static void Main()
        {
            Estancia e = new Estancia();//Aquí solo pasa por el constructor sin
parámetros de la clase Estancia
            Console.WriteLine();
            Estancia e2 = new Estancia(3);//Aquí solo pasa por el constructor
con parámetro de la clase Estancia
            Console.WriteLine();
            Cocina c = new Cocina();//Aquí pasa por el constructor sin
parámetros de la clase Estancia (padre) y luego por el de Cocina (hija)
            Console.WriteLine();
            Cocina c2 = new Cocina(5);//Aquí pasa por el constructor con
parámetro de la clase Estancia (padre) y luego por el de Cocina (hija)
        }
    }
}
```

Clase Estancia

```
using System;

namespace ConsoleApp
{
    class Estancia
    {
        public Estancia()
        {
            Console.WriteLine("Soy el constructor sin parámetros de la clase
Estancia (clase padre).");
        }
        public Estancia(int x)
        {
            Console.WriteLine("Soy el constructor con el parámetro {0} de la
clase Estancia (clase padre).", x);
        }
    }
}
```

Clase Cocina

```
using System;

namespace ConsoleApp
{
    class Cocina:Estancia
    {
        public Cocina()
        {
            Console.WriteLine("Soy el constructor sin parámetros de la clase
Cocina (clase hija).");
        }
        public Cocina (int x):base(x)//Aquí se le está diciendo al compilador
que queremos que pase por el constructor con parámetro de la clase base
        {
            Console.WriteLine("Soy el constructor con el parámetro {0} de la
clase Cocina (clase hija).", x);
        }
    }
}
```

La salida de este programa sería:

```
Soy el constructor sin parámetros de la clase Estancia (clase padre).

Soy el constructor con el parámetro 3 de la clase Estancia (clase padre).

Soy el constructor sin parámetros de la clase Estancia (clase padre).
Soy el constructor sin parámetros de la clase Cocina (clase hija).

Soy el constructor con el parámetro 5 de la clase Estancia (clase padre).
Soy el constructor con el parámetro 5 de la clase Cocina (clase hija).
```

Si te has fijado, también podemos usar la palabra "base" para pasar paráme-tros al constructor de la clase base (padre) desde el constructor de la clase deri-vada (hija).

Ejercicios:

6. Continúa el ejercicio 5. Ahora el método Hablar de la clase Gorila ampliará el de la clase Humano. Para ello utilizará la palabra reservada "base". Además, se sobrecargarán los constructores en ambas clases (uno tendrá un parámetro y el otro ninguno). Luego, desde la función Main() instancia 2 objetos de la clase

Humano para que pase uno por cada constructor, y otros 2 objetos de la clase Gorila para que también pasen por ambos constructores. Utiliza la palabra "base" para decirle al compilador que quieres que pase primero por el constructor con parámetro de la clase Humano.

9.5. La palabra reservada "this"

Para explicar el uso de esta palabra vamos a empezar por un ejemplo:

```
public void EstablecerCoordenadas(int x, int y)//El método recibe dos
parámetros de tipo entero
{
    this.x = x;//La clase tiene un campo llamado x y el método tiene un
parámetro llamado x. Hay que diferenciarlos
    this.y = y;
}
```

Si en una clase cualquiera hay atributos que coinciden en el nombre con los que recibe un método, hay que diferenciarlos de alguna forma. Es aquí donde interviene la palabra "this". En este caso, lo que está diciendo lo podríamos traducir por: "el atributo llamado x de esta clase es igual al parámetro x que está recibiendo el método".

El programa completo sería así:

Clase Program

```
using System;

namespace ConsoleApp
{
    class Program
    {
        public static void Main()
        {
            Estancia e = new Estancia(50, 100);//Instanciamos un objeto
Estancia con estas dimensiones
            e.MostrarDimensiones();
        }
    }
}
```

Clase Estancia

```csharp
using System;

namespace ConsoleApp
{
    class Estancia
    {
        protected int superficie;
        protected int volumen;

        public Estancia()
        {
            superficie = 60;
            volumen = 120;
        }

        public Estancia(int superficie, int volumen) //Aquí se reciben los
parámetros de la instancia
        {
            this.superficie = superficie; //Como el campo de la clase y el
parámetro que recibe el constructor se llaman igual, hay que diferenciarlos con
la palabra this
            this.volumen = volumen;
        }

        public void MostrarDimensiones()
        {
            Console.WriteLine("La superficie es {0} y el volumen {1}",
superficie, volumen);
        }
    }
}
```

Si te fijas, esta situación se podría evitar en muchos casos simplemente poniendo un nombre distinto al parámetro recibido por el constructor. Así:

```csharp
public Estancia(int nuevaSuperficie, int nuevoVolumen) //Poniendo un nombre
distinto al parámetro para que no coincida con el nombre del campo de la clase
no hace falta utilizar la palabra this
{
    superficie = nuevaSuperficie;
    volumen = nuevoVolumen;
}
```

No es aleatorio utilizar o no la palabra "this". En ocasiones, hay atributos y parámetros que tienen que llamarse de una determinada manera. Por ejemplo, imagina que tenemos una clase con unos atributos que son coordenadas. Lo normal es que estos atributos se llamen x, y, z. Ahora piensa que tienes que instanciar un objeto de esa clase y que tienes que pasarle como parámetros las coordenadas en las que va a estar situado el objeto, ¿cómo llamarías a estos parámetros? Para no confundir a nadie deberías llamarlos x, y, z, que son los nombres habituales de las coordenadas. Así, en este caso sería imprescindible utilizar la palabra "this" para diferenciar el campo de la clase y el parámetro del constructor.

Además, la palabra "this" tiene también otras funcionalidades, como invocar un constructor de la misma clase, pero no se verán en este texto por considerarlas poco habituales.

Ejercicio:

7. Desarrolla un ejercicio que tenga una clase llamada Coordenadas. Esta clase tendrá los campos x e y. El constructor de la clase recibirá dos parámetros (x e y). La función Main instanciará un objeto de la clase Coordenadas y le enviará los parámetros correspondientes. Inicializa los campos con los valores recibidos como parámetros en el constructor de la clase Coordenadas.

GESTIÓN
DINÁMICA
DE LA MEMORIA

10.1. Introducción

Hasta el momento hemos estado trabajando con la memoria de una forma estática. Me explico. Cuando hemos declarado una variable de tipo int, por ejemplo, estábamos reservando un espacio en memoria de 32 bits, ni más ni menos, siempre 32 bits. Si el número que guardábamos solo ocupaba 20 bits, el resto se desperdiciaba, mientras que, si era más grande de 32 bits, no cabía. Esto ocurre con todos los tipos primitivos de datos que hemos visto hasta ahora.

Por otro lado, cuando declarábamos un array, pasaba lo mismo. Si querías un array de 5 datos de tipo short, por ejemplo, reservabas en memoria 16+16+16+16+16 bits. Si después de reservar querías guardar otro ya no se podía. Es un uso estático de la memoria.

Pero ¿si existe la posibilidad de gestionar la memoria de forma dinámica, por qué hemos utilizado arrays? Bueno, si sabes de antemano la capacidad que necesitas para almacenar un dato, es más sencillo y rápido hacerlo de forma estática. Así de simple.

Imagina que quieres hacer una agenda telefónica. Tienes que declarar un array de tipo entero, pero ¿para cuántos números? ¿cuántos contactos vas a tener en el futuro? No lo sabes. Una posibilidad es sobredimensionar el array y reservar 1000 posiciones, por ejemplo. En este caso, probablemente, estaríamos desperdiciando mucha memoria, pero tienes que asegurarte que no te vas a quedar corto en ningún caso. Otra posibilidad (la que tienes que hacer) es crear una **estructura dinámica**, es decir, una especie de array que vaya creciendo o decreciendo según vayas necesitando.

C# dispone de varias estructuras para manejar la memoria de forma dinámica. Vamos a ver las más importantes. Empecemos:

10.2. Pilas

Esta estructura se llama pila porque los datos, según se van introduciendo, se van apilando. De este modo, el último que entra en la pila es el primero que va a salir. Se dice que es una estructura LIFO (Last In First Out). Para entenderlo mejor, imagínate una pila de libros, por ejemplo. Podríamos añadir (apilar) o extraer (desapilar) un libro de la pila, pero siempre en o desde la cima, no del medio o de abajo.

Al ser una estructura dinámica irá creciendo y decreciendo todo lo que sea necesario. Además, no es necesario indicar el tipo de dato que se va a introducir, es decir, podemos apilar un dato de tipo int, luego uno de tipo string y luego un bool. El problema vendrá a la hora de desapilar estos datos. Lo veremos más adelante en un ejemplo.

Para trabajar con estas estructuras dinámicas tendremos que acceder a una nueva biblioteca de clases llamada System.Collections. Así:

```
using System.Collections;
```

Dentro de esta biblioteca podemos encontrar la clase Stack (pila). Ahora solo tenemos que instanciar un nuevo objeto de tipo Stack y acceder a los métodos que nos ofrece su clase.

```
Stack pila = new Stack();
```

Los métodos más usados de la clase Stack son "push" (apilar) y "pop" (desapilar). Vamos a ver un ejemplo donde apilaremos unos datos y luego los desapilaremos. Así:

```
using System;
using System.Collections;//En esta biblioteca se encuentran todas las
colecciones (estructuras que gestionan la memoria de forma dinámica)

namespace Ejercicios_Unidad4
{
    class Program
    {
        static void Main(string[] args)
        {
            string dato;
            Stack pila = new Stack();
            pila.Push("Hola");//Este dato, al ser el primero introducido,
quedaría en la parte más baja de la pila
            pila.Push("cómo");
            pila.Push("estás");//Este dato, al ser el último introducido,
quedaría en la parte más alta de la pila
            for (int i=0; i<3; i++)//Recorremos la pila
            {
                dato = (string) pila.Pop();//Extraemos los datos empezando por
el que está en la parte más alta de la pila. Fíjate que hay que convertir los
```

datos que se extraen, en este caso a string, porque no sabemos el tipo de dato
que hay dentro de la pila

```
                Console.WriteLine(dato);
            }
        }
    }
}
```

La salida por consola es:

```
estás
cómo
Hola
```

Como decía, no hay que indicar el tipo de dato que se está introduciendo porque a la pila no le "importa" el tamaño del dato, va a crecer o decrecer de forma dinámica. El problema vendría a la hora de extraerlos. Hay que hacer un "typecast" (conversión forzada de tipos) al tipo de dato que nos interese. En este caso:
dato = (string) pila.Pop();

Pero, ¿qué pasa si hay varios tipos de datos dentro de la pila? Al extraer datos solo se puede convertir a uno en concreto, ¿no? Pues sí, llevas razón. Te voy a presentar a una palabra reservada que para estos casos es realmente útil: *var*.

Vamos a usar *var* cuando necesitemos declarar una variable, pero no queramos indicar el tipo de dato. Sería algo así como un comodín. Mira:

```
var edad = 5; //en este caso var sustituye a un int
var nombre = "Pedro";//en este caso var sustituye a un string
```

Así, gracias a *var* podemos extraer cualquier tipo de datos de las colecciones como pilas. Mira este ejemplo:

```
using System;
using System.Collections;

namespace Ejercicios_Unidad4
{
    class Program
    {
        static void Main(string[] args)
```

```
        {
            Stack pila = new Stack();
            pila.Push(9);//Introducimos un entero en la pila
            pila.Push("cómo");//Ahora un string
            pila.Push(true);//Y ahora un bool

            foreach (var elemento in pila)//Recorremos la pila y, con var, no
importa el tipo
            {
                Console.WriteLine(elemento);
            }
        }
    }
}
```

¿Has visto? Gracias a no especificar el tipo de dato dentro del bucle foreach se han imprimido por consola todos los elementos de la pila. Fíjate también en que ya no hace falta hacer ninguna conversión de tipos al extraer...

Dentro de la clase Stack podemos encontrar métodos para poder trabajar con la pila. Te recomiendo que les eches un vistazo para familiarizarte con lo que se puede y no se puede hacer con una pila. Los métodos más importantes podrían ser estos:

- Peek(), para consultar el valor que hay en la cima, pero sin extraerlo.
- Clear(), para borrar el contenido de la pila.
- Contains(), para indicar si un elemento que se busca está en la pila.
- GetType(), para saber qué tipo de dato está en una cierta posición.
- ToArray(), para convertir la pila en un array.

Además, tenemos la propiedad "Count" que sustituye a la propiedad "Length" que usábamos en los arrays. Es decir, para saber la longitud de una pila, podemos usar pila.Count. Así:

```
for (int i=0; i<pila.Count; i++)
```

Ojo, si dentro del bucle *for* extraes un elemento de la pila con el método pop(), en la siguiente iteración Count será uno menos...

Ejercicio:

1. Desarrolla un programa que pida al usuario 2 números enteros y 2 de tipo float. Estos números se irán almacenando en una pila. Después, se mostrarán en consola en orden inverso al que se introdujeron.

10.3. Colas

Una cola (*"queue"* en inglés) decimos que tiene una estructura FIFO *(first in first out),* es decir, el primer dato que entra en la cola es el primero en salir. Igual que si haces cola en la pescadería, si llegas el primero serás el primero en ser atendido.

Al igual que con las pilas, supondremos que un dato no puede entrar ni salir de la cola en posiciones intermedias. En esta ocasión tampoco hay que especificar cuál es el tipo de datos que vamos a introducir, por lo que sería conveniente utilizar la palabra reservada "var" al extraer los datos. Además, las colas también podrán crecer indefinidamente.

Dentro de la biblioteca System.Collections (la misma que usamos para crear pilas) podemos encontrar la clase *Queue*, que es la clase que utilizaremos para instanciar (crear) un objeto cola. Los métodos más utilizados de esta clase son *"Enqueue()"* (encolar, añadir un nuevo elemento a la cola) y *"Dequeue()"* (desencolar, extraer un elemento por el final de la cola). Vamos a ver un ejemplo de cómo se comporta una cola:

```
using System;
using System.Collections;//En esta biblioteca se encuentra la clase Queue

namespace Ejercicios_Unidad4
{
    class Program
    {
        static void Main(string[] args)
        {
            string dato;
            Queue cola = new Queue();
            cola.Enqueue("Hola");//Este dato quedaría al principio de la cola
por entrar el primero
            cola.Enqueue("cómo");
            cola.Enqueue("estás");//Este dato quedaría al final de la cola por
entrar el último
            for (int i=0; i<3; i++)//Recorremos la cola
            {
                dato = (string) cola.Dequeue();//Extraemos los datos empezando
por el primero que entró. Recuerda que hay que convertir los datos que se
extraen (en este caso a string) porque no conocemos el tipo de los datos que se
introdujeron
                Console.WriteLine(dato);
            }
        }
    }
}
```

Ahora la salida en consola sería:

```
Hola
cómo
estás
```

Dentro de la clase Queue también podemos encontrar métodos para trabajar con la cola. Te recomiendo que les eches un vistazo para familiarizarte con lo que se puede y no se puede hacer con una cola. Básicamente, los métodos más importantes son los mismos que se vieron para la clase Stack, y podrían ser estos:

- Peek(), para consultar el valor que hay en la cima, pero sin extraerlo.
- Clear(), para borrar el contenido de la pila.
- Contains(), para indicar si un elemento que se busca está en la pila.
- GetType(), para saber qué tipo de dato está en una cierta posición.
- ToArray(), para convertir la pila en un array.

Además, en este caso también tenemos la propiedad "Count" que, recordemos, sustituye a la propiedad "Length" que usábamos en los arrays. Pero no olvides que, si dentro del bucle *for* extraes un elemento de la cola con el método *dequeue*(), en la siguiente iteración Count será uno menos...

Ejercicio:

2. Desarrolla un programa que pida al usuario 2 números reales de doble precisión, 2 palabras y 2 caracteres para guardarlos en una cola. Después mostrará los datos introducidos por consola.

10.4. ArrayList

Un arrayList es otra colección, es decir, una estructura que gestiona la memoria de forma dinámica. La gran diferencia con respecto a las colecciones anteriores (colas y pilas) es que el arrayList es mucho más flexible a la hora de introducir y extraer datos. Así, podemos añadir datos al final con el método "Add()", o insertar en cualquier otra posición con el método "Insert()". También podemos acceder a cualquier posición usando corchetes, o incluso ordenar alfabéticamente toda la estructura con el método "Sort()". Si te has dado cuenta, funciona igual que un array. De ahí su nombre. Vamos a ver un ejemplo:

```csharp
using System;
using System.Collections;//Aquí también se encuentra la clase ArrayList

namespace Ejercicios_Unidad4
{
    class Program
    {
        static void Main(string[] args)
        {
            ArrayList lista = new ArrayList();

            lista.Add("Hola");//Añadimos un string a la lista
            lista.Add(5);//Añadimos un int a la lista
            lista.Add(true);//Añadimos un bool a la lista
            lista.Add(5.543f);//Añadimos un float a la lista

            Console.WriteLine("El contenido de la lista es:");

            foreach (var dato in lista)//Con la palabra var no importa el tipo
de dato que haya dentro de la lista
            {
                Console.WriteLine(dato);
            }

            Console.WriteLine("\nEl segundo dato es: {0}\n", lista[1]);//
Accedemos a una posición igual que en un array

            lista.Insert(1, "Pedro");// Insertamos un string en la segunda
posición
            lista.RemoveAt(3);// Borramos la posición 3
            lista.Remove("Hola");//Borramos la palabra "Hola"

            Console.WriteLine("Y ahora el contenido de la lista es:");
            foreach (var dato in lista)//Volver a mostrar el contenido de la
lista
            {
                Console.WriteLine(dato);
            }
        }
    }
}
```

La salida por consola sería:

```
El contenido de la lista es:
Hola
5
True
5,543

El segundo dato es: 5

Y ahora el contenido de la lista es:
Pedro
5
5,543
```

Ejercicio:

3. Desarrolla un programa que almacene 5 datos de distintos tipos en un *ArrayList*. Muestra el contenido. Después inserta un nuevo dato en la posición 3 y borra la posición 1. Vuelve a mostrar el contenido de la lista.
4. Desarrolla un programa que guarde 5 datos de tipo *string* en un *ArrayList*. Ahora utiliza el método *Sort()* para ordenar la lista alfabéticamente de la 'a' a la 'z'. Muestra el contenido de la lista. Ahora utiliza el método *Reverse()* para ordenar la lista de la 'z' a la 'a'. Vuelve a mostrar la lista.

10.5. SortedList

Una SortedList es una estructura distinta a lo que hemos visto hasta ahora. Se trata de almacenar dos datos en lugar de uno: una clave y un valor (key, value). De esta forma, podemos crear diccionarios o traductores. En un diccionario la palabra sería la clave y su definición su valor. Una clave no puede ser *null*, pero un valor sí.

Como su nombre indica, una SortedList es una lista ordenada alfabéticamente por la clave, igual que un diccionario.

En la SortedList podemos añadir elementos con el método "Add()", pero no hay un método "Insert()". Podemos acceder a los elementos de tres formas distintas: con el método GetKey(posición) accedemos a la clave de dicha posición; con el método GetByIndex(posicion) accedemos al valor de dicha posición; y con corchetes accedemos al valor de clave especificada dentro de los corchetes. Mira este ejemplo:

```csharp
using System;
using System.Collections;//Aquí también se encuentra la clase SortedList

namespace Ejercicios_Unidad3
{
    class Program
    {
        static void Main(string[] args)
        {
            SortedList traductor = new SortedList();

            traductor.Add("perro", "dog");
            traductor.Add("gato", "cat");
            traductor.Add("araña", "spider");
            traductor.Add("cabra", "goat");
            traductor.Add("burro", "donkey");

            for (int i = 0; i < traductor.Count; i++)
            {
                Console.WriteLine("{0} = {1}", traductor.GetKey(i), traductor.
GetByIndex(i));//Fíjate que se muestran por consola ordenados alfabéticamente
por su clave
            }

            Console.WriteLine("\nLa traducción de \"araña\" es: {0}",
traductor.GetByIndex(traductor.IndexOfKey("araña")));//El método IndexOfKey
busca la posición donde se encuentra la clave "araña"
            Console.WriteLine("\nOtra forma de hacerlo poniendo corchetes:
{0}", traductor["araña"]);
        }
    }
}
```

La salida del programa por consola sería:

```
araña = spider
burro = donkey
cabra = goat
gato = cat
perro = dog

La traducción de "araña" es: spider

Otra forma de hacerlo poniendo corchetes: spider
```

Al igual que con las estructuras anteriores, te recomiendo que eches un vistazo a los métodos de la clase SortedList. Puedes encontrar utilidades como:

- El método "Contains()", para buscar una clave.
- "ContainsValue()", para buscar un valor.
- "Remove()", para borrar una pareja clave-valor a partir de su clave.
- "RemoveAt", para borrar una pareja clave-valor a partir de su posición.

Ejercicio:

5. Desarrolla un programa que contenga una SortedList con la traducción de los números del 1 al 5 del inglés al español. El programa pedirá al usuario que introduzca un número en inglés, entonces el programa mostrará su traducción.

10.6. Tabla hash

La tabla hash es una estructura parecida a la SortedList, pero en este caso no se ordena alfabéticamente sino usando una función de dispersión. De esta forma no se recorre la tabla secuencialmente y, además, ocupa más espacio, pero es mucho más rápida buscando un dato. Te voy a poner un ejemplo para que lo veas más claro. El diccionario de español de la RAE tiene alrededor de 93.000 palabras. Imagina que quieres buscar el significado de la palabra "zócalo". Si lo buscases con una SortedList tendrías que empezar a buscar por la letra "a", luego la "b" y así secuencialmente hasta llegar a la "z". Sin embargo, gracias a la función de dispersión de la tabla hash, la búsqueda se haría mucho más rápido porque iría directamente a la "z".

En resumen, si tienes un diccionario con muchos datos y espacio de sobra, mejor usa una tabla hash. Si te da igual el tiempo de búsqueda o tienes poco espacio usa una SortedList.

En la tabla hash ya no tenemos métodos como GetKey() o GetByIndex() porque no conocemos las posiciones. Mira este ejemplo para ver cómo usar una tabla hash:

```
using System;
using System.Collections;//Aquí también se encuentra la clase HashTable

namespace Ejercicios_Unidad4
{
    class Program
    {
        static void Main(string[] args)
```

```
        {
            Hashtable hash = new Hashtable();

            hash.Add("perro", "dog");
            hash.Add("gato", "cat");
            hash.Add("araña", "spider");
            hash.Add("cabra", "goat");
            hash.Add("burro", "donkey");

            try
            {
                Console.WriteLine("La traducción de burro es: {0}",
hash["burro"]);
            }
            catch (Exception error)
            {
                Console.WriteLine("Ha habido un error: {0}", error.Message);
            }
        }
    }
}
```

Fíjate que aquí no hago cosas como:

```
foreach (var elemento in hash)
{
    Console.WriteLine(elemento);
}
```

La respuesta del programa en este caso sería:

```
System.Collections.DictionaryEntry
System.Collections.DictionaryEntry
System.Collections.DictionaryEntry
System.Collections.DictionaryEntry
System.Collections.DictionaryEntry
```

Es decir, detecta que hay una entrada de tipo diccionario, pero no es capaz de saber cuál es la clave y cuál el valor.

Si buscas un elemento que no se encuentra en la tabla hash, se lanzaría una excepción, por ese motivo mejor controlar el flujo del programa con un bloque try-catch.

Si no quieres usar el try-catch, también puedes conseguir controlar la excepción con el método "Contains()" (o "ContainsKey()"). Mira este ejemplo:

```
using System;
using System.Collections;

namespace Ejercicios_Unidad3
{
    class Program
    {
        static void Main(string[] args)
        {
            Hashtable hash = new Hashtable();

            hash.Add("perro", "dog");
            hash.Add("gato", "cat");
            hash.Add("araña", "spider");
            hash.Add("cabra", "goat");
            hash.Add("burro", "donkey");

            if (hash.Contains("burro"))
            {
                Console.WriteLine("La traducción de burro es: {0}",
hash["burro"]);
            }
            else
            {
                Console.WriteLine("No se encuentra la palabra en la tabla.");
            }
        }
    }
}
```

Ejercicio:

6. Desarrolla un programa que contenga una Tabla Hash con la traducción de los números del 1 al 5 del inglés al español. El programa pedirá al usuario que introduzca un número en inglés, entonces el programa mostrará su traducción.

10.7. Listas "genéricas"

Una de las características que hemos visto en las colecciones vistas hasta ahora (colas, pilas…) es que se podían introducir cualquier tipo de dato. Esto puede ser una ventaja en ocasiones, pero también un inconveniente, ya que nos obliga a hacer una conversión de tipos (casting) con los datos que extraemos.

Es probable que en ocasiones nos interese algo un poco más estricto a la hora de introducir datos, de tal forma que evitemos la conversión al extraer puesto que ya sabemos lo que hay dentro.

Estas estructuras en las que hay que especificar el dato que se va a introducir se llaman "generics" y se encuentran en la biblioteca de clases System.Collections.Generics. Para usarla solo hay que escribir al principio del programa:

```
using System.Collections.Generic;
```

Así, ahora podemos definir estructuras de datos genéricas. Por ejemplo, una lista de *string* se definiría con:

```
List<string> lista = new List<string>();
```

Vamos a ver un ejemplo de una lista genérica para que veas su funcionamiento:

```
using System;
using System.Collections;
using System.Collections.Generic;//Aquí se encuentran las colecciones genéricas
(hay que especificar el tipo de dato de entrada)

namespace Ejercicios_Unidad4
{
    class Program
    {
        static void Main(string[] args)
        {
            List<string> lista = new List<string>();//Fíjate que la lista
funciona igual que un ArrayList, pero especificando el tipo de dato de entrada

            lista.Add("Hola");//Solo añadimos string a la lista
            lista.Add("cómo");
            lista.Add("estás");

            Console.WriteLine("El contenido de la lista es:");

            foreach (string palabra in lista)
```

```
        {
            Console.WriteLine(palabra);
        }

        Console.WriteLine("\nLa segunda palabra es: {0}", lista[1]);//
Accedemos a una posición igual que en un array

        lista.Sort();//Se ordena la lista alfabéticamente
        Console.WriteLine("\nPor orden alfabético ascendente: ");
        foreach (string palabra in lista)
        {
            Console.WriteLine(palabra);
        }

        lista.Reverse();//Se ordena la lista de la "z" a la "a"
        Console.WriteLine("\nPor orden alfabético descendente: ");
        foreach (string palabra in lista)
        {
            Console.WriteLine(palabra);
        }

        lista.Insert(1, "Pedro");// Insertamos un string en la segunda
posición
        lista.RemoveAt(3);// Borramos la posición 3
        lista.Remove("Hola");//Borramos la palabra "Hola"

        Console.WriteLine("\nDespués de insertar y eliminar algunos datos,
el contenido de la lista es:");
        foreach (string palabra in lista)//Volver a mostrar el contenido de
la lista
        {
            Console.WriteLine(palabra);
        }
    }
  }
}
```

La salida por consola de este programa es:

```
El contenido de la lista es:
Hola
cómo
estás

La segunda palabra es: cómo

Por orden alfabético ascendente:
cómo
```

```
estás
Hola

Por orden alfabético descendente:
Hola
estás
cómo

Después de insertar y eliminar algunos datos, el contenido de la lista es:
Pedro
estás
```

También puedes hacer lo mismo con otras estructuras que hemos visto hasta ahora. En la biblioteca de clases System.Collections.Generic están las clases Stack, Queue y SortedList para poder especificar el tipo de dato de entrada. Así:

```
Stack<string> pila = new Stack<string>();
Queue<string> cola = new Queue<string>();
SortedList<string, string> diccionario = new SortedList<string, string>();
```

En esta biblioteca de clases (System.Collections.Generic) también podemos encontrar la clase "*Dictionary*", que es el equivalente a una tabla Hash, pero especificando el tipo de clave y valor de entrada. Mira:

```
Dictionary<string, int> diccionario = new Dictionary<string, int>();
```

Mira cómo quedaría el ejemplo de la tabla hash con un diccionario genérico:

```
using System;
using System.Collections.Generic;

namespace Ejercicios_Unidad4
{
    class Program
    {
        static void Main(string[] args)
        {
            Dictionary<string, string> diccionario = new Dictionary<string,
string>();

            diccionario.Add("perro", "dog");
```

```
            diccionario.Add("gato", "cat");
            diccionario.Add("araña", "spider");
            diccionario.Add("cabra", "goat");
            diccionario.Add("burro", "donkey");

            if (diccionario.ContainsKey("burro")) //Cambiamos el método
Contains por ContainsKey
            {
                Console.WriteLine("La traducción de burro es: {0}",
diccionario["burro"]);
            }
            else
            {
                Console.WriteLine("No se encuentra la palabra en la tabla.");
            }
        }
    }
}
```

Si te fijas, los únicos cambios que hemos hecho han sido cambiar la biblioteca de clases (System.Collections.Generic) y el método Contains() por ContainsKey(). El resto permanece igual.

Ejercicios:

7. Desarrolla un programa que guarde en una pila todas las palabras que introduzca el usuario. Después mostrará por consola el contenido de la pila.
8. Desarrolla un programa que guarde en una lista de *string* 5 palabras introducidas por el usuario. Después las ordenará alfabéticamente y eliminará la primera posición de la lista. Después mostrará el contenido de la lista por consola.
9. Desarrolla un programa que escriba en un diccionario la traducción de los números del 1 al 5 en inglés. Siendo la clave numérica y el valor un *string*. El usuario indicará los números que quiere traducir hasta que escriba "0".

DIAGRAMA
DE CLASES UML

11.1. Introducción

El diagrama de clases probablemente sea el diagrama más común en cualquier proceso de desarrollo software, incluidos los videojuegos. Permite planificar nuestro proyecto describiendo las clases de las que se compone el sistema que vamos a desarrollar y las relaciones existentes entre ellas. Así, es muy recomendable tener un diagrama de clases antes de empezar a escribir código.

El diagrama lo dibujaremos siguiendo las pautas del lenguaje UML (Unified Modeling Language –Lenguaje de modelado unificado–). Se trata de símbolos que usaremos para representar las clases con sus atributos y métodos y las relaciones entre ellas. Estos símbolos están estandarizados para que todos los desarrolladores puedan entender su significado. Hay varias herramientas para crear diagramas UML que puedes encontrar por internet (draw.io, gliffy, lucidchart...). Utiliza la que más te guste.

Pero ¿por qué hay que dividir un proyecto en clases? Porque cuando tenemos que desarrollar un proyecto, es conveniente descomponerlo para poder repartir tareas fácilmente entre el equipo de trabajo. Además, de esta forma, es más sencillo localizar errores en el código.

Pero, ¿cómo puedo saber cuántas clases va a tener mi programa? Después de haber establecido cuáles serán los requisitos del sistema o de nuestro juego, podremos hacer una **descripción** general del programa que tenemos que implementar. Esta descripción nos ayudará a saber el número de clases que tendremos que desarrollar. Para ello, señalaremos los nombres y los verbos. Los nombres pasarán a ser objetos (clases) y los verbos serán sus métodos (acciones).

Vamos a ver un ejemplo sencillo para aclarar conceptos. Tenemos que desarrollar una tienda de artículos online. Después de establecer los requisitos del sistema, podemos hacer la siguiente descripción: "un **vendedor** quiere vender un **artículo** y un **comprador** lo puede adquirir a través de un **pago**. Después se realizará el **envío**."

De momento, solo subrayamos los nombres de la descripción para esclarecer cuáles van a ser los objetos que vamos a necesitar (las clases).

Para representar una clase en lenguaje UML solo hay que dibujar un rectángulo con 3 estancias. La de arriba será para escribir el nombre de la clase; la del medio será para los atributos de la clase; y la de abajo será para los métodos (acciones) que desarrollará el objeto.

Vamos a representar la primera clase: Articulo. Piensa, ¿cuáles son los atributos de un artículo? ¿Qué debe tener cualquier artículo? ¿Qué información esperarías que pusiese en la web? A modo de ejemplo, pondremos como atributos el nombre y el precio del artículo. Del mismo modo, vamos a pensar en el resto de los atributos que tendrían las demás clases.

La clase "Articulo", sin sus métodos, quedaría así (ver figura 11.1):

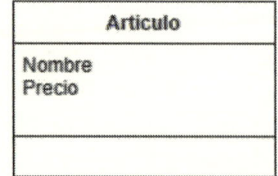

Figura 11.1. *La clase "artículo".*

Ahora, vamos a representar las otras clases de nuestro sistema (ver figura 11.2):

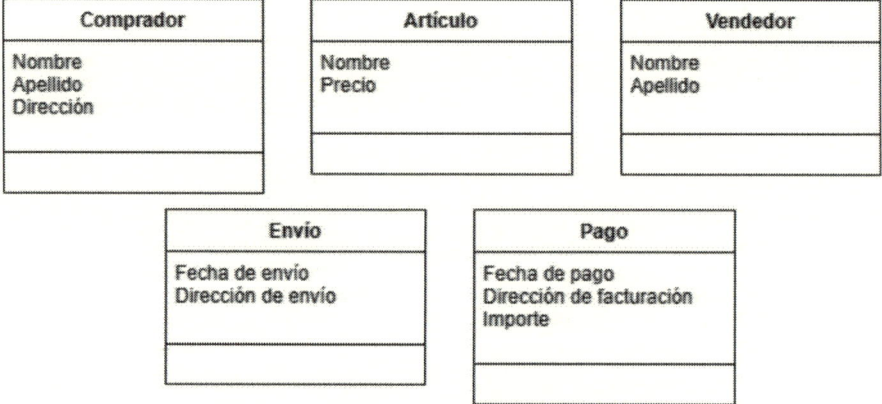

Figura 11.2. *Clases extraídas de la descripción.*

Ya tenemos representadas todas las clases que hemos extraído de la descripción que hicimos del sistema.

11.2. Multiplicidad o cardinalidad

Las clases que acabamos de representar se asocian entre sí, es decir, algunos objetos representados por esas clases tienen relaciones con otros objetos. La *multiplicidad o cardinalidad* establece cuántos posibles objetos intervienen en cada asociación, una para cada extremo de la relación. Además, para que quede todo mucho más claro, vamos a añadir qué acción se establece en cada asociación (ver figura 11.3).

En la siguiente tabla (ver tabla 11.1) puedes ver los distintos tipos de multiplicidad:

Tabla 11.1. *Tipos de multiplicidad*

Multiplicidad	Significado
1	Uno y solo uno
0..1	Cero o uno
*	Cero o varios
0..*	Cero o varios
1..*	Uno o varios

Para nuestro ejemplo utilizaremos:

– Multiplicidad **de uno a varios**. Tienes que preguntarte, ¿cuántos artículos habrá en cada envío? Como mínimo, un envío tendrá un artículo, pero no podemos saber el número máximo. Esta relación se representa **1..*** en la línea que va a unir las clases artículos y envíos, cerca de la representación de la clase "articulo".

– Multiplicidad **de varios a varios**. Del mismo modo, ¿cuántos artículos puede vender un vendedor? Puede que ninguno, es decir, el mínimo sería 0. En esta ocasión, tampoco podemos saber el máximo número de artículos que se pueden vender. Esta relación se representa escribiendo **0..*** en el lado de la clase "articulo". Otra cuestión es, ¿cuántos vendedores pueden vender un mismo artículo? Si consideramos que varios (depende si los artículos son únicos o si varias personas pueden venderlos. Esta cuestión tendría que quedar clara en la fase de la toma de requisitos) representaremos esta relación escribiendo de nuevo 0..* pero esta vez en el lado de la clase "vendedor".

– Multiplicidad **de uno a uno**. Piensa en la relación entre la clase "envio" y la clase "pago". Parece claro que a cada envío le corresponde un único pago y viceversa.

En la figura 11.3 se puede apreciar el diagrama completo.

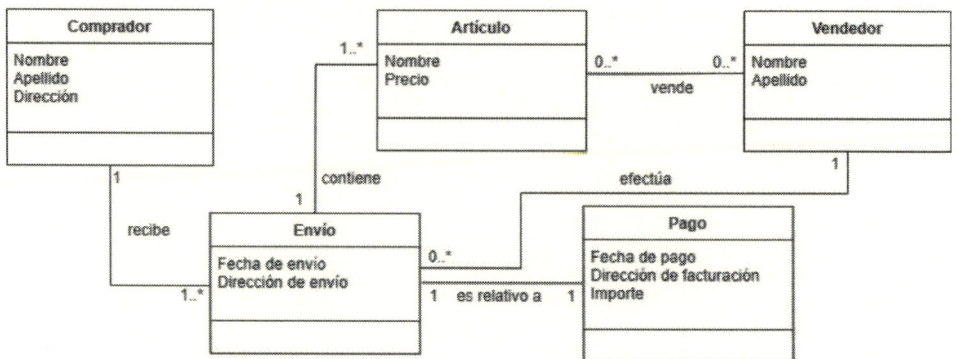

Figura 11.3. *Diagrama de clases con las cardinalidades de las relaciones.*

Como puedes observar, no todas las clases (entidades) tienen relaciones directas con las otras. No tienen por qué tenerlas. Es decir, si un objeto no se prevee que se relacione con otro, no habrá "comunicación" entre ambos.

Pero ojo, ¡este solo es uno de los muchos modelados posibles del sistema! No hay una única solución al problema del diseño de nuestro programa. Depende de lo que se establezca en la toma de requisitos del sistema, el diseño final será más o menos parecido a este. Eso sí, no olvides que UML es un lenguaje estandarizado, es decir, el significado de cada uno de sus símbolos (cajas, líneas, relaciones...) es específico y, por lo tanto, inmutable.

11.3. Tipos de relaciones entre clases

Las uniones entre clases nos indican cómo se relacionan los objetos que estas representan entre sí. Estas relaciones se pueden clasificar en tres tipos:

- Herencia
- Asociación

  - Bidireccional
  - Unidireccional
  - Involutiva
  - Agregación
  - Composición

- Dependencia

11.3.1. Herencia

Siguiendo nuestro ejemplo, piensa que los vendedores y los compradores son usuarios. Podemos crear una clase "usuario" de la que hereden ambas clases (ver figura 11.4). Así, escribiremos en esta nueva clase los atributos comunes a todos los usuarios, como sus nombres y apellidos. ¿Y esto para qué sirve? Bueno, para ahorrarnos escribir más código. El código que esté en la clase "usuario" te servirá para cualquier clase derivada, es decir, no tendrás que volver a escribirlo.

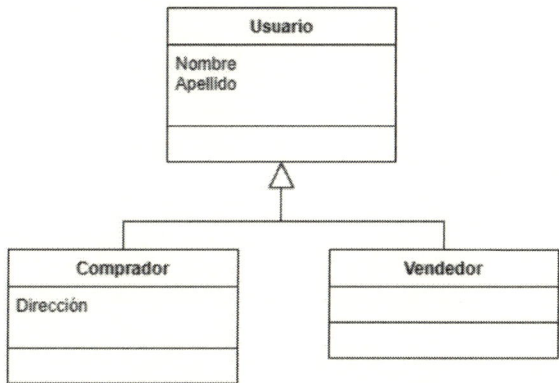

Figura 11.4. *Ejemplo de herencia.*

11.3.2. Asociación

Una asociación describe una relación entre objetos. La asociación en UML se representa con una línea continua que une las clases que se pretende relacionar. Así (ver figura 11.5):

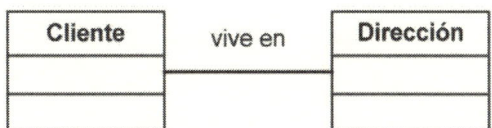

Figura 11.5. *Asociación entre clases.*

Este tipo de asociaciones se dice que son **bidireccionales**, es decir, funcionan en ambos sentidos, la clase A se relaciona con B y viceversa. Son las asociaciones más habituales, pero en ocasiones se pueden ver asociaciones en un único sentido, lo que llamaremos **unidireccional**. En este caso, en su representación UML, la línea termina en una punta de flecha que indica el sentido de la asociación (ver figura 11.6).

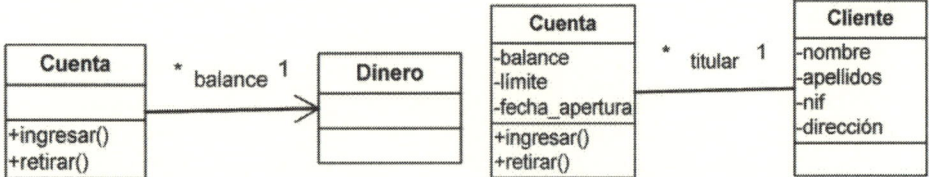

Figura 11.6. *Asociación unidireccional (izquierda) y bidireccional (derecha).*

Cuando una clase aparece en los dos extremos de la asociación, se dice que es una relación **involutiva** (ver figura 11.7).

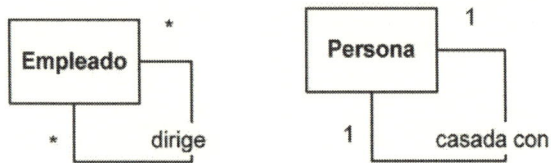

Figura 11.7. *Relación involutiva.*

Cuando los objetos de una clase se componen de objetos de otra clase se llama **relación de composición**. Piensa, por ejemplo, en la clase "Equipo" y la clase "Jugadores" (el equipo está compuesto de jugadores), o la clase "Parking" y la clase "Aparcamiento" (el parking está compuesto de aparcamientos). Esta relación de composición, en lenguaje UML, se representa con un diamante negro del lado del contenedor (ver figura 11.8).

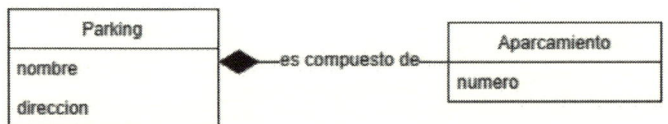

Figura 11.8. *Ejemplo de una relación de composición.*

Si los objetos de una clase pueden ser componentes de otra clase, se trata de una relación de **agregación**. Imagina la clase "Avión" y la clase "Pasajero", o la clase "Parking" y la clase "Coche" (el parking puede estar compuesto de coches, pero un coche puede no tener nada que ver con un parking). Esta relación de agregación, en lenguaje UML, se representa con un diamante blanco del lado del contenedor (ver figura 11.9).

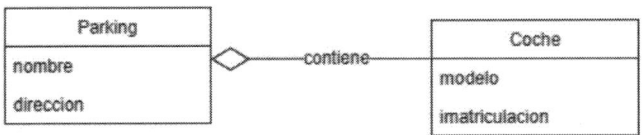

Figura 11.9. *Ejemplo de una relación de agregación.*

13.3.3. Dependencias

Una asociación de dependencia muestra la relación entre dos objetos: un objeto que solicita un servicio y otro objeto que provee el servicio solicitado.

La dependencia, en lenguaje UML, se representa como una línea discontinua con una punta de flecha (ver figura 11.10). Por ejemplo, para resolver una operación matemática compleja (raíz cuadrada), tendremos que invocar alguna función de la clase Math (en este caso la función sqrt()).

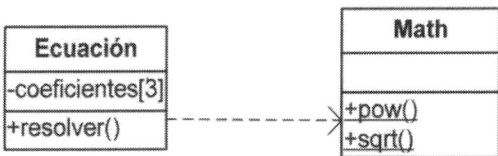

Figura 11.10. *Relación de dependencia.*

11.4. Afianzando conceptos

Un cliente nos ha pedido crear una app para Android que gestione el alquiler de bicicletas por la ciudad. Después de la toma de requisitos, podemos llegar a una descripción del sistema. En esta ocasión también vamos a señalar las acciones que tendrían cada uno de nuestros objetos.

Descripción: "El usuario tendrá que registrarse en la aplicación móvil y pagar una suscripción mensual. Una vez se haya confirmado el registro, todas las opciones de la app estarán disponibles para el usuario. Las bicicletas tendrán GPS para localizarlas en un mapa. De esta forma, el usuario puede saber dónde se encuentra la bici más cercana. Además, las bicicletas tienen que llevar un candado que se bloquee o desbloquee con la app. Cuando el usuario esté cerca de la bicicleta, desbloquea el candado con la app y la puede usar. Al terminar su uso, el usuario tiene que bloquear el candado de la bicicleta y confirmar su nueva ubicación."

Según esta descripción del sistema, podemos hacer un diagrama de clases como el siguiente (ver figura 11.11):

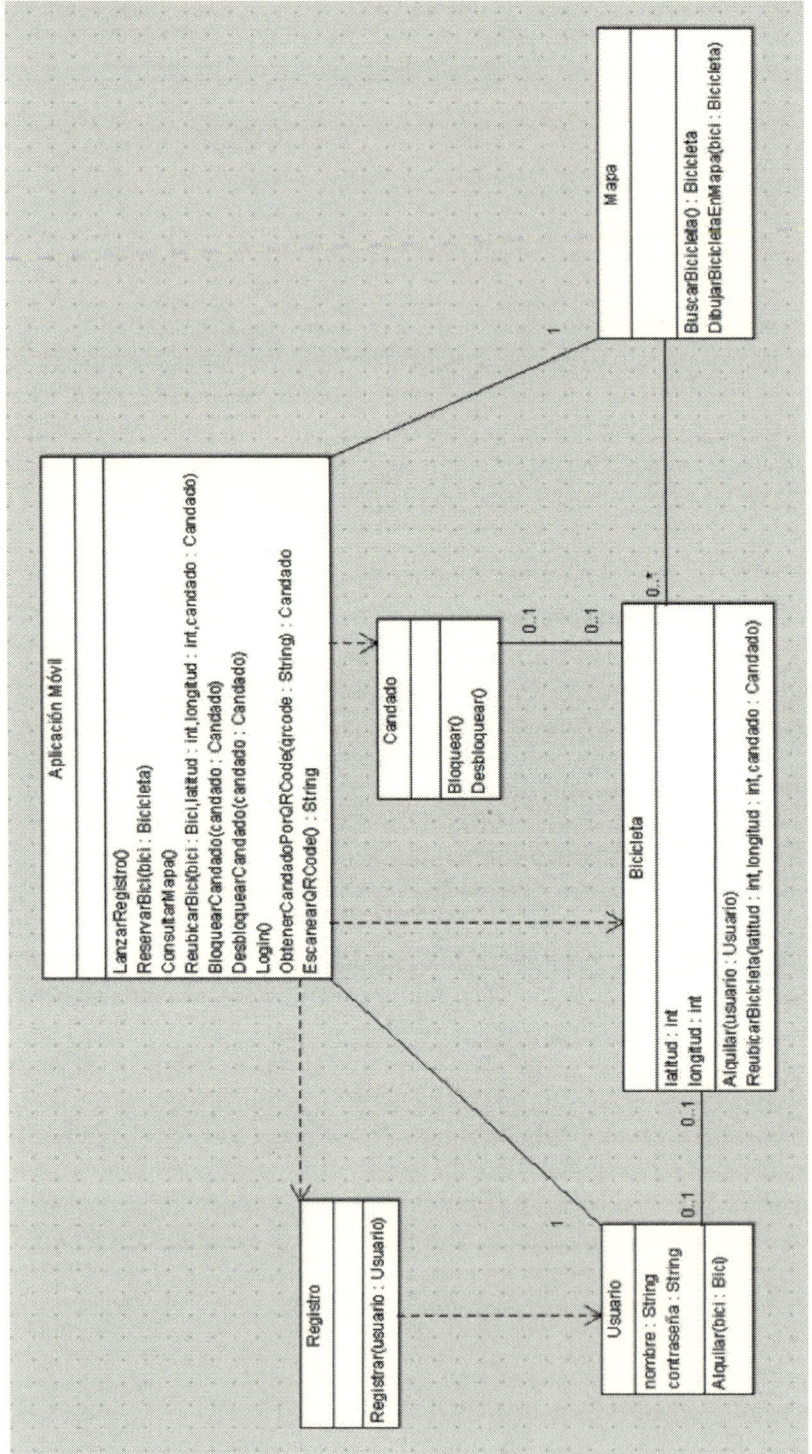

Figura 11.11. *Diagrama de clases del ejercicio propuesto.*

Fíjate que hay relaciones de dependencia entre la clase "Aplicación móvil" y las clases "Registro", "Candado" y "Bicicleta". También hay una relación de dependencia entre las clases "Registro" y "Usuario". El resto de asociaciones son bidireccionales.

Observa también cómo representamos las clases con cajetines con 3 compartimentos: uno para el nombre de la clase, otro para los atributos (aunque no haya, como en la clase "Registro") y otro para los métodos de la clase (sus acciones).

Mira cómo hay invocaciones (llamadas) en métodos en los que directamente se ponen los parámetros que se van a enviar (p.ej: ReubicarBicicleta (latitud:int, longitud:int, candado:Candado).

Te recuerdo que este diagrama **no es una solución única**. Puedes haber pensado en otra alternativa al sistema perfectamente válida. Solo depende del punto de vista del diseñador.

DESARROLLO DE UN JUEGO EN CONSOLA

12.1. Por dónde empezar

Vamos a poner en práctica todo lo aprendido hasta ahora. Vamos a desarrollar nuestro primer programa. Como hemos visto en el tema anterior, cuando tenemos que desarrollar un sistema (un juego en este caso) es necesario descomponerlo en clases. De esta forma, podremos repartir el trabajo entre varias personas y localizar errores más fácilmente. Así, será necesario que cada clase tenga perfectamente definido cuál es su cometido.

Vamos a pensar en una descripción del juego que queremos desarrollar para extraer las clases y sus métodos.

Descripción: el **juego** trata de un **jugador** que se moverá por la pantalla recogiendo **premios**. Habrá un **marcador** que mostrará el nivel, el número de vidas e irá incrementando la puntuación por cada premio recogido. Para dificultar la misión habrá **obstáculos** fijos y 3 tipos de **enemigos** móviles: uno se moverá en horizontal, otro en vertical y el otro en diagonal. Si recogemos todos los premios subiremos un nivel de dificultad. En el juego habrá 3 escenas: una de **bienvenida**, otra de **reglas** y la **partida** de juego.

De la anterior descripción podemos deducir que tendremos las siguientes clases, campos y métodos (ver figura 12.1).

Observa que no he puesto la cardinalidad por no considerarla necesaria para este caso. Además, este diagrama no tiene por qué ser definitivo, pero nos ayuda a planificar nuestro desarrollo. Lo he diseñado de tal forma que haya una clase que contenga toda la lógica de la partida. Será la clase Partida. Tiene relaciones bidireccionales con casi todas las clases. Desde Partida se harán llamadas a los métodos de las demás clases para que se muevan, dibujen o comprueben si hay colisiones. La relación es bidireccional porque en algunos casos habrá retornos de estos métodos a la clase Partida.

Fíjate, todas las clases que se van a "dibujar" en la consola heredarán de una clase base llamada "Sprite". Esto tiene lógica desde el punto de vista que todos los sprites van a compartir los campos coordenadaX, coordenadaY, imagen, o cualquier otro que nos ocurra, además de los métodos Mover, Dibujar o ComprobarColisión (cuando en la descripción se hablaba de "recoger" premios, realmente es una colisión).

El juego se irá desarrollando poco a poco (a modo de tutorial) hasta que lo concluyamos pareciéndose lo máximo posible al diagrama de clases diseñado.

Lo primero que podemos hacer es establecer las escenas por las que nos vamos a mover. En este caso serán necesarias 4 clases: Juego, Bienvenida, Partida

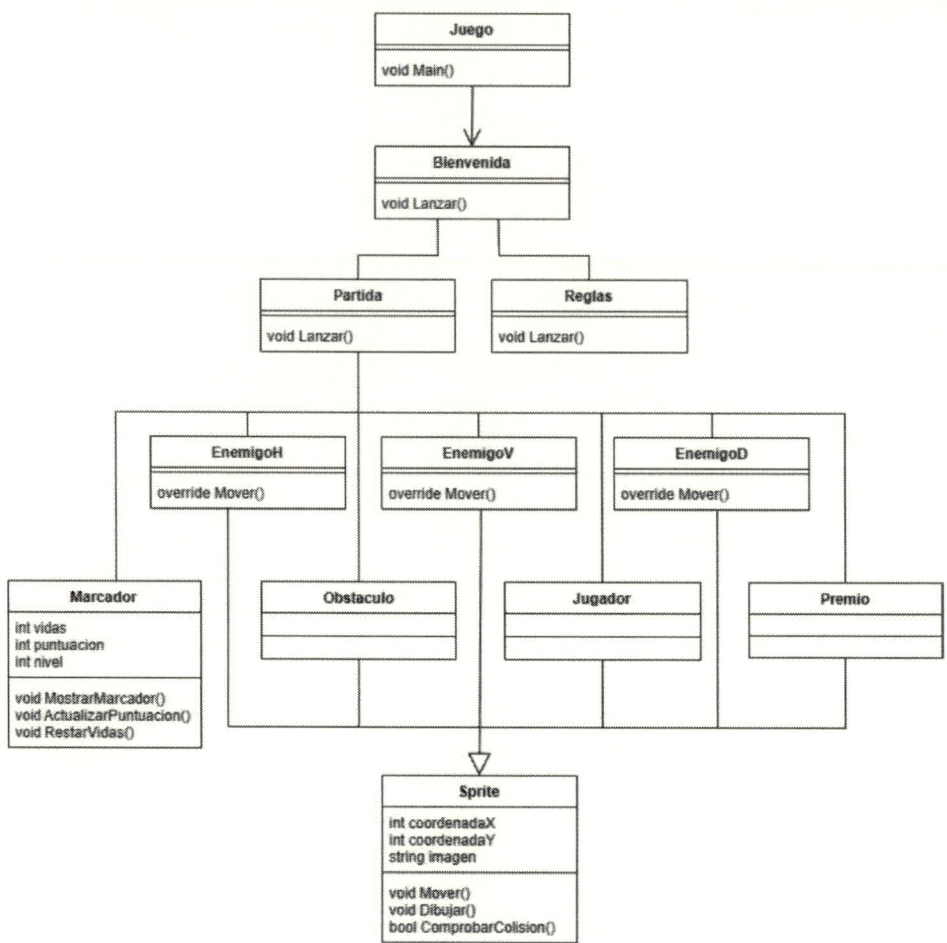

Figura 12.1. *Diagrama de clases del juego básico.*

y Reglas. La clase Juego contendrá la función Main() por lo que al ejecutar arrancaremos desde aquí. Lo que hará la función Main() es lanzar la pantalla de bienvenida. Esta contendrá el nombre del juego y un menú para que el usuario pueda elegir entre jugar una partida, ver las reglas del juego o salir.

En esta primera aproximación nos van a ser útiles algunas instrucciones nuevas como:

- Console.Clear() para borrar la pantalla.
- Console.SetCursorPosition(x, y) para situarnos en una localización concreta dentro de la consola. Así, el parámetro "x" se refiere a un píxel en el eje "x" (el horizontal) y el parámetro "y" hace lo propio en el eje "y" (vertical).

La clase Juego quedaría así:

```csharp
using System;

namespace JuegoBasicoConsola
{
    public class Juego
    {
        public static void Main()
        {
            Bienvenida bienvenida = new Bienvenida();
            bienvenida.Lanzar(); //Lanzamos la pantalla de bienvenida
        }
    }
}
```

En la clase Bienvenida mostramos el menú y lanzamos la siguiente escena:

```csharp
using System;

namespace JuegoBasicoConsola
{
    class Bienvenida
    {

        public void Lanzar()
        {
            Partida partida = new Partida();
            Reglas reglas = new Reglas();
            //Mostramos el menú
            Console.SetCursorPosition(25, 8); //Situamos el cursor en x=25, y=8
            Console.Write("BIENVENIDO A JUEGO BÁSICO");
            Console.SetCursorPosition(25, 11);
            Console.Write("1) Jugar partida");
            Console.SetCursorPosition(25, 12);
            Console.Write("2) Reglas del juego");
            Console.SetCursorPosition(25, 13);
            Console.Write("3) Salir");
            Console.SetCursorPosition(25, 14);
            Console.Write("Elige una opción: ");

            string opcion = Console.ReadLine();

            switch (opcion)
            {
```

```
            case "1": partida.Lanzar();
                break;
            case "2": reglas.MostrarReglas();
                break;
            case "3": break;
            default: Console.SetCursorPosition(25, 15);
                Console.Write("'{0}' NO ES UNA OPCIÓN VÁLIDA.", opcion);
                break;
        }
    }
  }
}
```

La clase Partida, de momento, quedaría así:

```
using System;

namespace JuegoBasicoConsola
{
    class Partida
    {
        public void Lanzar()
        {
            Console.Clear();
            Console.WriteLine("Esta es la escena de la partida. Pulsa una tecla
para salir.");
            Console.ReadLine();
        }
    }
}
```

En la clase Reglas solo vamos a escribir las reglas del juego y volver a la pantalla de bienvenida:

```
using System;

namespace JuegoBasicoConsola
{
    class Reglas
    {
        public void MostrarReglas()
        {
            Console.Clear();
```

```
        Console.WriteLine("Aquí se definen todas las reglas del juego. Pulsa
una tecla para salir.");
        Console.ReadLine();
      }
    }
}
```

Ahora, vamos a hacer que nuestro jugador pueda moverse por la pantalla. Como no tenemos gráficos, elegiremos cualquier carácter del teclado. Podemos mover el personaje con teclas como QAOP (Q=arriba, A=abajo, O=izquierda, P=derecha) o las flechas de dirección.

Además, tenemos que hacer un bucle de juego para que se repita mientras se cumpla una determinada condición (mientras que el usuario no pulse escape, por ejemplo). Esto lo haremos con la estructura de control "*while*".

Este bucle, de momento, tiene que:

- Dibujar al jugador en pantalla posicionándolo con Console.SetCursorPosition(x, y);
- Comprobar si se ha pulsado alguna tecla para mover al jugador. Para recoger la orden del teclado, usaremos el tipo de datos "ConsoleKeyInfo". Además, usaremos el método "Console.ReadKey(false);" con el parámetro "false" para esperar a que se pulse una tecla (no Intro), y que no se muestre en pantalla la tecla pulsada. Además, si el usuario pulsa una tecla que no tiene un carácter asociado por defecto (como una flecha de dirección) usaremos la propiedad ".Key" de la clase Console, y compararemos con teclas como "ConsoleKey.LeftArrow" para la flecha izquierda. Por el contrario, si el usuario pulsa una tecla que sí tiene un carácter asociado, entonces tenemos que usar ".KeyChar" en vez de ".Key" (mira cómo quedaría en la clase Partida)
- Limitar el espacio de la consola para que el jugador no se pueda salir de esta. He puesto x=79 e y=24 considerando el ancho y el alto de la consola que se despliega por defecto al ejecutar el programa. Antes de continuar, mira cuáles son los tuyos, puede que sean distintos. Para ajustar estos límites puedes usar la instrucción `Console.SetWindowSize(79, 24);` o ir a los ajustes de la consola para cambiar las longitudes de los ejes x e y.
- Poder salir del juego si el usuario pulsa escape, por ejemplo.
- Evitar que se vea el cursor en la pantalla por motivos estéticos. Esto se hace con la propiedad CursorVisible de la clase Console.

```csharp
using System;

namespace JuegoBasicoConsola
{
    class Partida
    {
        ConsoleKeyInfo tecla;
        int x = 40, y = 12;
        bool seguirJugando = true;
        public void Lanzar()
        {
            while (seguirJugando)
            {
                Console.Clear();
                Console.SetCursorPosition(x, y);

                //Eliminamos el cursor de la pantalla
                Console.CursorVisible = false;
                Console.Write("A");
                tecla = Console.ReadKey(false);

                //Nos movemos con teclas sin carácter asociado
                if (tecla.Key == ConsoleKey.RightArrow) x++;
                if (tecla.Key == ConsoleKey.LeftArrow) x--;
                if (tecla.Key == ConsoleKey.DownArrow) y++;
                if (tecla.Key == ConsoleKey.UpArrow) y--;

                //Nos movemos con teclas con carácter asociado
                if (tecla.KeyChar == 'o') x--;
                if (tecla.KeyChar == 'p') x++;
                if (tecla.KeyChar == 'a') y++;
                if (tecla.KeyChar == 'q') y--;

                //Salimos del bucle y, por lo tanto, de la partida
                if (tecla.Key == ConsoleKey.Escape) seguirJugando = false;

                //Limitamos la consola para que el jugador no se pueda salir
                if (x <= 0) x = 0;
                if (x >= 79) x = 79;
                if (y <= 0) y = 0;
                if (y >= 24) y = 24;
            }
        }
    }
}
```

El resto de clases del juego permanecen igual por ahora.

Antes de seguir con la lógica, vamos a hacer unos pequeños arreglos...

- Si estamos jugando una partida y queremos salir, lo habitual es que regresemos a la pantalla de bienvenida y que se nos muestre otra vez el menú del juego. Es decir, tanto si estamos en la pantalla partida como en la pantalla reglas, debemos volver a la pantalla bienvenida y volver a mostrar el menú. Solo si en este momento pulsamos la opción "salir" saldremos del juego definitivamente (Environment.Exit(0)). Si trabajas con Visual Studio 2019 tendrás que activar la opción de "cerrar la consola automáticamente al detenerse la depuración". Para ello ve al menú Herramientas/Opciones/Depuración/General. Esta opción se encuentra casi al final de la lista.
- El parámetro "0" de la clase Exit de la clase Environment es un código de salida para volver al sistema operativo. El 0 indica que el proceso se completó correctamente.
- Además, vamos a empezar a controlar posibles excepciones. En el menú de la pantalla de bienvenida y en la pantalla de reglas, vamos a evitar que el usuario pueda introducir un valor que no sea el que estamos pidiendo. Lo podemos hacer con las instrucciones "Try" y "Catch" o, en este caso, estableciendo la variable "opcion" como string en lugar de int y comprobar qué ha introducido el usuario.
- En la clase Bienvenida hay que meter el menú dentro de un bucle 'while' para que se vuelva a mostrar si el usuario se equivoca de opción. Es decir, si no se introduce 1, 2 o 3, el menú se vuelve a mostrar. Como el usuario también puede equivocarse introduciendo caracteres, la variable "opción" será string en lugar de int, como decía.

```
using System;

namespace JuegoBasicoConsola
{
    class Bienvenida
    {

        public void Lanzar()
        {
            Partida partida = new Partida();
            Reglas reglas = new Reglas();
            string opcion = "";

            while ((opcion != "1") && (opcion != "2") && (opcion != "3"))
            {
                //Mostramos el menú
                Console.Clear();
```

```
            Console.SetCursorPosition(25, 8);
            Console.Write("BIENVENIDO A JUEGO BÁSICO");
            Console.SetCursorPosition(25, 11);
            Console.Write("1) Jugar partida");
            Console.SetCursorPosition(25, 12);
            Console.Write("2) Reglas del juego");
            Console.SetCursorPosition(25, 13);
            Console.Write("3) Salir");
            Console.SetCursorPosition(25, 14);
            Console.Write("Elige una opción: ");

            opcion = Console.ReadLine();

            switch (opcion)
            {
                case "1":
                    partida.Lanzar();
                    break;
                case "2":
                    reglas.MostrarReglas();
                    break;
                case "3":
                    Environment.Exit(0);
                    break;
                default:
                    Console.SetCursorPosition(17, 19);
                    Console.Write("'{0}' no es una opción válida. Pulsa
Intro.", opcion);
                    Console.ReadLine();
                    break;
            }

        }
    }
}
}
```

En la clase Reglas vamos a hacer lo mismo que en la clase Bienvenida. Así, después de leer las reglas del juego, al usuario se le mostrará un menú para poder ir a la partida o volver a la pantalla de bienvenida para poder salir del juego. El código queda así:

```csharp
using System;

namespace JuegoBasicoConsola
{
    class Reglas
    {
        Bienvenida bienvenida = new Bienvenida();
        Partida partida = new Partida();
        string opcion = "";
        public void MostrarReglas()
        {
            while (true)
            {
                Console.Clear();
                Console.SetCursorPosition(25, 8);
                Console.Write("REGLAS DEL JUEGO");
                Console.SetCursorPosition(25, 11);
                Console.Write("1) Jugar partida");
                Console.SetCursorPosition(25, 12);
                Console.Write("2) Volver a la pantalla de bienvenida");
                Console.SetCursorPosition(25, 14);
                Console.Write("Elige una opción: ");

                opcion = Console.ReadLine();

                switch (opcion)
                {
                    case "1":
                        partida.Lanzar();
                        break;
                    case "2":
                        bienvenida.Lanzar();
                        break;
                    default:
                        Console.SetCursorPosition(17, 19);
                        Console.Write("'{0}' no es una opción válida. Pulsa
Intro.", opcion);

                        Console.ReadLine();
                        break;
                }
            }
        }
    }
}
```

En la clase Partida solo hay que cambiar el código para volver a la pantalla de bienvenida en lugar de salir de juego directamente. El código queda así:

```csharp
using System;

namespace JuegoBasicoConsola
{
    class Partida
    {
        ConsoleKeyInfo tecla;
        int x = 40, y = 12;
        bool seguirJugando = true;
        Bienvenida bienvenida = new Bienvenida();
        public void Lanzar()
        {
            while (seguirJugando)
            {
                Console.Clear();
                Console.SetCursorPosition(x, y);

                //Eliminamos el cursor de la pantalla
                Console.CursorVisible = false;
                Console.Write("A");
                tecla = Console.ReadKey(false);

                //Nos movemos con teclas sin carácter asociado
                if (tecla.Key == ConsoleKey.RightArrow) x++;
                if (tecla.Key == ConsoleKey.LeftArrow) x--;
                if (tecla.Key == ConsoleKey.DownArrow) y++;
                if (tecla.Key == ConsoleKey.UpArrow) y--;

                //Nos movemos con teclas con carácter asociado
                if (tecla.KeyChar == 'o') x--;
                if (tecla.KeyChar == 'p') x++;
                if (tecla.KeyChar == 'a') y++;
                if (tecla.KeyChar == 'q') y--;

                //Salimos del bucle y, por lo tanto, de la partida
                if (tecla.Key == ConsoleKey.Escape)
                {
                    seguirJugando = false;
                    bienvenida.Lanzar();
                }

                //Limitamos la consola para que el jugador no se pueda salir
                if (x <= 0) x = 0;
                if (x >= 79) x = 79;
                if (y <= 0) y = 0;
                if (y >= 24) y = 24;
            }
        }
    }
}
```

12.2. Introduciendo más clases

Ahora vamos a crear la clase "Obstaculo" para introducir varios obstáculos aleatorios en pantalla. Si colisionamos con uno de ellos la partida acabará, es decir, de momento tenemos una vida. Desde la clase Partida, que es la que controla la lógica del juego, llamaremos al método Dibujar() de la clase Obstaculo para imprimir los obstáculos en pantalla.

Esto supone algunos cambios:

– Tenemos que crear la nueva clase "Obstaculo". Tendrá como atributos las coordenadas de los obstáculos que inicializaremos en su constructor con una posición aleatoria. Tendremos un método Dibujar() que posicionará con SetCursorPosition los obstáculos en pantalla. Llamaremos a este método desde la clase Partida, que es la que tiene la lógica.

– Si colisionamos con un obstáculo, la variable booleana "seguirJugando" de la clase Partida pasará a ser false y, por lo tanto, saldremos de la partida a la pantalla de bienvenida.

– Hay que tener en cuenta que vamos a tener varias ocasiones en las que puede llegar el fin de la partida. Por ahora tenemos dos: el usuario pulsa escape y colisionamos con un obstáculo. En cada una de estas ocasiones hay que llamar al método Lanzar de la clase Bienvenida. Esto no parece óptimo. La mejor opción parece ser una propiedad booleana en la clase partida que devuelva true al llamamiento de Bienvenida si se puede jugar y false en caso contrario. Puede que no hayas entendido bien la explicación. Lo veremos más detenidamente en el código.

– Hay que comprobar colisiones. Para ello hay que revisar si el player está en la misma posición que los obstáculos en los ejes x e y. Esto lo podemos hacer comparando sus coordenadas: "if ((xplayer==xobstaculo) && (yplayer==yobstaculo))"

La nueva clase Obstaculo quedaría así:

```
using System;

namespace JuegoBasicoConsola
{
    class Obstaculo
    {
        Random generador;
        int cantidadObstaculos;
        int[] posicionesX;
        int[] posicionesY;

        public Obstaculo()
```

```csharp
    {
        generador = new Random();
        cantidadObstaculos = 10; //Aquí establecemos el número de
obstáculos que vamos a tener en pantalla
        posicionesX = new int[cantidadObstaculos];
        posicionesY = new int[cantidadObstaculos];
        for (int i=0; i<posicionesX.Length; i++)
        {
            posicionesX[i] = generador.Next(0, 80);
        }
        for (int i = 0; i < posicionesY.Length; i++)
        {
            posicionesY[i] = generador.Next(0, 25);
        }
    }

    public void Dibujar()
    {
        for (int i=0; i<cantidadObstaculos; i++)
        {
            Console.SetCursorPosition(posicionesX[i], posicionesY[i]);
            Console.Write('0');
        }
    }

    public bool ComprobarColision (int x, int y)
    {
        bool hayColision = false;
        for (int i=0; i<cantidadObstaculos; i++)
        {
            if (posicionesX[i] == x && posicionesY[i] == y) hayColision =
true;
        }
        return hayColision;
    }
    }
}
```

Si quieres cambiar el número de obstáculos en pantalla tan solo tienes que cambiar la variable "cantidadObstaculos".

La clase Partida también ha variado. Se ha instanciado un objeto de la clase Obstaculo para poder acceder a su método Dibujar(). Además, vamos a comprobar si hay colisión con algún obstáculo y, si la hay, volveremos a la pantalla de bienvenida. Es un buen momento para añadir el constructor de la clase para inicializar todas las variables donde le corresponde.

```csharp
using System;

namespace JuegoBasicoConsola
{
    class Partida
    {
        ConsoleKeyInfo tecla;
        int x, y;
        bool seguirJugando;
        Bienvenida bienvenida;
        Obstaculo obstaculo;

        public Partida()
        {
            x = 40;
            y = 12;
            seguirJugando = true;
            bienvenida = new Bienvenida();
            obstaculo = new Obstaculo();
        }
        public void Lanzar()
        {
            while (seguirJugando)
            {
                Console.Clear();
                Console.SetCursorPosition(x, y);

                //Eliminamos el cursor de la pantalla
                Console.CursorVisible = false;

                //Dibujamos en pantalla
                Console.Write("A");
                obstaculo.Dibujar();

                tecla = Console.ReadKey(false);

                //Nos movemos con teclas sin carácter asociado
                if (tecla.Key == ConsoleKey.RightArrow) x++;
                if (tecla.Key == ConsoleKey.LeftArrow) x--;
                if (tecla.Key == ConsoleKey.DownArrow) y++;
                if (tecla.Key == ConsoleKey.UpArrow) y--;

                //Nos movemos con teclas con carácter asociado
                if (tecla.KeyChar == 'o') x--;
                if (tecla.KeyChar == 'p') x++;
                if (tecla.KeyChar == 'a') y++;
                if (tecla.KeyChar == 'q') y--;
```

```
                //Salimos del bucle y, por lo tanto, de la partida
                if (tecla.Key == ConsoleKey.Escape)
                {
                    seguirJugando = false;
                    bienvenida.Lanzar();
                }

                //Limitamos la consola para que el jugador no se pueda salir
                if (x <= 0) x = 0;
                if (x >= 79) x = 79;
                if (y <= 0) y = 0;
                if (y >= 24) y = 24;

                //Vamos a comprobar si hay colisiones
                if (obstaculo.ComprobarColision(x, y))
                {
                    bienvenida.Lanzar();
                }
            }
        }
    }
}
```

Ahora vamos a añadir enemigos a la escena que aparezcan en posiciones aleatorias. Para empezar, tenemos que crear una nueva clase para los enemigos. Será parecida a la de obstáculos, solo que esta vez los enemigos se podrán mover. Para ello, hay que añadir un incremento en X si quieres el movimiento horizontal, en Y si lo quieres vertical o en X e Y si lo quieres en diagonal. Es decir, vamos a tener 3 tipos de enemigos distintos. ¡OJO, un incremento por enemigo! Dibujaremos a los enemigos del mismo modo que los obstáculos, es decir, desde la clase Partida llamaremos al método Dibujar() de la clase Enemigo. Además, añadiremos un método Mover() en la clase Enemigo. Empezaremos con un incremento de 1 en el eje X para que se vayan desplazando hacia la derecha. Del mismo modo que limitamos los movimientos del jugador, habrá que limitar el movimiento de los enemigos para que no se salgan de los márgenes de la consola (como máximo). Tenemos que hacer que el enemigo rebote y vuelva por donde venía si el movimiento es horizontal o vertical y que siga su camino si es diagonal.

Lo que queremos es que el incremento empiece siendo 1 para mover los enemigos hacia la derecha, pero que cuando rebote en el borde de la consola, cambie a –1 para moverse hacia la izquierda.

Lo podríamos hacer con una construcción como

```
if (xEnemigo1 == 0) incremento1 = 1;
if (xEnemigo1 == 79) incremento1 = -1;
```

o bien, en una única condición:

```
if ((xEnemigo1 == 0) || (xEnemigo1 == 79)) incremento1 = - incremento1;
```

Empezaremos implementando los enemigos que se mueven en horizontal. La clase Enemigo quedaría así por ahora:

```
using System;
using System.Collections.Generic;
using System.Text;

namespace JuegoBasicoConsola
{
    class EnemigoH
    {
        Random generador;
        int cantidadEnemigos;
        int [] incrementosHorizontales;
        int[] posicionesX;
        int[] posicionesY;

        public EnemigoH()
        {
            generador = new Random();
            cantidadEnemigos = 10; //Aquí establecemos el número de enemigos
que vamos a tener en pantalla
            incrementosHorizontales = new int[cantidadEnemigos];
            posicionesX = new int[cantidadEnemigos];
            posicionesY = new int[cantidadEnemigos];
            for (int i = 0; i < incrementosHorizontales.Length; i++)
            {
                incrementosHorizontales[i] = 1;
            }
            for (int i = 0; i < posicionesX.Length; i++)
            {
                posicionesX[i] = generador.Next(0, 80);
            }
            for (int i = 0; i < posicionesY.Length; i++)
            {
                posicionesY[i] = generador.Next(0, 25);
            }
        }

        public void Dibujar()
        {
            for (int i = 0; i < cantidadEnemigos; i++)
            {
```

```
                Console.SetCursorPosition(posicionesX[i], posicionesY[i]);
                Console.Write('X');
            }
        }

        public bool ComprobarColision(int x, int y)
        {
            bool hayColision = false;
            for (int i = 0; i < cantidadEnemigos; i++)
            {
                if (posicionesX[i] == x && posicionesY[i] == y) hayColision =
true;
            }
            return hayColision;
        }

        public void MoverEnemigoHorizontal()
        {

            for (int i = 0; i < cantidadEnemigos; i++)
            {
                posicionesX[i] += incrementosHorizontales[i];

                if (posicionesX[i] <= 0 || posicionesX[i] >= 79)
                    incrementosHorizontales[i] = -incrementosHorizontales[i];
            }
        }
    }
}
```

Mientras que la clase Partida instanciaría un objeto enemigo para poder acceder a sus métodos Dibujar(), ComprobarColision(x,y) y MoverEnemigoHorizontal().

```
using System;

namespace JuegoBasicoConsola
{
    class Partida
    {
        ConsoleKeyInfo tecla;
        int x, y;
        bool seguirJugando;
        Bienvenida bienvenida;
        Obstaculo obstaculo;
        EnemigoH enemigoH;
```

```csharp
public Partida()
{
    x = 40;
    y = 12;
    seguirJugando = true;
    bienvenida = new Bienvenida();
    obstaculo = new Obstaculo();
    enemigoH = new EnemigoH();
}
public void Lanzar()
{
    while (seguirJugando)
    {
        Console.Clear();
        Console.SetCursorPosition(x, y);

        //Eliminamos el cursor de la pantalla
        Console.CursorVisible = false;

        //Dibujamos en pantalla
        Console.Write("A");
        obstaculo.Dibujar();
        enemigoH.Dibujar();

        tecla = Console.ReadKey(false);

        //Nos movemos con teclas sin carácter asociado
        if (tecla.Key == ConsoleKey.RightArrow) x++;
        if (tecla.Key == ConsoleKey.LeftArrow) x--;
        if (tecla.Key == ConsoleKey.DownArrow) y++;
        if (tecla.Key == ConsoleKey.UpArrow) y--;

        //Nos movemos con teclas con carácter asociado
        if (tecla.KeyChar == 'o') x--;
        if (tecla.KeyChar == 'p') x++;
        if (tecla.KeyChar == 'a') y++;
        if (tecla.KeyChar == 'q') y--;

        //Salimos del bucle y, por lo tanto, de la partida
        if (tecla.Key == ConsoleKey.Escape)
        {
            seguirJugando = false;
            bienvenida.Lanzar();
        }

        //Mover enemigos
        enemigoH.MoverEnemigoHorizontal();

        //Limitamos la consola para que el jugador no se pueda salir
        if (x <= 0) x = 0;
```

```
                if (x >= 79) x = 79;
                if (y <= 0) y = 0;
                if (y >= 24) y = 24;

                //Vamos a comprobar si hay colisiones
                if (obstaculo.ComprobarColision(x, y)||enemigoH.
ComprobarColision(x,y))
                {
                    bienvenida.Lanzar();
                }
            }
        }
    }
}
```

12.3. Creando la clase base

Podemos ver que las clases Obstaculo y EnemigoH son muy parecidas. Además, hasta el momento solo hemos añadido al enemigo horizontal, por lo que tendríamos que repetir lo mismo 3 veces para crear al enemigo en vertical y en diagonal. Esta metodología parece no ser óptima. Tenemos que crear una clase base (a la que podemos llamar Sprite) que contenga todos los atributos y métodos comunes a todas estas clases y hacer las cosas solo una vez. Así, el resto de las clases podrán heredar todas estas características y no tendremos que realizar el mismo trabajo 4 veces.

Vamos a ver cómo quedaría. Creamos la clase Sprite con todos los atributos y métodos comunes a todas las clases que heredarán de Sprite. Así:

```
using System;

namespace JuegoBasicoConsola
{
    class Sprite
    {
        Random generador;
        protected int cantidad;
        protected int[] coordenadasX;
        protected int[] coordenadasY;
        protected int[] incrementosX;
        protected int[] incrementosY;
        protected string imagen;

        public Sprite()
```

```csharp
        {
            generador = new Random();
            cantidad = 5;
            coordenadasX = new int[cantidad];
            coordenadasY = new int[cantidad];
            incrementosX = new int[cantidad];
            incrementosY = new int[cantidad];
            for (int i = 0; i < cantidad; i++)
            {
                coordenadasX[i] = generador.Next(0, 80);
            }
            for (int i = 0; i < cantidad; i++)
            {
                coordenadasY[i] = generador.Next(0, 25);
            }
            for (int i = 0; i < cantidad; i++)
            {
                incrementosX[i] = 1;
            }
            for (int i = 0; i < cantidad; i++)
            {
                incrementosY[i] = 1;
            }
        }

        public void Dibujar()
        {
            for (int i = 0; i < cantidad; i++)
            {
                Console.SetCursorPosition(coordenadasX[i], coordenadasY[i]);
                Console.Write(imagen);
            }
        }

        public bool ComprobarColision(int x, int y)
        {
            bool hayColision = false;
            for (int i = 0; i < cantidad; i++)
            {
                if (coordenadasX[i] == x && coordenadasY[i] == y) hayColision =
true;
            }
            return hayColision;
        }
    }
}
```

12.4. Continuamos desarrollando las clases

Tras crear la clase Sprite, es decir, la clase base de todas las demás, en la clase Obstaculo solo habría que definir la imagen que queremos para el objeto:

```csharp
using System;

namespace JuegoBasicoConsola
{
    class Obstaculo:Sprite
    {
        public Obstaculo()
        {
            imagen = "O";
        }
    }
}
```

La clase EnemigoH también queda muy reducida. Definimos la imagen que queremos para representar al objeto enemigoH y añadimos un método para moverse que no está en la clase padre Sprite.

```csharp
using System;

namespace JuegoBasicoConsola
{
    class EnemigoH:Sprite
    {

        public EnemigoH()
        {
            imagen = "X";
        }
        public void MoverEnemigoHorizontal()
        {

            for (int i = 0; i < cantidad; i++)
            {
                coordenadasX[i] += incrementosX[i];

                if (coordenadasX[i] <= 0 || coordenadasX[i] >= 79)
                    incrementosX[i] = -incrementosX[i];
            }
        }
    }
}
```

12.5. Creando más clases de enemigos

Parece una buena idea añadir clases nuevas para EnemigoV y EnemigoD, ya que se mueven de forma distinta y vamos a necesitar nuevos incrementos. Así, la clase EnemigoV quedaría:

```csharp
using System;

namespace JuegoBasicoConsola
{
    class EnemigoV:Sprite
    {
        public EnemigoV()
        {
            imagen = "Y";
        }
        public void MoverEnemigoVertical()
        {

            for (int i = 0; i < cantidad; i++)
            {
                coordenadasY[i] += incrementosY[i];

                if (coordenadasY[i] <= 0 || coordenadasY[i] >= 24)
                    incrementosY[i] = -incrementosY[i];
            }
        }
    }
}
```

Y EnemigoD:

```csharp
using System;

namespace JuegoBasicoConsola
{
    class EnemigoD:Sprite
    {
        public EnemigoD()
        {
            imagen = "@";
        }
        public void MoverEnemigoDiagonal()
        {
```

```
        for (int i = 0; i < cantidad; i++)
        {
            coordenadasY[i] += incrementosY[i];
            coordenadasX[i] += incrementosX[i];

            if (coordenadasY[i] <= 0 || coordenadasY[i] >= 24)
                incrementosY[i] = -incrementosY[i];
            if (coordenadasX[i] <= 0 || coordenadasX[i] >= 79)
                incrementosX[i] = -incrementosX[i];
        }
    }
}
}
```

12.6. Avanzando con la lógica

En cuanto a la clase Partida, la que contiene toda la lógica del juego, tenemos que añadir nuevas instancias para las nuevas clases creadas, pedir que se dibujen y que se muevan. Así:

```
using System;

namespace JuegoBasicoConsola
{
    class Partida
    {
        ConsoleKeyInfo tecla;
        int x, y;
        bool seguirJugando;
        Bienvenida bienvenida;
        Obstaculo obstaculo;
        EnemigoH enemigoH;
        EnemigoV enemigoV;
        EnemigoD enemigoD;

        public Partida()
        {
            x = 40;
            y = 12;
            seguirJugando = true;
            bienvenida = new Bienvenida();
            obstaculo = new Obstaculo();
            enemigoH = new EnemigoH();
            enemigoV = new EnemigoV();
            enemigoD = new EnemigoD();
```

```
}
public void Lanzar()
{
    while (seguirJugando)
    {
        Console.Clear();
        Console.SetCursorPosition(x, y);

        //Eliminamos el cursor de la pantalla
        Console.CursorVisible = false;

        //Dibujamos en pantalla
        Console.Write("A");
        obstaculo.Dibujar();
        enemigo.Dibujar();
        enemigoV.Dibujar();
        enemigoD.Dibujar();

        tecla = Console.ReadKey(false);

        //Nos movemos con teclas sin carácter asociado
        if (tecla.Key == ConsoleKey.RightArrow) x++;
        if (tecla.Key == ConsoleKey.LeftArrow) x--;
        if (tecla.Key == ConsoleKey.DownArrow) y++;
        if (tecla.Key == ConsoleKey.UpArrow) y--;

        //Nos movemos con teclas con carácter asociado
        if (tecla.KeyChar == 'o') x--;
        if (tecla.KeyChar == 'p') x++;
        if (tecla.KeyChar == 'a') y++;
        if (tecla.KeyChar == 'q') y--;

        //Salimos del bucle y, por lo tanto, de la partida
        if (tecla.Key == ConsoleKey.Escape)
        {
            seguirJugando = false;
            bienvenida.Lanzar();
        }

        //Mover enemigos
        enemigo.MoverEnemigoHorizontal();
        enemigoV.MoverEnemigoVertical();
        enemigoD.MoverEnemigoDiagonal();

        //Limitamos la consola para que el jugador no se pueda salir
        if (x <= 0) x = 0;
        if (x >= 79) x = 79;
        if (y <= 0) y = 0;
        if (y >= 24) y = 24;
```

```
            //Vamos a comprobar si hay colisiones
            if (obstaculo.ComprobarColision(x, y)||enemigoH.
ComprobarColision(x,y)
                || enemigoV.ComprobarColision(x,y)||enemigoD.
ComprobarColision(x,y))
            {
                bienvenida.Lanzar();
            }
        }
    }
}
}
```

Puedes ver que el enemigo se mueve, pero solo si se mueve el player. Tenemos que hacer que se mueva solo. Para ello, vamos a comprobar si hay disponible una acción de presionar una tecla con la construcción *Console.KeyAvailable* (mira cómo queda implementado en la clase Partida más abajo).

Con este cambio el enemigo ya se mueve solo, pero a la velocidad máxima que permita nuestro ordenador. Esto no es jugable. Tenemos que ralentizar el movimiento añadiendo una pausa entre frames. Es decir, si queremos que nuestro juego tenga una velocidad de 25 frames por segundo tendríamos que hacer una pausa de 40 milisegundos (1000/25 = 40). Para conseguir esta pausa tenemos que usar el método "Thread.Sleep(40)". La clase Thread se localiza en la biblioteca de clases System.Threading.

Estos cambios los haremos solo en la clase Partida, que ahora quedaría así:

```
using System;
using System.Threading;//Para usar thread.sleep

namespace JuegoBasicoConsola
{
    class Partida
    {
        ConsoleKeyInfo tecla;
        int x, y;
        bool seguirJugando;
        Bienvenida bienvenida;
        Obstaculo obstaculo;
        EnemigoH enemigoH;
        EnemigoV enemigoV;
        EnemigoD enemigoD;

        public Partida()
        {
            x = 40;
```

```csharp
        y = 12;
        seguirJugando = true;
        bienvenida = new Bienvenida();
        obstaculo = new Obstaculo();
        enemigoH = new EnemigoH();
        enemigoV = new EnemigoV();
        enemigoD = new EnemigoD();
    }
    public void Lanzar()
    {
        while (seguirJugando)
        {
            Console.Clear();
            Console.SetCursorPosition(x, y);

            //Eliminamos el cursor de la pantalla
            Console.CursorVisible = false;

            //Dibujamos en pantalla
            Console.Write("A");
            obstaculo.Dibujar();
            enemigoH.Dibujar();
            enemigoV.Dibujar();
            enemigoD.Dibujar();

            if (Console.KeyAvailable)//Mira si hay alguna tecla disponible
            {
                tecla = Console.ReadKey(false);

                //Nos movemos con teclas sin carácter asociado
                if (tecla.Key == ConsoleKey.RightArrow) x++;
                if (tecla.Key == ConsoleKey.LeftArrow) x--;
                if (tecla.Key == ConsoleKey.DownArrow) y++;
                if (tecla.Key == ConsoleKey.UpArrow) y--;

                //Nos movemos con teclas con carácter asociado
                if (tecla.KeyChar == 'o') x--;
                if (tecla.KeyChar == 'p') x++;
                if (tecla.KeyChar == 'a') y++;
                if (tecla.KeyChar == 'q') y--;
            }


            //Salimos del bucle y, por lo tanto, de la partida
            if (tecla.Key == ConsoleKey.Escape)
            {
                seguirJugando = false;
                bienvenida.Lanzar();
            }
```

```
//Mover enemigos
enemigoH.MoverEnemigoHorizontal();
enemigoV.MoverEnemigoVertical();
enemigoD.MoverEnemigoDiagonal();

//Limitamos la consola para que el jugador no se pueda salir
if (x <= 0) x = 0;
if (x >= 79) x = 79;
if (y <= 0) y = 0;
if (y >= 24) y = 24;

//Vamos a comprobar si hay colisiones
if (obstaculo.ComprobarColision(x, y)||enemigoH.
ComprobarColision(x,y)||enemigoV.ComprobarColision(x,y)||enemigoD.
ComprobarColision(x,y))
        {
            bienvenida.Lanzar();
        }

//Pausamos los frames 40 ms
Thread.Sleep(40);
    }
   }
 }
}
```

12.7. Modificando la velocidad

Hasta el momento, todos los enemigos y el player se mueven a la misma velocidad. Esto no es lo más adecuado por la jugabilidad. Así, es más conveniente que tengan velocidades distintas los enemigos y que el player sea más rápido que el resto para "poder escapar".

Para conseguir que el player vaya más rápido que el enemigo, podemos aumentar la velocidad del jugador haciendo que recorra de dos en dos píxeles o reducir a la mitad el movimiento del enemigo. Con la primera alternativa (mover de 2 en 2) cabe la posibilidad de saltarse un enemigo, lo que el usuario consideraría un error, así que, mejor implementamos la segunda opción (el enemigo se reduce a la mitad). Para ello, la variable incremento tendrá que ser float y no int, ya que vamos a utilizar valores decimales. ¡Ojo! Cuando la coordenada X sea igual a 40.5 no se verá ninguna diferencia a cuando sea 40, es decir, el enemigo va a estar dos frames situado en el mismo píxel. A la hora de colisionar esto puede ser un problema. Puede que el jugador esté en la posición 40 y el enemigo en la 40.5. Parece que están en el mismo sitio, pero no están colisionando. Para solucionar esto vamos al método ComprobarColision() de la clase Sprite y forzamos a que las coordenadas sean enteros (int).

Cuidado, al colocarnos en pantalla tendremos que forzar una conversión de tipos porque "SetCursorPosition" requiere números enteros. Como nuestras coordenadas ahora son *float*, tenemos que convertirlas a *int*.

La función NextDouble() devuelve un número double aletorio entre 0 y 1. Podemos dejar los arrays de coordenadas e incrementos como float y convertir el double o bien, dejar los arrays como double.

La clase Sprite quedaría así:

```
using System;

namespace JuegoBasicoConsola
{
    class Sprite
    {
        Random generador;
        protected int cantidad;
        protected float[] coordenadasX;
        protected float[] coordenadasY;
        protected float[] incrementosX;
        protected float[] incrementosY;
        protected string imagen;

        public Sprite()
        {
            generador = new Random();
            cantidad = 5;
            coordenadasX = new float[cantidad];
            coordenadasY = new float[cantidad];
            incrementosX = new float[cantidad];
            incrementosY = new float[cantidad];
            for (int i = 0; i < cantidad; i++)
            {
                coordenadasX[i] = generador.Next(0, 79);
            }
            for (int i = 0; i < cantidad; i++)
            {
                coordenadasY[i] = generador.Next(0, 24);
            }
            for (int i = 0; i < cantidad; i++)
            {
                incrementosX[i] = (float) generador.NextDouble();
            }
            for (int i = 0; i < cantidad; i++)
            {
                incrementosY[i] = (float) generador.NextDouble();
```

```
        }
    }

    public void Dibujar()
    {
        for (int i = 0; i < cantidad; i++)
        {
            Console.SetCursorPosition((int) coordenadasX[i], (int)
coordenadasY[i]);
            Console.Write(imagen);
        }
    }

    public bool ComprobarColision(int x, int y)
    {
        bool hayColision = false;
        for (int i = 0; i < cantidad; i++)
        {
            if ((int) coordenadasX[i] == x && (int) coordenadasY[i] == y)
hayColision = true;//Aquí se fuerza la conversión a entero para que puedan
colisionar
        }
        return hayColision;
    }
    }
}
```

Las demás clases permanecen igual.

12.8. Modificando el número de enemigos

De momento, tenemos la misma cantidad de enemigos y de obstáculos. Esto lo podemos cambiar. Supongamos que solo queremos un EnemigoV (el que se mueve en vertical), entonces solo tenemos que ir a su clase y especificar en su constructor la variable cantidad que está heredando de Sprite. Así:

```
using System;

namespace JuegoBasicoConsola
{
    class EnemigoV:Sprite
    {
        public EnemigoV()
        {
            imagen = "Y";
```

```
                cantidad = 1;//Aquí cambias la cantidad de enemigos que quieres
        }
        public void MoverEnemigoVertical()
        {

            for (int i = 0; i < cantidad; i++)
            {
                coordenadasY[i] += incrementosY[i];

                if (coordenadasY[i] <= 0 || coordenadasY[i] >= 24)
                    incrementosY[i] = -incrementosY[i];
            }
        }
    }
}
```

Evidentemente, con el resto de enemigos tendrías que hacer el mismo proceso. Pero cuidado, según está el código en este momento, no podemos superar el número especificado en la variable cantidad de la clase Sprite. Los arrays están inicializados en el constructor y, por lo tanto, cuando se invoque el método Dibujar() desde la clase Partida ya sea para dibujar los enemigos o los obstáculos, nunca podrán superar en número a lo ya determinado en el constructor. Podemos mejorarlo poniendo listas (using System.Collections.Generic) en lugar de arrays.

12.9. Añadiendo premios

Bueno, sigamos. Parece un buen momento para añadir nuestros premios. Se trata de distribuir aleatoriamente una serie de premios por la pantalla. La nueva clase Premio, de momento, será prácticamente igual que la clase Obstaculo.

```
using System;

namespace JuegoBasicoConsola
{
    class Premio:Sprite
    {
        public Premio()
        {
            imagen = "&";
            cantidad = 2;
        }
    }
}
```

Los cambios que hay que hacer en la clase Partida para que muestre los premios son mínimos: instanciar un objeto de la clase Premio y acceder a través de este nuevo objeto a su método Dibujar().

12.10. Añadiendo el marcador

Ahora, podemos poner un marcador de puntos. Cada vez que colisionemos con un premio podemos sumar 10 puntos, por ejemplo. Para ello vamos a crear una nueva clase Marcador que donde iniciaremos la puntuación a 0 y tendremos un método IncrementarPuntuacion() y otro MostrarPuntuacion(). En la clase Partida instanciaremos un nuevo objeto de Marcador para poder acceder a estos métodos. Además, tendremos que comprobar si hay colisión con un premio para incrementar los puntos.

La nueva clase quedaría así:

```
using System;

namespace JuegoBasicoConsola
{
    class Marcador
    {
        int puntuacion;
        public Marcador()
        {
            puntuacion = 0;
        }

        public void ActualizarMarcador()
        {
            puntuacion += 10;
        }

        public void MostrarMarcador()
        {
            Console.SetCursorPosition(3, 1);
            Console.Write("Puntos: {0}", puntuacion);
        }
    }
}
```

Y la clase Partida así:

```
using System;
using System.Threading;//Para usar thread.sleep

namespace JuegoBasicoConsola
{
    class Partida
    {
        ConsoleKeyInfo tecla;
        int x, y;
        bool seguirJugando;
        Bienvenida bienvenida;
        Obstaculo obstaculo;
        Enemigo enemigo;
        EnemigoV EnemigoV;
        EnemigoD EnemigoD;
        Premio premio;
        Marcador marcador;

        public Partida()
        {
            x = 40;
            y = 12;
            seguirJugando = true;
            bienvenida = new Bienvenida();
            obstaculo = new Obstaculo();
            enemigoH = new Enemigo();
            enemigoV = new EnemigoV();
            enemigoD = new EnemigoD();
            premio = new Premio();
            marcador = new Marcador();
        }
        public void Lanzar()
        {
            while (seguirJugando)
            {
                Console.Clear();
                Console.SetCursorPosition(x, y);

                //Eliminamos el cursor de la pantalla
                Console.CursorVisible = false;

                //Dibujamos en pantalla
                Console.Write("A");
                obstaculo.Dibujar();
                enemigoH.Dibujar();
                enemigoV.Dibujar();
```

```csharp
            enemigoD.Dibujar();
            premio.Dibujar();
            marcador.MostrarMarcador();

            if (Console.KeyAvailable)//Mira si hay alguna tecla disponible
            {
                tecla = Console.ReadKey(false);

                //Nos movemos con teclas sin carácter asociado
                if (tecla.Key == ConsoleKey.RightArrow) x++;
                if (tecla.Key == ConsoleKey.LeftArrow) x--;
                if (tecla.Key == ConsoleKey.DownArrow) y++;
                if (tecla.Key == ConsoleKey.UpArrow) y--;

                //Nos movemos con teclas con carácter asociado
                if (tecla.KeyChar == 'o') x--;
                if (tecla.KeyChar == 'p') x++;
                if (tecla.KeyChar == 'a') y++;
                if (tecla.KeyChar == 'q') y--;
            }


            //Salimos del bucle y, por lo tanto, de la partida
            if (tecla.Key == ConsoleKey.Escape)
            {
                seguirJugando = false;
                bienvenida.Lanzar();
            }

            //Mover enemigos
            enemigoH.MoverEnemigoHorizontal();
            enemigoV.MoverEnemigoVertical();
            enemigoD.MoverEnemigoDiagonal();

            //Limitamos la consola para que el jugador no se pueda salir
            if (x <= 0) x = 0;
            if (x >= 79) x = 79;
            if (y <= 0) y = 0;
            if (y >= 24) y = 24;

            //Vamos a comprobar si hay colisiones
            if (obstaculo.ComprobarColision(x, y) ||
enemigoH.ComprobarColision(x,y) ||
enemigoV.ComprobarColision(x,y)||enemigoD.ComprobarColision(x,y))
            {
                bienvenida.Lanzar();
            }
            if (premio.ComprobarColision(x, y))
            {
                marcador.ActualizarMarcador();
```

```
            }

            //Pausamos los frames 40 ms
            Thread.Sleep(40);
        }
    }
}
}
```

12.11. Más mejoras

Esto ha estado muy bien, pero ahora, si nos situamos encima de un premio podemos sumar de 10 en 10 puntos indefinidamente. Tenemos que hacer que los premios desaparezcan al colisionar con ellos. Podemos crear un array booleano que, cuando está en true se vea el premio en pantalla y podamos sumar puntos y, cuando esté en false lo contrario.

Vamos a redefinir los métodos Dibujar() y ComprobarColision() de la clase Sprite para añadir alguna cosa en la clase Premio. Por lo tanto, tenemos que hacer estos métodos virtuales para después poder sobrescribirlos en la clase Premio.

```
using System;

namespace JuegoBasicoConsola
{
    class Sprite
    {
        Random generador;
        protected int cantidad;
        protected float[] coordenadasX;
        protected float[] coordenadasY;
        protected float[] incrementosX;
        protected float[] incrementosY;
        protected bool[] visible;
        protected string imagen;

        public Sprite()
        {
            generador = new Random();
            cantidad = 10;//número máximo de coordenadas que se crearán
            coordenadasX = new float[cantidad];
            coordenadasY = new float[cantidad];
            incrementosX = new float[cantidad];
            incrementosY = new float[cantidad];
            visible = new bool[cantidad];
```

```csharp
        for (int i = 0; i < cantidad; i++)
        {
            coordenadasX[i] = generador.Next(0, 79);
        }
        for (int i = 0; i < cantidad; i++)
        {
            coordenadasY[i] = generador.Next(0, 24);
        }
        for (int i = 0; i < cantidad; i++)
        {
            incrementosX[i] = (float) generador.NextDouble();
        }
        for (int i = 0; i < cantidad; i++)
        {
            incrementosY[i] = (float) generador.NextDouble();
        }
        for (int i = 0; i < cantidad; i++)
        {
            visible[i] = true;
        }
    }

    public virtual void Dibujar()
    {
        for (int i = 0; i < cantidad; i++)
        {
            Console.SetCursorPosition((int) coordenadasX[i], (int)
coordenadasY[i]);
            Console.Write(imagen);
        }
    }

    public virtual bool ComprobarColision(int x, int y)
    {
        bool hayColision = false;
        for (int i = 0; i < cantidad; i++)
        {
            if ((int) coordenadasX[i] == x && (int) coordenadasY[i] == y)
hayColision = true;
        }
        return hayColision;
    }
}
}
```

En la clase Premio sobrescribimos los métodos virtuales Dibujar() y ComprobarColision() para añadir el nuevo array visible. Si está en *true* se podrá ver en pantalla y sumará 10 puntos, si no, no.

```csharp
using System;

namespace JuegoBasicoConsola
{
    class Premio:Sprite
    {
        public Premio()
        {
            imagen = "&";
            cantidad = 2;
        }

        public override void Dibujar()
        {
            for (int i = 0; i < cantidad; i++)
            {
                if (visible[i] == true)
                {
                    Console.SetCursorPosition((int)coordenadasX[i], (int)
coordenadasY[i]);
                    Console.Write(imagen);
                }
            }
        }

        public override bool ComprobarColision(int x, int y)
        {
            for (int i = 0; i < cantidad; i++)
            {
                if ((int)coordenadasX[i] == x && (int)coordenadasY[i] == y &&
visible[i]==true)
                {
                    visible[i] = false;
                    return true;
                }
            }
            return false;
        }
    }
}
```

Tener una vida parece poca cosa. Mejor tener 3, ¿no? ¡Vamos con ello!

Podemos aprovechar la clase Marcador para añadir vidas. Añadimos un método ActualizarVidas() para restar una cuando colisionemos con un enemigo u obstáculo y una propiedad Vidas para devolver el número de vidas restante. Quedaría así:

```csharp
using System;

namespace JuegoBasicoConsola
{
    class Marcador
    {
        int puntuacion;
        int vidas;
        public Marcador()
        {
            puntuacion = 0;
            vidas = 3;
        }

        public void ActualizarPuntuacion()
        {
            puntuacion += 10;
        }

        public void ActualizarVidas()
        {
            vidas--;
        }

        public int Vidas
        {
            get
            {
                return vidas;
            }
        }

        public void MostrarMarcador()
        {
            Console.SetCursorPosition(3, 1);
            Console.Write("Puntos: {0}\tVidas: {1}", puntuacion, vidas);
        }
    }
}
```

Ahora, en la clase Partida, cuando comprobemos colisiones, habrá que llamar al método ActualizarVidas() en vez de salir del juego. Sin embargo, si número de vidas = 0 sí habrá que salir del juego.

También tenemos que reiniciar la posición del jugador cuando pierde una vida. Empezaremos en las coordenadas x=40 y y=12 otra vez.

```csharp
using System;
using System.Threading;//Para usar thread.sleep

namespace JuegoBasicoConsola
{
    class Partida
    {
        ConsoleKeyInfo tecla;
        int x, y;
        bool seguirJugando;
        Bienvenida bienvenida;
        Obstaculo obstaculo;
        Enemigo enemigoH;
        EnemigoV enemigoV;
        EnemigoD enemigoD;
        Premio premio;
        Marcador marcador;

        public Partida()
        {
            x = 40;
            y = 12;
            seguirJugando = true;
            bienvenida = new Bienvenida();
            obstaculo = new Obstaculo();
            enemigoH = new Enemigo();
            enemigoV = new EnemigoV();
            enemigoD = new EnemigoD();
            premio = new Premio();
            marcador = new Marcador();
        }
        public void Lanzar()
        {
            while (seguirJugando)
            {
                Console.Clear();
                Console.SetCursorPosition(x, y);

                //Eliminamos el cursor de la pantalla
                Console.CursorVisible = false;

                //Dibujamos en pantalla
                Console.Write("A");
                obstaculo.Dibujar();
                enemigo.Dibujar();
                EnemigoV.Dibujar();
                EnemigoD.Dibujar();
                premio.Dibujar();
                marcador.MostrarMarcador();
```

```csharp
if (Console.KeyAvailable)//Mira si hay alguna tecla disponible
{
    tecla = Console.ReadKey(false);

    //Nos movemos con teclas sin carácter asociado
    if (tecla.Key == ConsoleKey.RightArrow) x++;
    if (tecla.Key == ConsoleKey.LeftArrow) x--;
    if (tecla.Key == ConsoleKey.DownArrow) y++;
    if (tecla.Key == ConsoleKey.UpArrow) y--;

    //Nos movemos con teclas con carácter asociado
    if (tecla.KeyChar == 'o') x--;
    if (tecla.KeyChar == 'p') x++;
    if (tecla.KeyChar == 'a') y++;
    if (tecla.KeyChar == 'q') y--;
}


//Salimos del bucle y, por lo tanto, de la partida
if (tecla.Key == ConsoleKey.Escape)
{
    seguirJugando = false;
    bienvenida.Lanzar();
}

//Mover enemigos
enemigoH.MoverEnemigoHorizontal();
enemigoV.MoverEnemigoVertical();
enemigoD.MoverEnemigoDiagonal();

//Limitamos la consola para que el jugador no se pueda salir
if (x <= 0) x = 0;
if (x >= 79) x = 79;
if (y <= 0) y = 0;
if (y >= 24) y = 24;

//Vamos a comprobar si hay colisiones
if (obstaculo.ComprobarColision(x, y)||enemigoH.
ComprobarColision(x,y)|| enemigoV.ComprobarColision(x,y)||enemigoD.
ComprobarColision(x,y))
{
    marcador.ActualizarVidas();
    x = 40;
    y = 12;
}

if (marcador.Vidas==0) bienvenida.Lanzar();

if (premio.ComprobarColision(x, y))
{
```

```
                marcador.ActualizarPuntuacion();
            }

            //Pausamos los frames 40 ms
            Thread.Sleep(40);
        }
    }
  }
}
```

12.12. Añadiendo colores

El juego empieza a ser jugable, pero es bastante soso. ¿Qué tal si introducimos colores?

Tenemos varios colores disponibles. Tenemos que trabajar con un tipo de datos llamado ConsoleColor. Se cambia el color de escritura con la propiedad Console.ForegroundColor, y del fondo con Console.BackgroundColor.

Hay que definir una variable ConsoleColor en la clase Sprite para que todos sus hijos la hereden y puedan inicializar, cada uno en su constructor, un color para su imagen.

Si queremos, también lo podemos hacer con los menús de las clases Bienvenida y Reglas.

La clase Bienvenida quedaría así:

```
using System;

namespace JuegoBasicoConsola
{
    class Bienvenida
    {

        public void Lanzar()
        {
            Partida partida = new Partida();
            Reglas reglas = new Reglas();
            string opcion = "";

            while ((opcion != "1") && (opcion != "2") && (opcion != "3"))
            {
                //Mostramos el menú
                Console.Clear();
                Console.ForegroundColor = ConsoleColor.Cyan;
                Console.SetCursorPosition(25, 8);
```

```
                    Console.Write("BIENVENIDO A JUEGO BÁSICO");
                    Console.ForegroundColor = ConsoleColor.Yellow;
                    Console.SetCursorPosition(25, 11);
                    Console.Write("1) Jugar partida");
                    Console.SetCursorPosition(25, 12);
                    Console.Write("2) Reglas del juego");
                    Console.SetCursorPosition(25, 13);
                    Console.Write("3) Salir");
                    Console.SetCursorPosition(25, 14);
                    Console.Write("Elige una opción: ");

                    opcion = Console.ReadLine();

                    switch (opcion)
                    {
                        case "1":
                            partida.Lanzar();
                            break;
                        case "2":
                            reglas.MostrarReglas();
                            break;
                        case "3":
                            Environment.Exit(0);
                            break;
                        default:
                            Console.SetCursorPosition(17, 19);
                            Console.Write("'{0}' no es una opción válida. Pulsa
Intro.", opcion);

                            Console.ReadLine();
                            break;
                    }

                }
            }
        }
}
```

Y la clase Reglas así:

```
using System;

namespace JuegoBasicoConsola
{
    class Reglas
    {
        Bienvenida bienvenida = new Bienvenida();
        Partida partida = new Partida();
```

```csharp
        string opcion = "";
        public void MostrarReglas()
        {
            while (true)
            {
                Console.Clear();
                Console.ForegroundColor = ConsoleColor.Yellow;
                Console.SetCursorPosition(25, 8);
                Console.Write("REGLAS DEL JUEGO");
                Console.ForegroundColor = ConsoleColor.Red;
                Console.SetCursorPosition(25, 11);
                Console.Write("1) Jugar partida");
                Console.SetCursorPosition(25, 12);
                Console.Write("2) Volver a la pantalla de bienvenida");
                Console.SetCursorPosition(25, 14);
                Console.Write("Elige una opción: ");

                opcion = Console.ReadLine();

                switch (opcion)
                {
                    case "1":
                        partida.Lanzar();
                        break;
                    case "2":
                        bienvenida.Lanzar();
                        break;
                    default:
                        Console.SetCursorPosition(17, 19);
                        Console.Write("'{0}' no es una opción válida. Pulsa
Intro.", opcion);

                        Console.ReadLine();
                        break;
                }
            }
        }
}
```

La clase Sprite:

```csharp
using System;

namespace JuegoBasicoConsola
{
    class Sprite
    {
        Random generador;
```

```csharp
        protected int cantidad;
        protected float[] coordenadasX;
        protected float[] coordenadasY;
        protected float[] incrementosX;
        protected float[] incrementosY;
        protected bool[] visible;
        protected string imagen;
        protected ConsoleColor color;

        public Sprite()
        {
            generador = new Random();
            cantidad = 10;//número máximo de coordenadas que se crearán
            coordenadasX = new float[cantidad];
            coordenadasY = new float[cantidad];
            incrementosX = new float[cantidad];
            incrementosY = new float[cantidad];
            visible = new bool[cantidad];
            for (int i = 0; i < cantidad; i++)
            {
                coordenadasX[i] = generador.Next(0, 79);
            }
            for (int i = 0; i < cantidad; i++)
            {
                coordenadasY[i] = generador.Next(0, 24);
            }
            for (int i = 0; i < cantidad; i++)
            {
                incrementosX[i] = (float) generador.NextDouble();
            }
            for (int i = 0; i < cantidad; i++)
            {
                incrementosY[i] = (float) generador.NextDouble();
            }
            for (int i = 0; i < cantidad; i++)
            {
                visible[i] = true;
            }
        }

        public virtual void Dibujar()
        {
            for (int i = 0; i < cantidad; i++)
            {
                Console.ForegroundColor = color;
                Console.SetCursorPosition((int) coordenadasX[i], (int)
coordenadasY[i]);
                Console.Write(imagen);
            }
        }
```

```
        public virtual bool ComprobarColision(int x, int y)
        {
            bool hayColision = false;
            for (int i = 0; i < cantidad; i++)
            {
                if ((int) coordenadasX[i] == x && (int) coordenadasY[i] == y)
hayColision = true;
            }
            return hayColision;
        }
    }
}
```

La clase Premio:

```
using System;

namespace JuegoBasicoConsola
{
    class Premio:Sprite
    {
        public Premio()
        {
            imagen = "&";
            cantidad = 2;
            color = ConsoleColor.Green;
        }

        public override void Dibujar()
        {
            for (int i = 0; i < cantidad; i++)
            {
                if (visible[i] == true)
                {
                    Console.ForegroundColor = color;
                    Console.SetCursorPosition((int)coordenadasX[i], (int)
coordenadasY[i]);
                    Console.Write(imagen);
                }
            }
        }

        public override bool ComprobarColision(int x, int y)
        {
            for (int i = 0; i < cantidad; i++)
            {
                if ((int)coordenadasX[i] == x && (int)coordenadasY[i] == y &&
```

```
            visible[i]==true)
                    {
                        visible[i] = false;
                        return true;
                    }
            }
            return false;
        }
    }
}
```

La clase Marcador:

```
using System;

namespace JuegoBasicoConsola
{
    class Marcador
    {
        int puntuacion;
        int vidas;
        public Marcador()
        {
            puntuacion = 0;
            vidas = 3;
        }

        public void ActualizarPuntuacion()
        {
            puntuacion += 10;
        }

        public void ActualizarVidas()
        {
            vidas--;
        }

        public int Vidas
        {
            get
            {
                return vidas;
            }
        }

        public void MostrarMarcador()
        {
```

```
            Console.ForegroundColor = ConsoleColor.Yellow;
            Console.SetCursorPosition(3, 1);
            Console.Write("Puntos: {0}\tVidas: {1}", puntuacion, vidas);
        }
    }
}
```

El resto de hijos de Sprite: Obstaculo, EnemigoH, EnemigoV y EnemigoD solo
añaden la línea color=ConsoleColor.Cyan/Yellow/Green... en sus constructores
para que, cuando se les invoque, dibujen sus objetos con ese color.

Las clases Juego y Partida permanecen igual.

12.13. Limpiando el código

La clase Partida, aunque es pequeña, está bastante desordenada. No es normal
que tengamos los movimientos del jugador en esta clase. De hecho, jugador debería tener su propia clase (como se dijo en el diagrama de clases). Además, el
bucle *while* se debería limitar a hacer llamadas a métodos, para que el código sea
más legible. Así, deberíamos añadir métodos como ComprobarColisiones() o Di-
bujarEnPantalla().

Vamos a ver cómo queda:

```
using System;
using System.Threading;

namespace JuegoBasicoConsola
{
    class Partida
    {
        Obstaculo obstaculo;
        EnemigoH enemigoH;
        EnemigoV enemigoV;
        EnemigoD enemigoD;
        Premio premio;
        Marcador marcador;
        Jugador jugador;

        public Partida()
        {
            obstaculo = new Obstaculo();
            enemigoH = new Enemigo();
            enemigoV = new EnemigoV();
            enemigoD = new EnemigoD();
```

```csharp
        premio = new Premio();
        marcador = new Marcador();
        jugador = new Jugador();
    }
    public void Lanzar()
    {
        while (true)
        {
            DibujarEnPantalla();
            Mover();
            ComprobarColisiones();
            PausarFrame();
        }
    }

    public void DibujarEnPantalla()
    {
        Console.Clear();
        Console.CursorVisible = false;
        obstaculo.Dibujar();
        enemigoH.Dibujar();
        enemigoV.Dibujar();
        enemigoD.Dibujar();
        premio.Dibujar();
        marcador.MostrarMarcador();
        jugador.Dibujar();
    }
    public void Mover()
    {
        jugador.ComprobarTeclaYMover();
        enemigoH.MoverEnemigoHorizontal();
        enemigoV.MoverEnemigoVertical();
        enemigoD.MoverEnemigoDiagonal();
    }
    public void ComprobarColisiones()
    {
        if (obstaculo.ComprobarColision(jugador.X, jugador.Y)
            || enemigoH.ComprobarColision(jugador.X, jugador.Y)
            || enemigoV.ComprobarColision(jugador.X, jugador.Y)
            || enemigoD.ComprobarColision(jugador.X, jugador.Y))
        {
            marcador.ActualizarVidas();
            jugador = new Jugador();
        }
        if (premio.ComprobarColision(jugador.X, jugador.Y))
        {
            marcador.ActualizarPuntuacion();
        }
        if (marcador.Vidas == 0) Bienvenida.Lanzar();
    }
```

```
        public void PausarFrame()
        {
            Thread.Sleep(40);
        }
    }
}
```

A simple vista se ve que está mucho más ordenada. Se ha descargado el bucle principal del juego y se han creado métodos que hace cosas muy concretas. Además, se ha creado la clase Jugador que heredará de la clase base Sprite. Ahora sí tiene sentido esta distribución.

Se han creado dos propiedades (X e Y) para que la clase Partida pueda seguir comprobando las colisiones con respecto al jugador. Ahora esta clase también se encargará de su movimiento. La clase Jugador quedaría así:

```
using System;

namespace JuegoBasicoConsola
{
    class Jugador:Sprite
    {
        ConsoleKeyInfo tecla;
        public Jugador()
        {
            x = 40;
            y = 12;
            imagen = "A";
            color = ConsoleColor.Yellow;
        }
        public int X { get { return x;}}
        public int Y { get { return y;}}

        public void ComprobarTeclaYMover()
        {
            if (Console.KeyAvailable)
            {
                tecla = Console.ReadKey(false);

                if (tecla.Key == ConsoleKey.RightArrow) x++;
                if (tecla.Key == ConsoleKey.LeftArrow) x--;
                if (tecla.Key == ConsoleKey.DownArrow) y++;
                if (tecla.Key == ConsoleKey.UpArrow) y--;
                if (tecla.Key == ConsoleKey.Escape) Bienvenida.Lanzar();

                if (tecla.KeyChar == 'o') x--;
```

```
                    if (tecla.KeyChar == 'p') x++;
                    if (tecla.KeyChar == 'a') y++;
                    if (tecla.KeyChar == 'q') y--;
                }
                LimitarPantalla();
            }
            public override void Dibujar()
            {
                Console.ForegroundColor = color;
                Console.SetCursorPosition(x, y);
                Console.Write(imagen);
            }
            public void LimitarPantalla()
            {
                if (x <= 0) x = 0;
                if (x >= 79) x = 79;
                if (y <= 0) y = 0;
                if (y >= 24) y = 24;
            }
        }
}
```

12.14. Añadiendo niveles

Falta solo pensar cómo acabar el juego. Podemos poner niveles. Vamos a hacer que, cuando ya no queden premios en la pantalla, se reinicien a *true* y vuelvan a aparecer todos. Entonces, subiremos de nivel y de dificultad incrementando el número de los enemigos, por ejemplo, de uno en uno. Al final ganará el que más puntos consiga.

En la clase Marcador añadimos un método SubirNivel() para que al reiniciar los premios también subamos de nivel. La clase quedaría así:

```
using System;

namespace JuegoBasicoConsola
{
    class Marcador
    {
        int puntuacion;
        int vidas;
        int nivel;
        public Marcador()
        {
            puntuacion = 0;
```

```
        vidas = 3;
        nivel = 1;
    }

    public void ActualizarPuntuacion()
    {
        puntuacion += 10;
    }

    public void ActualizarVidas()
    {
        vidas--;
    }

    public void SubirNivel()
    {
        nivel++;
    }

    public int Vidas
    {
        get
        {
            return vidas;
        }
    }

    public void MostrarMarcador()
    {
        Console.ForegroundColor = ConsoleColor.Yellow;
        Console.SetCursorPosition(2, 1);
        Console.Write("Puntos: {0}  Vidas: {1}  Nivel: {2}", puntuacion,
vidas, nivel);
    }
  }
}
```

La clase Premio también se modifica para que se reinicien cuando están todos en *false*. Para ello se ha definido una nueva variable (numPremios) que se iniciará con el valor de la variable cantidad y se irá decrementando según vayamos recogiendo premios. Cuando la variable numPremios esté en 0 se reiniciarán tanto los arrays de coordenadas como el booleano visible.

La clase Premio quedaría así:

```csharp
using System;

namespace JuegoBasicoConsola
{
    class Premio:Sprite
    {
        int numPremios;
        public Premio()
        {
            imagen = "&";
            cantidad = 2;
            color = ConsoleColor.Green;
            numPremios = cantidad;
        }

        public int NumPremios { get { return numPremios; } }

        public override void Dibujar()
        {
            for (int i = 0; i < cantidad; i++)
            {
                if (visible[i] == true)
                {
                    Console.ForegroundColor = color;
                    Console.SetCursorPosition((int)coordenadasX[i], (int)
coordenadasY[i]);
                    Console.Write(imagen);
                }
            }
        }

        public override bool ComprobarColision(int x, int y)
        {
            for (int i = 0; i < cantidad; i++)
            {
                if ((int)coordenadasX[i] == x && (int)coordenadasY[i] == y &&
visible[i]==true)
                {
                    visible[i] = false;
                    numPremios--;
                    return true;
                }
            }
            return false;
        }

        public void ReiniciarArrayPremios()
        {
            if (numPremios == 0)
```

```
        {
            for (int i = 0; i < cantidad; i++)
            {
                coordenadasX[i] = generador.Next(0, 79);
            }
            for (int i = 0; i < cantidad; i++)
            {
                coordenadasY[i] = generador.Next(0, 24);
            }
            for (int i = 0; i < cantidad; i++)
            {
                visible[i] = true;
                numPremios = cantidad;
            }

        }
    }
}
}
```

La clase Partida la hemos vuelto a retocar para añadir a la lógica estos nuevos cambios. Ahora, cuando comprobamos que la variable numPremios está a 0, reiniciaremos los premios, subiremos el nivel y el número de enemigos.

La clase partida quedaría así:

```
using System;
using System.Threading;

namespace JuegoBasicoConsola
{
    class Partida
    {
        Obstaculo obstaculo;
        EnemigoH enemigoH;
        EnemigoV enemigoV;
        EnemigoD enemigoD;
        Premio premio;
        Marcador marcador;
        Jugador jugador;

        public Partida()
        {
            obstaculo = new Obstaculo();
            enemigoH = new EnemigoH();
            enemigoV = new EnemigoV();
            enemigoD = new EnemigoD();
```

```csharp
        premio = new Premio();
        marcador = new Marcador();
        jugador = new Jugador();
    }
    public void Lanzar()
    {
        while (true)
        {
            DibujarEnPantalla();
            Mover();
            ComprobarColisiones();
            ComprobarPremios();
            PausarFrame();
        }
    }
    public void DibujarEnPantalla()
    {
        Console.Clear();
        Console.CursorVisible = false;
        obstaculo.Dibujar();
        enemigoH.Dibujar();
        enemigoV.Dibujar();
        enemigoD.Dibujar();
        premio.Dibujar();
        marcador.MostrarMarcador();
        jugador.Dibujar();
    }
    public void Mover()
    {
        jugador.ComprobarTeclaYMover();
        enemigoH.MoverEnemigoHorizontal();
        enemigoV.MoverEnemigoVertical();
        enemigoD.MoverEnemigoDiagonal();
    }
    public void ComprobarColisiones()
    {
        if (obstaculo.ComprobarColision(jugador.X, jugador.Y)
            || enemigoH.ComprobarColision(jugador.X, jugador.Y)
            || enemigoV.ComprobarColision(jugador.X, jugador.Y)
            || enemigoD.ComprobarColision(jugador.X, jugador.Y))
        {
            marcador.ActualizarVidas();
            jugador = new Jugador();
        }
        if (marcador.Vidas == 0) Bienvenida.Lanzar();
    }
    public void ComprobarPremios()
    {
        if (premio.ComprobarColision(jugador.X, jugador.Y))
        {
```

```
                marcador.ActualizarPuntuacion();
            }
            if (premio.NumPremios == 0)
            {
                premio.ReiniciarArrayPremios();
                enemigoH.Cantidad++;
                enemigoV.Cantidad++;
                enemigoD.Cantidad++;
                marcador.SubirNivel();
            }
        }
        public void PausarFrame()
        {
            Thread.Sleep(40);
        }
    }
}
```

12.15. Finalizando el juego

He cambiado el método Lanzar de la clase Bienvenida para hacerlo estático (static) siendo innecesario instanciar objetos para acceder a este método.

Por otro lado, al subir de nivel hay que incrementar el número de enemigos. Esto lo podemos hacer creando propiedades en las clases Enemigo para que, desde la clase Partida (que es la que lleva la lógica) se pueda incrementar el número una vez se ha detectado que no quedan premios en la pantalla.

El código completo quedaría de la siguiente forma:

```
using System;

namespace JuegoBasicoConsola
{
    public class Juego
    {
        public static void Main()
        {
            Bienvenida.Lanzar();
        }
    }
}
```

```csharp
using System;

namespace JuegoBasicoConsola
{
    class Bienvenida
    {
        public static void Lanzar()
        {
            Partida partida = new Partida();
            Reglas reglas = new Reglas();
            string opcion = "";

            while ((opcion != "1") && (opcion != "2") && (opcion != "3"))
            {
                Console.Clear();
                Console.ForegroundColor = ConsoleColor.Cyan;
                Console.SetCursorPosition(25, 8);
                Console.Write("BIENVENIDO A JUEGO BÁSICO");
                Console.ForegroundColor = ConsoleColor.Yellow;
                Console.SetCursorPosition(25, 11);
                Console.Write("1) Jugar partida");
                Console.SetCursorPosition(25, 12);
                Console.Write("2) Reglas del juego");
                Console.SetCursorPosition(25, 13);
                Console.Write("3) Salir");
                Console.SetCursorPosition(25, 14);
                Console.Write("Elige una opción: ");

                opcion = Console.ReadLine();

                switch (opcion)
                {
                    case "1":
                        partida.Lanzar();
                        break;
                    case "2":
                        reglas.MostrarReglas();
                        break;
                    case "3":
                        Environment.Exit(0);
                        break;
                    default:
                        Console.SetCursorPosition(17, 19);
                        Console.Write("'{0}' no es una opción válida. Pulsa
Intro.", opcion);
                        Console.ReadLine();
                        break;
                }
            }
        }
    }
}
```

```
using System;

namespace JuegoBasicoConsola
{
    class Reglas
    {
        Partida partida = new Partida();
        string opcion = "";
        public void MostrarReglas()
        {
            while (true)
            {
                Console.Clear();
                Console.ForegroundColor = ConsoleColor.Yellow;
                Console.SetCursorPosition(25, 8);
                Console.Write("REGLAS DEL JUEGO");
                Console.ForegroundColor = ConsoleColor.Red;
                Console.SetCursorPosition(25, 11);
                Console.Write("1) Jugar partida");
                Console.SetCursorPosition(25, 12);
                Console.Write("2) Volver a la pantalla de bienvenida");
                Console.SetCursorPosition(25, 14);
                Console.Write("Elige una opción: ");

                opcion = Console.ReadLine();

                switch (opcion)
                {
                    case "1":
                        partida.Lanzar();
                        break;
                    case "2":
                        Bienvenida.Lanzar();
                        break;
                    default:
                        Console.SetCursorPosition(17, 19);
                        Console.Write("'{0}' no es una opción válida. Pulsa
Intro.", opcion);

                        Console.ReadLine();
                        break;
                }
            }
        }
    }
}
```

```csharp
using System;
using System.Threading;

namespace JuegoBasicoConsola
{
    class Partida
    {
        Obstaculo obstaculo;
        EnemigoH enemigoH;
        EnemigoV enemigoV;
        EnemigoD enemigoD;
        Premio premio;
        Marcador marcador;
        Jugador jugador;

        public Partida()
        {
            obstaculo = new Obstaculo();
            enemigoH = new EnemigoH();
            enemigoV = new EnemigoV();
            enemigoD = new EnemigoD();
            premio = new Premio();
            marcador = new Marcador();
            jugador = new Jugador();
        }
        public void Lanzar()
        {
            while (true)
            {
                DibujarEnPantalla();
                Mover();
                ComprobarColisiones();
                ComprobarPremios();
                PausarFrame();
            }
        }
        public void DibujarEnPantalla()
        {
            Console.Clear();
            Console.CursorVisible = false;
            obstaculo.Dibujar();
            enemigoH.Dibujar();
            enemigoV.Dibujar();
            enemigoD.Dibujar();
            premio.Dibujar();
            marcador.MostrarMarcador();
            jugador.Dibujar();
        }
        public void Mover()
```

```
        {
            jugador.ComprobarTeclaYMover();
            enemigoH.MoverEnemigoHorizontal();
            enemigoV.MoverEnemigoVertical();
            enemigoD.MoverEnemigoDiagonal();
        }
        public void ComprobarColisiones()
        {
            if (obstaculo.ComprobarColision(jugador.X, jugador.Y)
                || enemigoH.ComprobarColision(jugador.X, jugador.Y)
                || enemigoV.ComprobarColision(jugador.X, jugador.Y)
                || enemigoD.ComprobarColision(jugador.X, jugador.Y))
            {
                marcador.ActualizarVidas();
                jugador = new Jugador();
            }
            if (marcador.Vidas == 0) Bienvenida.Lanzar();
        }
        public void ComprobarPremios()
        {
            if (premio.ComprobarColision(jugador.X, jugador.Y))
            {
                marcador.ActualizarPuntuacion();
            }
            if (premio.NumPremios == 0)
            {
                premio.ReiniciarArrayPremios();
                enemigoH.Cantidad++;
                enemigoV.Cantidad++;
                enemigoD.Cantidad++;
                marcador.SubirNivel();
            }
        }
        public void PausarFrame()
        {
            Thread.Sleep(40);
        }
    }
}
```

```
using System;

namespace JuegoBasicoConsola
{
    class Sprite
    {
        protected Random generador;
```

```csharp
protected int cantidad;
protected int x, y;
protected float[] coordenadasX;
protected float[] coordenadasY;
protected float[] incrementosX;
protected float[] incrementosY;
protected bool[] visible;
protected string imagen;
protected ConsoleColor color;

public Sprite()
{
    generador = new Random();
    cantidad = 20;//número máximo de coordenadas que se crearán
    coordenadasX = new float[cantidad];
    coordenadasY = new float[cantidad];
    incrementosX = new float[cantidad];
    incrementosY = new float[cantidad];
    visible = new bool[cantidad];
    for (int i = 0; i < cantidad; i++)
    {
        coordenadasX[i] = generador.Next(0, 79);
    }
    for (int i = 0; i < cantidad; i++)
    {
        coordenadasY[i] = generador.Next(0, 24);
    }
    for (int i = 0; i < cantidad; i++)
    {
        incrementosX[i] = (float) generador.NextDouble();
    }
    for (int i = 0; i < cantidad; i++)
    {
        incrementosY[i] = (float) generador.NextDouble();
    }
    for (int i = 0; i < cantidad; i++)
    {
        visible[i] = true;
    }
}
public int Cantidad
{
    get
    {
        return cantidad;
    }
    set
    {
        cantidad = value;
    }
```

```
        }
        public virtual void Dibujar()
        {
            for (int i = 0; i < cantidad; i++)
            {
                Console.ForegroundColor = color;
                Console.SetCursorPosition((int) coordenadasX[i], (int)
coordenadasY[i]);
                Console.Write(imagen);
            }
        }

        public virtual bool ComprobarColision(int x, int y)
        {
            bool hayColision = false;
            for (int i = 0; i < cantidad; i++)
            {
                if ((int) coordenadasX[i] == x && (int) coordenadasY[i] == y)
hayColision = true;
            }
            return hayColision;
        }
    }
}
```

```
using System;

namespace JuegoBasicoConsola
{
    class Jugador:Sprite
    {
        ConsoleKeyInfo tecla;
        public Jugador()
        {
            x = 40;
            y = 12;
            imagen = "A";
            color = ConsoleColor.Yellow;
        }
        public int X { get { return x;}}
        public int Y { get { return y;}}

        public void ComprobarTeclaYMover()
        {
            if (Console.KeyAvailable)
            {
                tecla = Console.ReadKey(false);
```

```csharp
                        if (tecla.Key == ConsoleKey.RightArrow) x++;
                        if (tecla.Key == ConsoleKey.LeftArrow) x--;
                        if (tecla.Key == ConsoleKey.DownArrow) y++;
                        if (tecla.Key == ConsoleKey.UpArrow) y--;
                        if (tecla.Key == ConsoleKey.Escape) Bienvenida.Lanzar();

                        if (tecla.KeyChar == 'o') x--;
                        if (tecla.KeyChar == 'p') x++;
                        if (tecla.KeyChar == 'a') y++;
                        if (tecla.KeyChar == 'q') y--;
                    }
                    LimitarPantalla();
                }
            public override void Dibujar()
            {
                Console.ForegroundColor = color;
                Console.SetCursorPosition(x, y);
                Console.Write(imagen);
            }
            public void LimitarPantalla()
            {
                if (x <= 0) x = 0;
                if (x >= 79) x = 79;
                if (y <= 0) y = 0;
                if (y >= 24) y = 24;
            }
        }
    }
}
```

```csharp
using System;

namespace JuegoBasicoConsola
{
    class Premio:Sprite
    {
        int numPremios;
        public Premio()
        {
            imagen = "&";
            cantidad = 2;
            color = ConsoleColor.Green;
            numPremios = cantidad;
        }

        public int NumPremios { get { return numPremios; } }

        public override void Dibujar()
        {
```

```csharp
        for (int i = 0; i < cantidad; i++)
        {
            if (visible[i] == true)
            {
                Console.ForegroundColor = color;
                Console.SetCursorPosition((int)coordenadasX[i], (int)
coordenadasY[i]);

                Console.Write(imagen);
            }
        }
    }

    public override bool ComprobarColision(int x, int y)
    {
        for (int i = 0; i < cantidad; i++)
        {
            if ((int)coordenadasX[i] == x && (int)coordenadasY[i] == y &&
visible[i]==true)
            {
                visible[i] = false;
                numPremios--;
                return true;
            }
        }
        return false;
    }

    public void ReiniciarArrayPremios()
    {
        if (numPremios == 0)
        {
            for (int i = 0; i < cantidad; i++)
            {
                coordenadasX[i] = generador.Next(0, 79);
            }
            for (int i = 0; i < cantidad; i++)
            {
                coordenadasY[i] = generador.Next(0, 24);
            }
            for (int i = 0; i < cantidad; i++)
            {
                visible[i] = true;
                numPremios = cantidad;
            }
        }
    }
}
}
```

```csharp
using System;

namespace JuegoBasicoConsola
{
    class EnemigoH:Sprite
    {

        public EnemigoH()
        {
            imagen = "X";
            cantidad = 7;
            color = ConsoleColor.Red;
        }
        public void MoverEnemigoHorizontal()
        {

            for (int i = 0; i < cantidad; i++)
            {
                coordenadasX[i] += incrementosX[i];

                if (coordenadasX[i] <= 0 || coordenadasX[i] >= 79)
                    incrementosX[i] = -incrementosX[i];
            }
        }
    }
}
```

```csharp
using System;

namespace JuegoBasicoConsola
{
    class EnemigoV:Sprite
    {
        public EnemigoV()
        {
            imagen = "Y";
            cantidad = 1;
            color = ConsoleColor.Cyan;
        }
        public void MoverEnemigoVertical()
        {

            for (int i = 0; i < cantidad; i++)
            {
                coordenadasY[i] += incrementosY[i];

                if (coordenadasY[i] <= 0 || coordenadasY[i] >= 24)
```

```
                    incrementosY[i] = -incrementosY[i];
                }
            }
        }
    }
}
```

```csharp
using System;

namespace JuegoBasicoConsola
{
    class EnemigoD:Sprite
    {
        public EnemigoD()
        {
            imagen = "@";
            cantidad = 3;
            color = ConsoleColor.White;
        }
        public void MoverEnemigoDiagonal()
        {
            for (int i = 0; i < cantidad; i++)
            {
                coordenadasY[i] += incrementosY[i];
                coordenadasX[i] += incrementosX[i];

                if (coordenadasY[i] <= 0 || coordenadasY[i] >= 24)
                    incrementosY[i] = -incrementosY[i];
                if (coordenadasX[i] <= 0 || coordenadasX[i] >= 79)
                    incrementosX[i] = -incrementosX[i];
            }
        }
    }
}
```

```csharp
using System;

namespace JuegoBasicoConsola
{
    class Obstaculo:Sprite
    {
        public Obstaculo()
        {
            imagen = "O";
            cantidad = 1;
            color = ConsoleColor.Magenta;
        }
    }
}
```

```csharp
using System;

namespace JuegoBasicoConsola
{
    class Marcador
    {
        int puntuacion;
        int vidas;
        int nivel;
        public Marcador()
        {
            puntuacion = 0;
            vidas = 3;
            nivel = 1;
        }

        public void ActualizarPuntuacion()
        {
            puntuacion += 10;
        }

        public void ActualizarVidas()
        {
            vidas--;
        }

        public void SubirNivel()
        {
            nivel++;
        }

        public int Vidas
        {
            get
            {
                return vidas;
            }
        }

        public void MostrarMarcador()
        {
            Console.ForegroundColor = ConsoleColor.Yellow;
            Console.SetCursorPosition(2, 1);
            Console.Write("Puntos: {0}  Vidas: {1}  Nivel: {2}", puntuacion,
vidas, nivel);
        }
    }
}
```

Se podrían hacer algunas mejoras como que ningún obstáculo ni enemigo aparezca en los ejes x=40 e y=12 para no quitar vidas a nuestro personaje nada más empezar. También es posible que un premio, de forma aleatoria se sitúe en el mismo sitio que un obstáculo o que el marcador. Habría que evitar esta posibilidad. Otra cosa que podemos hacer es crear una clasificación para las mejores puntuaciones. También podríamos serializar el juego para que guarde el estado de nuestra partida y el ranking de las mejores puntuaciones. Pero bueno, eso ya lo haremos en otra ocasión...

CLASES ABSTRACTAS E INTERFACES

Ahora que hemos desarrollado nuestro primer juego, vamos a ver unos conceptos un poco más avanzados.

13.1. Clases abstractas

En el mundo real, una abstracción es un pensamiento, algo que no se puede materializar, no se puede tocar, es decir, solo existe en el mundo de las ideas. Trasladando este concepto a la programación orientada a objetos, la abstracción sería una clase en la que no se puedan definir correctamente objetos, es decir, *una clase abstracta es aquella sobre la que no vamos a instanciar objetos.*

Me explico: en una clase tratamos de definir un objeto a través de sus atributos (campos y propiedades) y las acciones que puede realizar (métodos). Así, si hablamos de una puerta, podríamos establecer unos atributos como la altura, la anchura, el color o el peso, ya que todas las puertas que existen tienen estos atributos. También podríamos establecer que las acciones que realizan las puertas (sus métodos) son abrir y cerrar. Y no hay margen de duda. Todas las puertas hacen esto.

Ahora bien, si tratamos de definir algunos objetos abstractos, vamos a tener problemas. ¿Cómo definirías un animal, por ejemplo? Si te fijas, hay características que no se pueden terminar de definir al pensar en un animal "genérico".

Por este motivo, al tratar de definir el concepto animal, nos encontramos con abstracciones en algunos atributos o acciones, es decir, al definirlos no llegamos a mucho detalle, porque hay muchos animales distintos con atributos muy diferentes.

Otra manera de descubrir si animal es una abstracción es pensar en uno. ¿Qué imagen se te viene a la cabeza? Lo que estás pensando es una concreción de un animal: un perro, un pez espada o una araña, pero no un animal "genérico". Es verdad que una araña es un animal, pero estás pensando en los atributos y las acciones que una araña puede realizar en concreto, no en los de un animal en general.

Así, se podría decir que animal es un concepto genérico, pero no una concreción. Por lo tanto, animal sería un concepto abstracto y habría que implementarlo a través de una clase abstracta.

Los animales tienen atributos y desarrollan acciones (métodos) que podrían ser comunes a muchas especies. Por ejemplo, podríamos hablar de atributos nombre, edad o altura y describir acciones como morir. Pero, en cualquier caso, no debemos instanciar un animal, sino concreciones, porque un animal puede nacer o desplazarse o alimentarse de muchas formas distintas, por ejemplo. Sí se sabe cómo nace un perro o cómo se desplaza una serpiente, pero no podemos implementar estos métodos en la clase animal. Por este motivo, no instanciaremos animales, sino especímenes concretos.

La clase que contiene el objeto abstracto (en este caso animal) tendrá atributos y acciones (métodos) sin implementar. Así, serán las clases derivadas las que tengan que implementar el comportamiento o la acción de un espécimen en concreto.

Piensa en esto: hay acciones comunes a todos los animales, por ejemplo, nacer. ¿Deberíamos implementar este método en la clase base animal? ¿Y qué pondríamos? Como ves, no tiene sentido. Lo realmente útil es crear el método y dejar que sean sus clases derivadas (perro, loro, serpiente...) las que implementen este método, ya que, cada una de ellas lo hará de forma distinta.

En resumen: si vamos a tener varias especies de animales en nuestro sistema podemos prever que va a haber varias acciones comunes (nacer, morir, alimentarse...). De este modo, parece lógico crear una clase base y escribir todos estos métodos una sola vez para ahorrar tiempo de trabajo. Luego, gracias a la herencia, todas las clases de especies de animales distintas tendrán todos estos atributos y métodos heredados y solo habrá que implementar los abstractos.

Ejemplo:

Todos los animales nacen, por lo tanto tenemos que crear el método Nacer() en la clase base "animal". Pero no tiene sentido implementar el método Nacer() en la clase padre porque cada especie lo hará de una manera distinta (ovíparos, mamíferos...)

En estos casos es útil definir el método Nacer() como abstracto y que sean las clases derivadas las que se encarguen de implementarlo.

En la clase "animal" escribiríamos:

```
public abstract void Nacer();
```

Fíjate que el método acaba con punto y coma (;) y no abre y cierra llaves. Esto quiere decir que no va a ser implementado.

Mientras, en la clase derivada "cocodrilo", por ejemplo, implementaríamos el método heredado. Para ello, hay que usar la palabra reservada por el lenguaje "override" (sobrescribir). Así:

```
public override void Nacer()
{
    //un huevo eclosiona y nace el cocodrilo
}
```

A la clase animal, al tener, al menos, un método abstracto (Nacer()), hay que añadirle el modificador "abstract", es decir, se tiene que definir obligatoriamente como abstracta.

```
public abstract class Animal
{

}
```

Concluyendo: *una clase abstracta es la que tiene al menos un método abstracto. En estas clases no se pueden instanciar objetos. Una clase derivada de una abstracta tendrá que implementar todos los métodos abstractos heredados.*

El ejemplo completo quedaría así:

Clase Animal

```
namespace Clases_Abstractas
{
    public abstract class Animal
    {
        public abstract void Nacer();
    }
}
```

Clase Cocodrilo

```
namespace Clases_Abstractas
{
    public class Cocodrilo : Animal
    {
        public override void Nacer()
        {
            //un huevo eclosiona y nace el cocodrilo
        }
    }
}
```

Vamos a ver un ejemplo. Los sprites son objetos gráficos 2D. Cuando trabajamos en consola, podemos asumir que los conjuntos de caracteres que vamos a utilizar para representar objetos son sprites. Así, es muy probable que en un juego que desarrollemos para consola haya muchos sprites distintos.

Del mismo modo que hicimos en el juego básico del tema anterior, es lógico definir una clase base Sprite que contenga todas las características comunes a todos los sprites que pueda haber en el juego como, por ejemplo,una coordenada X, una coordenada Y, una imagen, un color, una longitud...

Aunque en el juego del tema anterior todos los sprites eran de un solo píxel, lo habitual es que tengan tengan una imagen formada por un tipo y un número de caracteres distinto. Piensa, por ejemplo, en un disparo y una nave. El disparo tendría una imagen como esta |, con una longitud de un píxel, mientras que la nave podría ser así <-> con una longitud de 3 píxeles. Entonces, ¿cómo implementaríamos en la clase base (Sprite) los métodos EstablecerImagen() y EstablecerLongitud()?

No tiene sentido implementarlos. Tienen que ser abstractos y dejar que las clases derivadas de la clase Sprite se encarguen de la implementación.

El código quedaría de la siguiente manera:

Clase Sprite

```
using System;

namespace Clases_Abstractas
{
    public abstract class Sprite
    {
        protected string imagen;
        protected int longitud;

        public abstract void EstablecerImagen();
        public abstract void EstablecerLongitud();
    }
}
```

Clase Nave

```
using System;

namespace Clases_Abstractas
{
    public class Nave : Sprite
    {
        public override void EstablecerImagen()
```

```
        {
            imagen = "<->";
        }
        public override void EstablecerLongitud()
        {
            longitud = 3;
        }
    }
}
```

Clase Disparo

```
using System;

namespace Clases_Abstractas
{
    class Disparo : Sprite
    {
        public override void EstablecerImagen()
        {
            imagen = "|";
        }

        public override void EstablecerLongitud()
        {
            longitud = 1;
        }
    }
}
```

Ejercicio

> 1. Define las clases cocina, dormitorio y aseo. Todas tendrán atributos superficie y volumen. Crea una clase abstracta que contenga un método para escribir por consola estos atributos.

13.2. Interfaces

La interfaz de una clase define su comportamiento, es decir, lo que podemos y no podemos hacer con los objetos instanciados de la misma. Observa este ejemplo para verlo más claro:

```
class Botella
{
    public int Vaciar();
    public void Llenar();
    private string OtraCosa();
}
```

En este caso, un objeto de la clase Botella, podría invocar a los métodos *Vaciar* y *Llenar*, pero no al método *OtraCosa, ya que es privado.*

Es decir, la interfaz de la clase Botella está formada por los métodos *Vaciar* y *Llenar.*

Podemos encontrar clases que tengan la misma interfaz o funcionalidad (por ejemplo, un libro y una ventana se pueden abrir), pero la implementación es distinta. Es decir, *las interfaces o funcionalidades son comportamientos y las clases representan sus posibles implementaciones.*

Si una interfaz o funcionalidad es implementada de forma distinta por dos objetos (clases), C# nos permite explicitar la interfaz y escribirla en otro archivo distinto. En este caso usaremos la palabra reservada por el lenguaje *interface.* Así:

```
interface IBotella
{
    int Vaciar();
    void Llenar();
}
```

Por convención, las interfaces se nombran empezando con la letra *i* en mayúscula junto al nombre que le quieras poner. Como ves, la interfaz *IBotella* declara los métodos *Vaciar* y *Llenar.* Fíjate que no hay modificadores de acceso porque obligatoriamente en una interfaz todos sus miembros tienen que ser públicos (en este caso los métodos *Vaciar* y *Llenar*). Observa también cómo los métodos no se implementan, sino que se cierran con punto y coma.

Una vez creada la interfaz, en la clase indicamos que vamos a implementar la interfaz IBotella. Así:

```
class Botella : IBotella
{
    public int Vaciar() { ... }
    public void Llenar() { ... }
}
```

En este caso estamos obligados a implementar todos y cada uno de los métodos y propiedades que estén declarados en la interfaz. En el caso de no hacerlo el compilador arrojaría un error. Por esta obligación se dice que las interfaces son contratos.

En el siguiente ejemplo, al implementar las clases Ventana y Libro la misma interfaz podríamos instanciar objetos ventana y libro a través de la propia interfaz. Observa, además, cómo la sintaxis es igual a la de herencia:

Clase Program

```
using System;

namespace Interfaces
{
    class Program
    {
        static void Main(string[] args)
        {
            IAbrir ventana = new Ventana();
            IAbrir libro = new Libro();
        }
    }
}
```

Clase Libro

```
using System;

namespace Interfaces
{
    class Libro : IAbrir
    {
        public void Abrir()
        {
            Console.WriteLine("Estamos abriendo un libro.");
        }
    }
}
```

Clase Ventana

```
using System;

namespace Interfaces
{
    class Ventana : IAbrir
```

```
    {
        public void Abrir()
        {
            Console.Write("Estamos abriendo una ventana.");
        }
    }
}
```

Interfaz IAbrir

```
using System;

namespace Interfaces
{
    interface IAbrir
    {
        void Abrir();
    }
}
```

13.2.1. Segregación de interfaces

Como hemos visto, cuando preveas que vas a compartir una funcionalidad entre distintos objetos, usa interfaces. Ahora bien, imagina que queremos trabajar con vehículos. Vamos a tener objetos coche y avión. Entonces pensamos que es buena idea declarar una interfaz como esta:

```
using System;

namespace Interfaces
{
    interface IVehiculo
    {
        void Acelerar(int kmh);
        void Frenar();
        void Girar(int angulo);
        void Despegar();
        void Aterrizar();
    }
}
```

Vamos a definir la clase avión:

```csharp
using System;

namespace Interfaces
{
    class Avion : IVehiculo
    {
        public void Acelerar(int kmh)
        {
            Console.WriteLine("Estamos acelerando {0} km/h", kmh);
        }
        public void Frenar()
        {
            Console.WriteLine("Estamos frenando");
        }

        public void Girar(int angulo)
        {
            Console.WriteLine("Estamos girando {0} grados", angulo);
        }
        public void Despegar()
        {
            Console.WriteLine("Estamos despegando");
        }
        public void Aterrizar()
        {
            Console.WriteLine("Estamos aterrizando");
        }
    }
}
```

Ahora la clase coche. Aquí surge un problema. Observa:

```csharp
using System;

namespace Interfaces
{
    class Coche : IVehiculo
    {
        public void Acelerar(int kmh)
        {
            Console.WriteLine("Estamos acelerando {0} km/h", kmh);
        }
        public void Frenar()
        {
```

```
        Console.WriteLine("Estamos frenando");
    }

    public void Girar(int angulo)
    {
        Console.WriteLine("Estamos girando {0} grados", angulo);
    }
    public void Despegar()
    {
        throw new NotImplementedException();
    }
    public void Aterrizar()
    {
        throw new NotImplementedException();
    }
    }
}
```

Observa que los métodos de la interfaz IVehiculo no están definiendo bien las funcionalidades de todos los vehículos. Los coches no pueden despegar. Es preferible utilizar varias interfaces con menos métodos para definir comportamientos. En este ejemplo resultaría más óptimo dividir la interfaz en dos. Mira:

```
using System;

namespace Interfaces
{
    interface IVehiculo
    {
        void Acelerar(int kmh);
        void Frenar();
        void Girar(int angulo);
    }
}
```

```
using System;

namespace Interfaces
{
    interface IVehiculoVolador : IVehiculo
    {
        void Despegar();
        void Aterrizar();
    }
}
```

Observa cómo *IVehiculoVolador* hereda de *IVehiculo*. A efectos prácticos, esta es una buena solución, ya que una clase que implemente *IVehiculoVolador* también está implementando *IVehiculo* al haberlo heredado. Por lo tanto, la clase *Coche* puede implementar *IVehiculo* y la clase *Avion* puede implementar *IVehiculoVolador*.

Aunque haya segregación, no tiene por qué haber herencia de interfaces. Observa el siguiente ejemplo. Vamos a definir otra interfaz que sirva para objetos que se utilicen como armas de guerra:

```
using System;

namespace Interfaces
{
    interface IArmasDeGuerra
    {
        void Apuntar();
        void Disparar();
    }
}
```

Ahora podríamos tener objetos que fuesen armas de guerra, como una pistola:

```
using System;

namespace Interfaces
{
    class Pistola : IArmasDeGuerra
    {
        public void Apuntar()
        {
            Console.WriteLine("Apuntando con la pistola");
        }

        public void Disparar()
        {
            Console.WriteLine("Disparando con la pistola");
        }
    }
}
```

En este ejemplo, se da el caso de que existen vehículos que pueden ser armas de guerra, como un tanque. En C# las clases pueden implementar tantas interfaces como necesiten. Así, al declarar la clase Tanque implementaríamos dos interfaces distintas. Observa:

```
using System;

namespace Interfaces
{
    class Tanque : IVehiculo, IArmasDeGuerra
    {
        public void Acelerar(int kmh)
        {
            Console.WriteLine("Estamos acelerando {0} km/h", kmh);
        }
        public void Frenar()
        {
            Console.WriteLine("Estamos frenando");
        }

        public void Girar(int angulo)
        {
            Console.WriteLine("Estamos girando {0} grados", angulo);
        }

        public void Apuntar()
        {
            Console.WriteLine("Apuntando con el tanque");
        }

        public void Disparar()
        {
            Console.WriteLine("Disparando con el tanque");
        }
    }
}
```

Como ves, es muy importante segregar bien las interfaces. En caso contrario podrías tener problemas a la hora de implementar sus métodos.

Ejercicio:

2. Piensa en una funcionalidad como acelerar. ¿Qué objetos pueden acelerar? Declara una interfaz y haz que las clases Coche, Guepardo y Humano la implementen. Después instancia un objeto de cada clase a través de la interfaz e invoca el método Acelerar.

13.3. Repaso, diferencias y conclusiones

- Una clase abstracta es una clase normal, pero tiene, al menos, un método abstracto.
- Un método abstracto es un método sin implementar, vacío. Estos métodos sirven para definir qué se debe hacer, pero no cómo hacerlo.
- De la implementación del método abstracto se encargarán sus clases derivadas.
- Al heredar de una clase abstracta, es obligatorio implementar *todos* sus métodos abstractos.
- Las clases abstractas no pueden ser instanciadas.
- Una interfaz se compone de métodos y propiedades en los que se define un comportamiento o funcionalidad, pero no se especifica cómo llevarlo a cabo.
- Al igual que ocurre con las clases abstractas, serán las clases que implementen la interfaz las que se encargarán de implementar todos los métodos y propiedades. Por eso se dice que una interfaz es un contrato.
- A diferencia de una clase abstracta, una interfaz no puede hacer nada por sí sola.
- Si tenemos objetos que tienen poco o nada en común, pero que comparten una funcionalidad (por ejemplo, un libro y una ventana se abren) es conveniente utilizar interfaces.
- La herencia múltiple no es posible en C#, aunque podemos implementar tantas interfaces como sean necesarias. Ambas opciones son compatibles, es decir, en una clase podemos heredar otra clase y, además, implementar todas las interfaces que queramos separadas por comas.

DESARROLLO DE UN JUEGO DEL TIPO "SPACE INVADERS"

Ha llegado el momento de poner todos los conceptos aprendidos en práctica. Para ello vamos desarrollar un juego del tipo "Space invaders".

14.1. Planificación. Diagrama de clases

Como ya hemos visto, lo primero que tenemos que hacer es planificar nuestro proyecto. Vamos a realizar un diagrama de clases. Para ello, comenzaremos con la descripción del juego para extraer cuáles serán nuestras clases y los métodos que éstas tendrán.

Si no conoces o no recuerdas cómo es este juego, búscalo en internet (https://www.minijuegos.com/juego/space-invaders) y juega unas partidas. Cuando tengas claro cómo se juega, realiza la descripción. Sería algo parecido a esto:

> "En el *juego* hay una *pantalla de bienvenida*. Durante la *partida* hay una *nave* que se *mueve* a izquierda y derecha. Además, puede *disparar*. Los *disparos* se *mueven* verticalmente. También hay *torres defensivas*. Estos escudos se *destruyen* si reciben el impacto de los disparos. También hay *enemigos* que *disparan* y se *mueven* lateralmente en *bloque*. Todos los disparos *desaparecen* al salir de la pantalla o si *impactan* con otro objeto. Si un disparo enemigo impacta con la nave, se *resta una vida*. Si el disparo del player *impacta* con un enemigo, éste desaparece, se *destruye*. Aleatoriamente surge un *OVNI* en la parte superior izquierda de la pantalla y se *mueve* horizontalmente hasta que *desaparece* por el lado derecho. Si le disparamos *obtenemos* puntuación extra. También hay un *marcador* que *muestra* el número de vidas y la puntuación, que se irán *actualizando* según vayamos *perdiendo vidas* o *sumando puntos*.

Fíjate que en la descripción he recalcado los nombres y los verbos. Los nombres serán nuestras clases y los verbos las acciones (métodos) que realizarán los objetos de esas clases.

De la descripción anterior podemos extraer la siguiente información:

- Habrá una clase "Juego" que lanzará, primero la bienvenida y luego la partida.
- La clase "Bienvenida" solo tendrá un texto y permitirá salir de juego o volver a la clase Juego para lanzar la partida.
- Habrá una clase "Nave" que tendrá métodos para moverse, disparar y perder vida.
- Habrá otra clase "Torre defensiva" que tendrá un método destruir.

- Otra clase "Enemigos" que tendrá los métodos mover, disparar y desaparecer.
- La clase "Ovni" tendrá el método Mover().
- La clase "Bloque" también tendrá un método para mover el bloque en conjunto.
- Una clase "Disparo" que tendrá métodos para mover y desaparecer.
- Otra clase "Marcador" con los métodos mostrar, restar vidas y actualizar la puntuación.
- La clase "Partida" que contendrá toda la lógica del juego (irá haciendo llamadas a las clases y métodos que corresponda).

Esta manera de describir el juego y, por lo tanto, de extraer la información referente a las clases y métodos, **no tiene por qué ser única**, se te puede ocurrir otro diseño distinto.

El diagrama de clases, según la información extraída de la descripción, quedaría de la siguiente manera (ver figura 14.1):

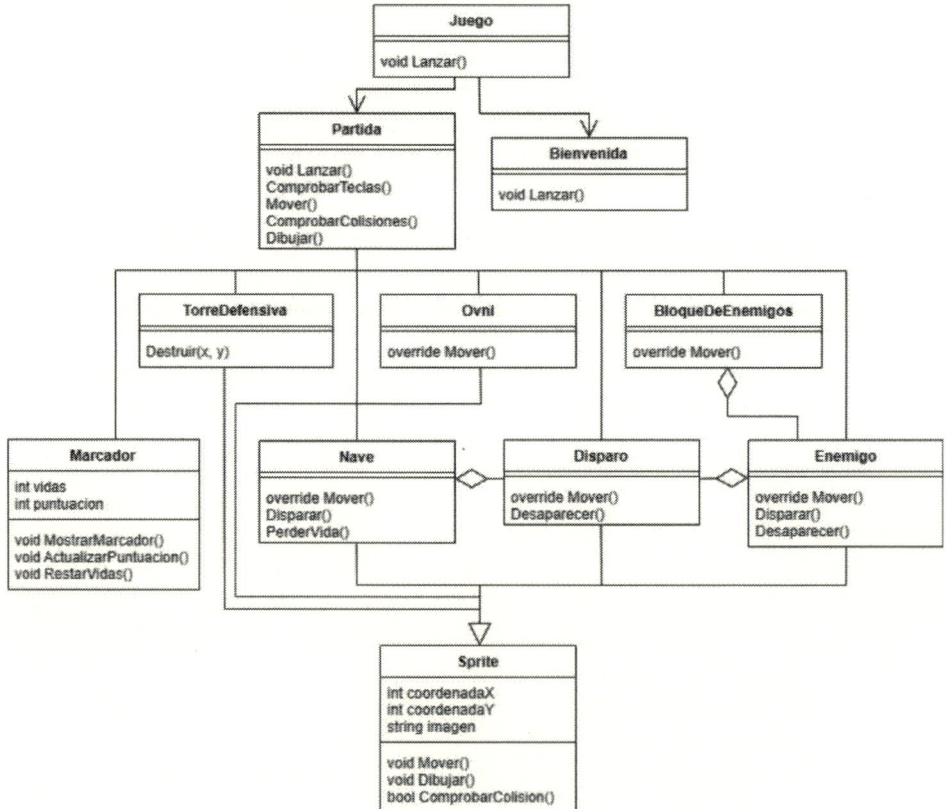

Figura 14.1. *Diagrama de clases del juego tipo "Space Invaders".*

En el diagrama falta la cardinalidad, pero en este caso no es necesaria para obtener la información más relevante de cara a la implementación del juego. Además de la información obtenida de la descripción, los detalles más importantes que se extraen del diagrama son:

- La clase "Sprite" tiene una relación de herencia con todos los objetos que aparecen en la escena. ¿A qué se debe esto? Piensa que todos los objetos son sprites, luego van a compartir mucho código: todos tienen coordenadas, imagen o color como atributos. Además, comparten métodos como Mover() o Dibujar(). Heredando no hace falta escribir estos atributos y métodos muchas veces, solo una.
- En la clase "Partida" (ya se ha dicho que contendrá la lógica del juego) habrá otros métodos para controlar el desarrollo de la partida, como "ComprobarTeclas" (para comprobar qué tecla ha pulsado el jugador), "Mover" o "Dibujar" (para cambiar las coordenadas *frame* a *frame* de los objetos que permanecen en pantalla), o "ComprobarColisiones" (entre dos objetos: nave-enemigo; disparo-ovni...).

Faltan detalles, pero es un buen comienzo. A partir de aquí podríamos repartir trabajo y empezar a desarrollar el juego.

14.2. Creando la estructura del juego

Ahora, empezamos con el desarrollo. Lo primero es crear la estructura de las escenas que vamos a tener en el sistema: las clases Juego, Bienvenida y Partida. Empezamos por la clase Juego, que contendrá un método Lanzar() para, de momento, escribir en pantalla "Bienvenido a un juego del tipo Space Invaders. Pulse Intro para salir". En este punto se detendrá el programa hasta que el player pulse Intro. En la función Main() de la clase que aparece por defecto al crear un proyecto nuevo (clase Program), puedes instanciar un objeto de la clase Juego para invocar el método Lanzar, o bien, puedes hacer que el método Lanzar() sea estático y ahorrarte la instancia. Así:

Clase Program

```
using System;

namespace SpaceInvaders
{
    class Program
    {
        public static void Main()
```

```
    {
        Juego juego = new Juego(); //Si el método Lanzar() fuese estático
no instanciaríamos este objeto
        juego.Lanzar();
    }
  }
}
```

Clase Juego

```
using System;

namespace SpaceInvaders
{
    public class Juego
    {
        public void Lanzar() //Si el método fuese estático, no tendríamos que
hacer la instancia de Juego
        {
            Console.Write("Bienvenido a un juego del tipo Space Invaders. Pulse
Intro para salir.");
            Console.ReadLine();
        }
    }
}
```

Ahora, vamos a crear las clases "Bienvenida" y "Partida". El método Lanzar() de la clase Juego ahora instanciará un objeto de la clase "Bienvenida" y otro de la clase "Partida" para poder acceder a los métodos Lanzar() que ambas tendrán.

El método Lanzar() de la clase Bienvenida será el que escriba en pantalla "Bienvenido a un juego del tipo Space Invaders. Pulsa Intro para jugar" y el método Lanzar() de la clase Partida escribirá en pantalla "Esta es la pantalla de juego. Pulsa Intro para salir". Ambos métodos esperarán a que el player pulse Intro para salir del programa. Quedaría así:

Clase Juego

```
using System;

namespace SpaceInvaders
{
    public class Juego
    {
        public void Lanzar()
```

```
        {
            Bienvenida bienvenida = new Bienvenida();
            Partida partida = new Partida();
            bienvenida.Lanzar();
            partida.Lanzar();
        }
    }
}
```

Clase Bienvenida

```
using System;

namespace SpaceInvaders
{
    public class Bienvenida
    {
        public void Lanzar()
        {
            Console.Write("Bienvenido a un juego del tipo Space Invaders. Pulsa
Intro para jugar.");
            Console.ReadLine();
        }
    }
}
```

Clase Partida

```
using System;

namespace SpaceInvaders
{
    public class Partida
    {
        public void Lanzar()
        {
            Console.Clear();
            Console.Write("Esta es la pantalla de juego. Pulsa Intro para
salir.");
            Console.ReadLine();
        }
    }
}
```

La clase Program permanece igual. Es conveniente que la función Main() esté lo más limpia posible. La vamos a utilizar para arrancar el programa, y nada más.

Vamos a añadir algunas funcionalidades en estas clases. Ahora, el método Lanzar() nos dará la opción de salir del programa pulsando la tecla escape. Para ello, se avisará al player diciendo "Pulsa Intro para jugar o ESC para salir".

Para saber si el player ha pulsado una tecla utiliza el tipo de datos ConsoleKeyInfo. Así:

```
ConsoleKeyInfo nombre = Console.ReadKey();
```

Después, para saber si la tecla pulsada es escape:

```
if (nombre.Key == ConsoleKey.Escape) salir = true;
```

Para saber si el player ha pulsado el intro comprueba

```
if (nombre.Key == ConsoleKey.Enter)
```

También podemos usar el método Clear() de la clase Console (Console.Clear())" para borrar la pantalla.

Define una propiedad booleana Salir a la clase Bienvenida, que será "*true*" si el player decide salir del juego.

El método Lanzar() de la clase Juego entrará en un bucle repitiendo la secuencia Bienvenida-Partida hasta que el player decida salir.

Clase Juego

```
using System;

namespace SpaceInvaders
{
    class Juego
    {
        public void Lanzar()
        {
            Bienvenida bienvenida = new Bienvenida();
            Partida partida = new Partida();
            do
            {
                bienvenida.Lanzar();
```

```
            if (!bienvenida.Salir)
                partida.Lanzar();
        } while (!bienvenida.Salir);
    }
  }
}
```

Clase Bienvenida

```
using System;

namespace SpaceInvaders
{
    class Bienvenida
    {
        ConsoleKeyInfo tecla;

        private bool salir = false;//Para crear una propiedad de este campo,
pulsa el botón derecho del ratón y selecciona la opción acciones rápidas y
refactorizantes. Después elige la opción encapsular campo

        public bool Salir { get => salir; set => salir = value; }

        public void Lanzar()
        {
            Console.Clear();
            Console.Write("Bienvenido a un juego del tipo Space Invaders. " +
                "Pulsa Intro para jugar o ESC para salir.");
            tecla = Console.ReadKey();
            if (tecla.Key == ConsoleKey.Escape)
            {
                Salir = true;
            }
        }
    }
}
```

De momento, las clases Program y Partida permanecen igual.

14.3. Creando la nave y el enemigo

Ya que tenemos las escenas estructuradas, vamos a crear la nave y un enemigo, por ahora. La clase Nave tendrá como atributos las coordenadas "x" e "y" y su imagen, que podría ser algo como <->. Recuerda que no tenemos gráficos. La clase Enemigo tendrá los mismos atributos que la clase Nave. La imagen del enemigo será "][".

El método Lanzar() de la clase Partida instanciará un objeto "nave" en las coordenadas x=40 e y=20 para dibujarla en el centro del eje horizontal, pero por la parte baja de la consola. Además, instanciaremos un enemigo en las coordenadas x=40 e y=10 y lo dibujaremos. En este punto, el programa esperará a que el player pulse Intro para salir a la escena de bienvenida.

Para dibujar en consola vamos a añadir un método Dibujar(). Dentro del método escribiremos la instrucción SetCursorPosition() de la clase Console para situarte en unas coordenadas concretas en la pantalla. Así:

```
Console.SetCursorPosition(x, y);
```

Además, en la clase Partida, vamos a establecer las dimensiones de la consola. Para ello, tenemos un método en la clase Console llamado SetWindowSize(). Así:

```
Console.SetWindowSize(79, 24);
```

También podemos añadir la propiedad CursorVisible de la clase Console para evitar que se vea el cursor en la imagen:

```
Console.CursorVisible = false;
```

El código quedaría así:

Clase Nave

```
using System;

namespace SpaceInvaders
{
    class Nave
    {
        private int x = 40, y = 20;
        private string imagen = "<->";

        public void Dibujar()
        {
```

```
            Console.SetCursorPosition(x, y);
            Console.Write(imagen);
            Console.CursorVisible = false;
        }
    }
}
```

Clase Enemigo

```
using System;

namespace SpaceInvaders
{
    public class Enemigo
    {
        private int x = 40, y = 10;
        private string imagen = "][";

        public void Dibujar()
        {
            Console.SetCursorPosition(x, y);
            Console.Write(imagen);
            Console.CursorVisible = false;
        }
    }
}
```

Clase Partida

```
using System;

namespace SpaceInvaders
{
    class Partida
    {
        public void Lanzar()
        {
            Nave nave = new Nave();
            Enemigo enemigo = new Enemigo();
            Console.Clear();
            nave.Dibujar();
            enemigo.Dibujar();
            Console.ReadLine();
        }
    }
}
```

El resto de clases permanecen igual.

Como ves, las clases Nave y Enemigo son prácticamente iguales. Parece lógico crear una única clase base con esos miembros y que, tanto Nave como Enemigo, hereden de ella. Así, vamos a crear la clase Sprite con los atributos y métodos que tienen tanto Nave como Enemigo que, ahora, se limitarán a heredar sin añadir, por el momento, nada nuevo a sus clases.

Recuerda que los atributos de la clase base Sprite tienen que ser protegidos para que sus clases derivadas puedan acceder a ellos.

Vamos a añadir los constructores a las clases Nave y Enemigo para inicializar los campos heredados de Sprite. Así:

Clase Sprite

```
using System;

namespace SpaceInvaders
{
    public class Sprite
    {
        protected int x, y;//Se les pone el modificador de acceso protected para
que sus clases derivadas puedan acceder a estos atributos
        protected string imagen;

        public void Dibujar()
        {
            Console.SetCursorPosition(x, y);
            Console.Write(imagen);
            Console.CursorVisible = false;
        }
    }
}
```

Clase Nave

```
using System;

namespace SpaceInvaders
{
    class Nave:Sprite
    {
        public Nave()
        {
            x = 40;
            y = 20;
            imagen = "<->";
        }
    }
}
```

Clase Enemigo

```
using System;

namespace SpaceInvaders
{
    public class Enemigo:Sprite
    {
        public Enemigo()
        {
            x = 40;
            y = 10;
            imagen = "][";
        }
    }
}
```

El resto de clases permanecen igual.

Vamos a mover la nave. En el diagrama de clases habíamos previsto un método Mover(), pero realmente serían 2: uno para mover hacia la derecha y otro hacia la izquierda. Así, añadimos un método MoverDerecha() donde aumentemos la coordenada x los píxeles que quieras (por ejemplo 10), un método MoverIzquierda(), que decremente la coordenada x otros 10 píxeles.

Vamos a mejorar también el método Lanzar() de la clase Partida. Ahora no esperará a que el player pulse Intro, sino que iteraremos dentro de un bucle *do-while* hasta que el player pulse escape para salir o flecha izquierda o flecha derecha para mover la nave.

Para saber si el player ha pulsado una flecha de dirección utilizaremos *ConsoleKey.LeftArrow* y *ConsoleKey. RightArrow*.

Piensa que, al ir moviendo la nave, debemos borrar la anterior para no duplicarlas. Así, introduciremos al principio del *do-while* una orden Console.Clear(). El código quedaría así:

Clase Partida

```
using System;

namespace SpaceInvaders
{
    class Partida
    {
        ConsoleKeyInfo tecla;
        Nave nave = new Nave();
        Enemigo enemigo = new Enemigo();
```

```csharp
        public void Lanzar()
        {
            Console.Clear();
            nave.Dibujar();
            enemigo.Dibujar();
            do
            {
                tecla = Console.ReadKey();
                if (tecla.Key == ConsoleKey.RightArrow)
                    nave.MoverDerecha();
                if (tecla.Key == ConsoleKey.LeftArrow)
                    nave.MoverIzquierda();
                Console.Clear();
                nave.Dibujar();
                enemigo.Dibujar();
            } while (tecla.Key != ConsoleKey.Escape);
        }
    }
}
```

Clase Nave

```csharp
using System;

namespace SpaceInvaders
{
    class Nave : Sprite
    {
        public Nave()
        {
            x = 40;
            y = 20;
            imagen = "<->";
        }

        public void MoverDerecha()
        {
            x += 10;
            if (x >= 76) x = 76;//Limitamos para que no se salga de la consola
        }

        public void MoverIzquierda()
        {
            x -= 10;
            if (x <= 0) x = 0;//Limitamos para que no se salga de la consola
        }
    }
}
```

El resto de clases permanecen igual.

En este momento, tras ejecutar el programa, deberías ver algo como esto (figura 14.2):

Figura 14.2. *Nave y enemigo del Space invaders.*

Si queremos que la nave o el enemigo puedan ser instanciados indicando como parámetros la posición en la que tienen que ser dibujados en pantalla, deberíamos sobrecargar los constructores de ambas clases para así poder recibir las coordenadas X e Y iniciales. Así:

Clase Nave

```
using System;

namespace SpaceInvaders
{
    class Nave : Sprite
    {
        public Nave()
        {
            x = 40;
            y = 20;
            imagen = "<->";
        }
        public Nave(int x, int y)
```

```
        {
            this.x = x;
            this.y = y;
            imagen = "<->";
        }
        public void MoverDerecha()
        {
            x += 10;
            if (x >= 76) x = 76;//Limitamos para que no se salga de la consola
        }
        public void MoverIzquierda()
        {
            x -= 10;
            if (x <= 0) x = 0;//Limitamos para que no se salga de la consola
        }
    }
}
```

Clase Enemigo

```
using System;

namespace SpaceInvaders
{
    public class Enemigo:Sprite
    {
        public Enemigo()
        {
            x = 40;
            y = 10;
            imagen = "][";
        }
        public Enemigo(int x, int y)
        {
            this.x = x;
            this.y = y;
            imagen = "][";
        }
    }
}
```

De esta forma, podemos tomar una posición por defecto, o bien, elegirla nosotros.

14.4. Añadiendo al resto de enemigos

Vamos a continuar añadiendo el resto de enemigos. Tendremos 10 enemigos por fila. Los instanciamos desde la clase Partida. Todos compartirán la misma coordenada Y porque están a la misma altura, pero tendrán distinta coordenada X. Mira el código:

Clase Partida

```
using System;

namespace SpaceInvaders
{
    class Partida
    {
        ConsoleKeyInfo tecla;
        Nave nave = new Nave();
        Enemigo[] enemigos = new Enemigo[10];

        public void Lanzar()
        {
            Console.Clear();
            nave.Dibujar();
            for (int i = 0; i < enemigos.Length; i++)
            {
                enemigos[i] = new Enemigo(20 + (i * 4), 10);//Distribuimos
equidistantes a los enemigos por toda la pantalla desde el píxel 20 hasta el 60
                enemigos[i].Dibujar();
            }
                do
                {
                tecla = Console.ReadKey();
                if (tecla.Key == ConsoleKey.RightArrow)
                    nave.MoverDerecha();
                if (tecla.Key == ConsoleKey.LeftArrow)
                    nave.MoverIzquierda();
                Console.Clear();
                nave.Dibujar();
                for (int i = 0; i < enemigos.Length; i++)
                {
                    enemigos[i].Dibujar();
                }
            } while (tecla.Key != ConsoleKey.Escape);
        }
    }
}
```

Como ves, ahora tenemos un array de 10 enemigos distribuidos por la pantalla de forma equidistante. Pero aún nos quedan más enemigos que añadir. Necesitamos 3 filas donde el único atributo que cambia entre enemigos es la imagen, el resto son iguales. De esta forma, parece lógico pensar que tendremos una *clase base de enemigos* y dos clases derivadas que heredarán todos los miembros, y que lo único que tendrán que hacer es establecer su imagen. En el diagrama de clases tan solo había una clase Enemigo, pero no te preocupes. Recuerda que es planificación y diseño. Así, vamos a crear las clases Enemigos2 y Enemigos3 que heredarán de la clase Enemigo. Lo único que tendrán que hacer estas clases nuevas será establecer la posición y la imagen del enemigo.

Una vez más, los enemigos serán instanciados desde la clase Partida, pero en esta ocasión, vamos a necesitar un array de 30 enemigos (3 filas con 10 enemigos cada una). Observa cómo quedarían las clases derivadas Enemigos2 y Enemigos3 y las instancias en la clase Partida:

Clase Enemigos2

```
using System;

namespace SpaceInvaders
{
    public public class Enemigos2 : Enemigo
    {
        public Enemigos2(int x, int y)
        {
            this.x = x;
            this.y = y;
            imagen = "}{";
        }
    }
}
```

Clase Enemigos3

```
using System;

namespace SpaceInvaders
{
    public public class Enemigos3 : Enemigo
    {
        public Enemigos3(int x, int y)
        {
```

```
                this.x = x;
                this.y = y;
                imagen = ")(";
            }
        }
    }
}
```

Clase Partida

```
using System;

namespace SpaceInvaders
{
    class Partida
    {
        ConsoleKeyInfo tecla;
        Nave nave = new Nave();
        Enemigo[] enemigos = new Enemigo[30];

        public void Lanzar()
        {
            Console.Clear();
            nave.Dibujar();
            for (int i = 0; i < 10; i++)
            {
                enemigos[i] = new Enemigo(20 + (i * 4), 8);
                enemigos[i].Dibujar();
            }

            for (int i = 0; i < 10; i++)
            {
                enemigos[i + 10] = new Enemigos2(20 + (i * 4), 10);
                enemigos[i + 10].Dibujar();
            }

            for (int i = 0; i < 10; i++)
            {
                enemigos[i + 20] = new Enemigos3(20 + (i * 4), 12);
                enemigos[i + 20].Dibujar();
            }

            do
            {
                tecla = Console.ReadKey();
                if (tecla.Key == ConsoleKey.RightArrow)
                    nave.MoverDerecha();
                if (tecla.Key == ConsoleKey.LeftArrow)
                    nave.MoverIzquierda();
                Console.Clear();
                nave.Dibujar();
```

```
for (int i = 0; i < 10; i++)
{
    enemigos[i] = new Enemigo(20 + (i * 4), 8);
    enemigos[i].Dibujar();
}

for (int i = 0; i < 10; i++)
{
    enemigos[i + 10] = new Enemigos2(20 + (i * 4), 10);
    enemigos[i + 10].Dibujar();
}

for (int i = 0; i < 10; i++)
{
    enemigos[i + 20] = new Enemigos3(20 + (i * 4), 12);
    enemigos[i + 20].Dibujar();
}

} while (tecla.Key != ConsoleKey.Escape);
    }
  }
}
```

Como ves, los constructores de las clases Enemigos2 y Enemigos3, están prepa-
rados para recibir las coordenadas en las que habrá que posicionar a cada enemigo.

En las instancias de enemigos en la clase Partida habrá una misma coordenada Y para cada fila, mientras que la coordenada X se va a distribuir de manera
equidistante por toda la pantalla. Mira cómo quedaría el juego en este momento
(figura 14.3):

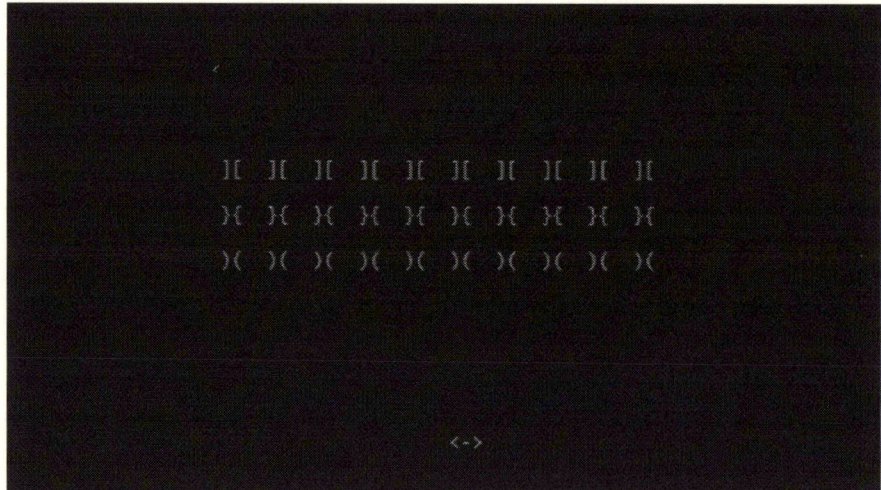

Figura 14.3. *Nave y enemigos del juego tipo Space Invaders.*

14.5. Creando una clase abstracta

Vamos a añadir métodos abstractos a la clase Sprite para que pueda funcionar por ella misma pidiendo datos a sus clases derivadas. Así:

Clase Sprite

```
using System;

namespace SpaceInvaders
{
    public abstract class Sprite
    {
        protected int x, y;
        protected string imagen;

        public void Dibujar()
        {
            Console.SetCursorPosition(x, y);
            Console.ForegroundColor = DevolverColor();
            Console.Write(DevolverImagen());
            Console.CursorVisible = false;
        }
        protected abstract string DevolverImagen();
        protected abstract ConsoleColor DevolverColor();
    }
}
```

Al tener métodos abstractos, la clase Sprite tiene que ser abstracta necesariamente. Observa que también he añadido un método para "pintar" los sprites del color que queramos. Esto lo podemos hacer con *Console.ForegroundColor = ConsoleColor.Green*, por ejemplo. Ahora tenemos que implementar estos métodos en las clases derivadas utilizando la palabra "override". Así:

Clase Nave

```
using System;

namespace SpaceInvaders
{
    class Nave : Sprite
    {
        public Nave()
        {
            x = 40;
```

```csharp
            y = 20;
            imagen = "<->";
        }
        public Nave(int x, int y)
        {
            this.x = x;
            this.y = y;
            imagen = "<->";
        }
        public void MoverDerecha()
        {
            x += 10;
            if (x >= 76) x = 76;
        }
        public void MoverIzquierda()
        {
            x -= 10;
            if (x <= 0) x = 0;
        }

        protected override ConsoleColor DevolverColor()
        {
            return ConsoleColor.White;//Devolvemos el color blanco al método
abstracto de la clase Sprite
        }

        protected override string DevolverImagen()
        {
            return "<->"; //Devolvemos esta imagen al método abstracto de la
clase Sprite
        }
    }
}
```

Clase Enemigo

```csharp
using System;

namespace SpaceInvaders
{
    public class Enemigo:Sprite
    {
        public Enemigo()
        {
            x = 40;
            y = 10;
            imagen = "][";
        }
```

```
        public Enemigo(int x, int y)
        {
            this.x = x;
            this.y = y;
            imagen = "][";
        }

        protected override ConsoleColor DevolverColor()
        {
            return ConsoleColor.Yellow;//Devolvemos el color amarillo al método
abstracto de la clase Sprite
        }

        protected override string DevolverImagen()
        {
            return "][";//Devolvemos esta imagen al método abstracto de la
clase Sprite
        }
    }
}
```

Clase Enemigos2

```
using System;

namespace SpaceInvaders
{
    public class Enemigos2 : Enemigo
    {
        public Enemigos2(int x, int y)
        {
            this.x = x;
            this.y = y;
            imagen = "}{";
        }
        protected override string DevolverImagen()
        {
            return imagen;
        }
        protected override ConsoleColor DevolverColor()
        {
            return ConsoleColor.Blue;
        }
    }
}
```

Clase Enemigos3

```
using System;

namespace SpaceInvaders
{
    public class Enemigos3 : Enemigo
    {
        public Enemigos3(int x, int y)
        {
            this.x = x;
            this.y = y;
            imagen = ")(";
        }
        protected override string DevolverImagen()
        {
            return imagen;
        }
        protected override ConsoleColor DevolverColor()
        {
            return ConsoleColor.Green;
        }
    }
}
```

Si te fijas, al salir de la pantalla de la partida, el texto de la pantalla bienvenida aparece ahora en verde. Esto es porque se conserva el último color que has puesto a los objetos. Puedes añadir otro color al texto en la clase Bienvenida para que siempre aparezca de la misma forma. Así:

Clase Bienvenida

```
public void Lanzar()
{
    Console.Clear();
    Console.ForegroundColor = ConsoleColor.White; //Aquí especificamos el color
del texto
    Console.Write("Bienvenido a un juego del tipo Space Invaders. Pulsa Intro
para jugar o ESC para salir.");
    tecla = Console.ReadKey();
    if (tecla.Key == ConsoleKey.Escape)
    {
        Salir = true;
    }
}
```

14.6. Creando un bloque de enemigos

Puesto que todos los enemigos se mueven en bloque, parece buena idea declarar una nueva clase para establecer el movimiento de todos los enemigos al mismo tiempo. La clase BloqueDeEnemigos será la que contenga el array de enemigos. Así, simplificamos la lógica de la clase Partida, que ya empieza a estar un poco cargada. Además, la clase contendrá el método Dibujar para mostrar todos los enemigos del array en pantalla, y un método Mover para desplazar al bloque en su conjunto. El bloque se moverá hacia el límite derecho de la pantalla, subirá un píxel en la coordenada Y (movimiento hacia abajo), y cambiará el sentido para dirigirse al margen izquierdo. Para ello hay que comprobar la posición inicial (coordenada X) del primer enemigo y la posición final del último enemigo, que serán los que lleguen a los límites de la consola.

Para que el bloque se mueva solo, hay que añadir un par de instrucciones. Primero, vamos a utilizar la propiedad *KeyAvailable* de la clase *Console* para crear un bucle que se ejecute hasta que se presione una tecla: *if (Console.KeyAvailable)*. Después, tenemos que utilizar el método *Sleep()* de la clase *Thread*. Para acceder a esta clase tienes que abrir la biblioteca de clases *System.Threading*. En el método *Sleep()* tienes que introducir como parámetro un número entero que establezca la pausa en milisegundos que le quieres dar a cada frame. Yo he puesto 80 milisegundos. Veamos cómo quedaría el código:

Clase BloqueDeEnemigos

```
using System;

namespace SpaceInvaders
{
    public class BloqueDeEnemigos
    {
        Enemigo[] enemigos;
        int x, y;
        int incremento;

        public BloqueDeEnemigos()
        {
            enemigos = new Enemigo[30];
            x = 20;
            y = 12;
            incremento = 1;
        }

        public void Dibujar()
        {
            for (int i = 0; i < 10; i++)
```

```
        {
            enemigos[i] = new Enemigo(x + (i * 4), y - 4);
            enemigos[i].Dibujar();
        }
        for (int i = 0; i < 10; i++)
        {
            enemigos[i + 10] = new Enemigos2(x + (i * 4), y - 2);
            enemigos[i + 10].Dibujar();
        }
        for (int i = 0; i < 10; i++)
        {
            enemigos[i + 20] = new Enemigos3(x + (i * 4), y);
            enemigos[i + 20].Dibujar();
        }
    }

    public void Mover()
    {
        x += incremento;
        if (x <= 0 || x >= 40)
        {
            y++;
            incremento = -incremento;
        }
    }


}
}
```

Clase Partida

```
using System;
using System.Threading; //Abrimos esta biblioteca para acceder a la clase
Thread

namespace SpaceInvaders
{
    class Partida
    {
        ConsoleKeyInfo tecla;
        Nave nave;
        BloqueDeEnemigos bloque;

        public Partida()
        {
            nave = new Nave(40, 20);
            bloque = new BloqueDeEnemigos();
```

```
        }
        public void Lanzar()
        {
            Console.Clear();
            nave.Dibujar();
            bloque.Dibujar();
            bloque.Mover();

            do
            {
                Console.Clear();
                nave.Dibujar();
                bloque.Dibujar();
                bloque.Mover();

                if (Console.KeyAvailable) //Creamos un bucle que se ejecute
hasta que se presione una tecla

                {
                    tecla = Console.ReadKey();
                    if (tecla.Key == ConsoleKey.RightArrow)
                        nave.MoverDerecha();
                    if (tecla.Key == ConsoleKey.LeftArrow)
                        nave.MoverIzquierda();
                }
                Thread.Sleep(80); //Especificamos la pausa en el método Sleep
            } while (tecla.Key != ConsoleKey.Escape);
        }
    }
}
```

14.7. Añadiendo el disparo de la nave

Podemos continuar con el juego añadiendo una clase Disparo, que también heredará de la clase Sprite. Si el usuario pulsa la barra espaciadora aparecerá un disparo encima de la nave. El disparo se moverá en vertical hacia arriba hasta que desaparezca por la parte superior de la pantalla. Solo habrá un disparo en pantalla, es decir, no se podrá volver a disparar hasta que el primero desaparezca. Mira cómo quedaría el código:

Clase Disparo

```csharp
using System;

namespace SpaceInvaders
{
    class Disparo : Sprite
    {
        private bool activo;

        public bool Activo { get => activo; set => activo = value; }

        public Disparo(int x, int y)
        {
            this.x = x + 1;
            this.y = y;
            activo = true;
        }
        protected override string DevolverImagen()
        {
            return "|";
        }
        protected override ConsoleColor DevolverColor()
        {
            return ConsoleColor.Yellow;
        }
        public void Mover()
        {
            y--;
            if (y == 0) activo = false;
        }
    }
}
```

Clase Partida

```csharp
using System;
using System.Threading;

namespace SpaceInvaders
{
    class Partida
    {
        ConsoleKeyInfo tecla;
        Nave nave;
        BloqueDeEnemigos bloque;
        Disparo disparo;
```

```
        public Partida()
        {
            nave = new Nave(40, 20);
            bloque = new BloqueDeEnemigos();
            disparo = null;
        }

        public void Lanzar()
        {
            Console.Clear();
            nave.Dibujar();
            bloque.Dibujar();
            bloque.Mover();
            do
            {
                Console.Clear();
                nave.Dibujar();
                bloque.Dibujar();
                bloque.Mover();
                if (disparo != null && disparo.Activo)
                {
                    disparo.Mover();
                    disparo.Dibujar();
                }

                if (Console.KeyAvailable)
                {
                    tecla = Console.ReadKey();
                    if (tecla.Key == ConsoleKey.RightArrow)
                        nave.MoverDerecha();
                    if (tecla.Key == ConsoleKey.LeftArrow)
                        nave.MoverIzquierda();
                    if (tecla.Key == ConsoleKey.Spacebar)
                        disparo = nave.Disparar();
                }
                Thread.Sleep(80);
            } while (tecla.Key != ConsoleKey.Escape);
        }
    }
}
```

Clase Nave

```
using System;

namespace SpaceInvaders
{
    class Nave : Sprite
```

```csharp
{
    Disparo disparo;
    public Nave()
    {
        x = 40;
        y = 20;
        imagen = "<->";
    }
    public Nave(int x, int y)
    {
        this.x = x;
        this.y = y;
        imagen = "<->";
    }
    public void MoverDerecha()
    {
        x += 10;
        if (x >= 76) x = 76;
    }
    public void MoverIzquierda()
    {
        x -= 10;
        if (x <= 0) x = 0;
    }

    protected override ConsoleColor DevolverColor()
    {
        return ConsoleColor.White;
    }

    protected override string DevolverImagen()
    {
        return "<->";
    }
    public Disparo Disparar()
    {
        if (disparo == null || !disparo.Activo)
        {
            disparo = new Disparo(x, y);
        }
        return disparo;
    }
}
}
```

14.8. Añadiendo el OVNI

En el juego, cada cierto tiempo aparece un ovni. Vamos a crear su clase. Este objeto se instanciará de forma aleatoria en la parte izquierda de la pantalla. En cada frame, si se encuentra activo, se moverá hacia la derecha. Mira el código:

Clase Ovni

```
using System;

namespace SpaceInvaders
{
    class Ovni : Sprite
    {
        Random generador;
        int aleatorio;
        bool activo;
        public Ovni()
        {
            x = 0;
            y = 6;//El ovni se instanciará en la izquierda de la pantalla en la
línea 6
            activo = false;
            generador = new Random();
        }
        public bool Activo { get => activo; set => activo = value; }

        protected override string DevolverImagen()
        {
            if (activo) return "(||)";//Es la imagen que tendrá el ovni cuando
se active
            else return "";
        }
        protected override ConsoleColor DevolverColor()
        {
            return ConsoleColor.Yellow;
        }
        public void Mover()
        {
            if (!activo)
            {
                aleatorio = generador.Next(1, 61);//Se genera un número
aleatorio en cada frame. Si coincide con el 2, se activa el ovni.
                if (aleatorio == 2)
                {
                    activo = true;
                    x = 0;
                }
            }
```

```
        }
        else
        {
            x++;
            if (x >= 76) activo = false;//cuando llega al final de la
pantalla el ovni desaparece. Al tener una imagen de 4 píxeles, tenemos que
limitar en x=76 para que no se salga de la pantalla
        }
    }
}
}
```

Clase Partida

```
using System;
using System.Threading;

namespace SpaceInvaders
{
    class Partida
    {
        ConsoleKeyInfo tecla;
        Nave nave;
        BloqueDeEnemigos bloque;
        Disparo disparo;
        Ovni ovni;//Se instancia un objeto Ovni
        public Partida()
        {
            nave = new Nave(40, 20);
            bloque = new BloqueDeEnemigos();
            disparo = null;
            ovni = new Ovni();
        }

        public void Lanzar()
        {
            Console.Clear();
            nave.Dibujar();
            bloque.Dibujar();
            bloque.Mover();
            do
            {
                Console.Clear();
                nave.Dibujar();
                bloque.Dibujar();
                bloque.Mover();
                ovni.Mover();//Se llama al método mover de la clase Ovni
```

```
            ovni.Dibujar();//Se llama al método dibujar de la clase Sprite
que hereda Ovni
            if (disparo != null && disparo.Activo)
            {
                disparo.Mover();
                disparo.Dibujar();
            }

            if (Console.KeyAvailable)
            {
                tecla = Console.ReadKey();
                if (tecla.Key == ConsoleKey.RightArrow)
                    nave.MoverDerecha();
                if (tecla.Key == ConsoleKey.LeftArrow)
                    nave.MoverIzquierda();
                if (tecla.Key == ConsoleKey.Spacebar)
                    disparo = nave.Disparar();
            }
            Thread.Sleep(80);
        } while (tecla.Key != ConsoleKey.Escape);
    }
  }
}
```

14.9. Añadiendo un método para comprobar colisiones

Ya que tenemos el disparo de la nave, enemigos y ovni, hay que implementar un método para comprobar en cada frame si se ha producido una colisión entre estos objetos (entre disparo y ovni o entre disparo y enemigos). No bastará con comprobar si las coordenadas x o y de un objeto son iguales a las coordenadas x o y de otro objeto porque, excepto el disparo, todos los objetos tienen varios píxeles de longitud. Es decir, necesitamos implementar un nuevo método abstracto en la clase Sprite para que todas sus clases derivadas le devuelvan el dato de la longitud de sus imágenes. Con este dato podremos implementar el método "ColisionaCon".

Tras la comprobación, en el caso de haber colisión, el método devolverá *true* y desaparecerán ambos objetos. En caso contrario, se devolverá *false*. Mira cómo quedaría la clase Sprite ahora:

Clase Sprite

```
using System;

namespace SpaceInvaders
{
    public abstract class Sprite
    {
        protected string imagen;
        private int x;
        private int y;
        public int X { get => x; set => x = value; }
        public int Y { get => y; set => y = value; }

        public void Dibujar()
        {
            Console.SetCursorPosition(X, Y);
            Console.ForegroundColor = DevolverColor();
            Console.Write(DevolverImagen());
            Console.CursorVisible = false;
        }
        protected abstract string DevolverImagen();
        protected abstract ConsoleColor DevolverColor();
        protected abstract int DevolverLongitud();//Método abstracto para que
todas las clases derivadas devuelvan las longitud de sus imágenes
        public bool ColisionaCon(Sprite sprite)//Se pasa un objeto Sprite como
parámetro
        {
            if (this.Y != sprite.Y)//Se comprueba que los objetos están a la
misma altura (eje Y)
                return false;
            else
            {
                for (int i = 0; i < this.DevolverLongitud(); i++)//En el for
anidado se recorren las longitudes de los dos objetos que se quieren comprobar
                {
                    for (int j = 0; j < sprite.DevolverLongitud(); j++)
                    {
                        if ((this.X + i) == (sprite.X + j))//Se comprueba si
algún píxel de un objeto coincide con algún píxel del otro objeto
                            return true;
                    }
                }
            }
            return false;
        }
    }
}
```

Las clases derivadas ahora tienen que implementar el nuevo método abstracto DevolverLongitud(). Así:

Clase Nave

```csharp
using System;

namespace SpaceInvaders
{
    class Nave : Sprite
    {
        Disparo disparo;
        public Nave()
        {
            X = 40;
            Y = 20;
            imagen = "<->";
        }
        public Nave(int x, int y)
        {
            this.X = x;
            this.Y = y;
            imagen = "<->";
        }
        public void MoverDerecha()
        {
            X += 10;
            if (X >= 76) X = 76;
        }
        public void MoverIzquierda()
        {
            X -= 10;
            if (X <= 0) X = 0;
        }

        protected override ConsoleColor DevolverColor()
        {
            return ConsoleColor.White;
        }

        protected override string DevolverImagen()
        {
            return imagen;
        }
        public Disparo Disparar()
        {
            if (disparo == null || !disparo.Activo)
            {
                disparo = new Disparo(X, Y);
```

```
            }
            return disparo;
        }
        protected override int DevolverLongitud()//Se implementa el método
abstracto heredado
        {
            return 3;
        }
    }
}
```

Clase Enemigo

```
using System;

namespace SpaceInvaders
{
    public class Enemigo:Sprite
    {
        bool activo = true;
        public Enemigo()
        {
            X = 40;
            Y = 10;
            imagen = "][";
            Activo = true;
        }
        public Enemigo(int x, int y)
        {
            this.X = x;
            this.Y = y;
            imagen = "][";
        }

        public bool Activo { get => activo; set => activo = value; }//Se crea
la propiedad Activo para que aparezcan o desaparezcan los enemigos

        protected override ConsoleColor DevolverColor()
        {
            return ConsoleColor.Yellow;
        }

        protected override string DevolverImagen()
        {
            return imagen;
        }
```

```
        protected override int DevolverLongitud()//Se implementa el método
abstracto heredado
        {
            return 2;
        }
    }
}
```

Clase Disparo

```
using System;

namespace SpaceInvaders
{
    class Disparo : Sprite
    {
        private bool activo;

        public bool Activo { get => activo; set => activo = value; }

        public Disparo(int x, int y)
        {
            this.X = x + 1;
            this.Y = y;
            activo = true;
        }
        protected override string DevolverImagen()
        {
            return "|";
        }
        protected override ConsoleColor DevolverColor()
        {
            return ConsoleColor.Yellow;
        }
        public void Mover()
        {
            Y--;
            if (Y == 0) activo = false;
        }
        protected override int DevolverLongitud()//Se implementa el método
abstracto heredado
        {
            return 1;
        }
    }
}
```

Clase Ovni

```csharp
using System;

namespace SpaceInvaders
{
    class Ovni : Sprite
    {
        Random generador;
        int aleatorio;
        bool activo;
        public Ovni()
        {
            X = 0;
            Y = 6;
            activo = false;
            generador = new Random();
            imagen = "(||)";
        }
        public bool Activo { get => activo; set => activo = value; }

        protected override string DevolverImagen()
        {
            if (activo) return imagen;
            else return "";
        }
        protected override ConsoleColor DevolverColor()
        {
            return ConsoleColor.Yellow;
        }
        public void Mover()
        {
            if (!activo)
            {
                aleatorio = generador.Next(1, 61);
                if (aleatorio == 2)
                {
                    activo = true;
                    X = 0;
                }
            }
            else
            {
                X++;
                if (X >= 76) activo = false;
            }
        }
```

```
        protected override int DevolverLongitud()//Se implementa el método
abstracto heredado
        {
            return 4;
        }
    }
}
```

La clase BloqueDeEnemigos también cambia para poder hacer desaparecer
de uno en uno a los enemigos cuando se detecta una colisión con el disparo.

Clase BloqueDeEnemigos

```
using System;

namespace SpaceInvaders
{
    class BloqueDeEnemigos
    {
        int x, y;
        int incremento;
        public BloqueDeEnemigos()
        {
            Enemigos = new Enemigo[30];
            x = 20;
            y = 12;
            incremento = 1;
            for (int i = 0; i < 10; i++)
                Enemigos[i] = new Enemigo(x + (i * 4), y - 4);
            for (int i = 0; i < 10; i++)
                Enemigos[i + 10] = new Enemigos2(x + (i * 4), y - 2);
            for (int i = 0; i < 10; i++)
                Enemigos[i + 20] = new Enemigos3(x + (i * 4), y);
        }
        public Enemigo[] Enemigos { get; set; }
        public void Dibujar()
        {
            for (int i = 0; i < 30; i++)
            {
                if (Enemigos[i].Activo)
                    Enemigos[i].Dibujar();
            }
        }
        public void Mover()
        {
            x += incremento;
            if (x <= 0 || x >= 40)
```

```
        {
            y++;
            incremento = -incremento;
        }
        for (int i = 0; i < 10; i++)
        {
            Enemigos[i].X = x + (i * 4);
            Enemigos[i].Y = y - 4;
        }

        for (int i = 0; i < 10; i++)
        {
            Enemigos[i + 10].X = x + (i * 4);
            Enemigos[i + 10].Y = y - 2;
        }

        for (int i = 0; i < 10; i++)
        {
            Enemigos[i + 20].X = x + (i * 4);
            Enemigos[i + 20].Y = y;
        }
        }
    }
}
```

La lógica de la clase Partida para comprobar las colisiones sería la siguiente:

Clase Partida

```
using System;
using System.Threading;

namespace SpaceInvaders
{
    class Partida
    {
        ConsoleKeyInfo tecla;
        Nave nave;
        BloqueDeEnemigos bloque;
        Disparo disparo;
        Ovni ovni;
        public Partida()
        {
            nave = new Nave(40, 20);
            bloque = new BloqueDeEnemigos();
            disparo = null;
            ovni = new Ovni();
        }
```

```
public void Lanzar()
{
    Console.Clear();
    nave.Dibujar();
    bloque.Dibujar();
    bloque.Mover();
    do
    {
        Console.Clear();
        nave.Dibujar();
        bloque.Dibujar();
        bloque.Mover();
        ovni.Mover();
        ovni.Dibujar();
        if (disparo != null && disparo.Activo)
        {
            disparo.Mover();
            disparo.Dibujar();
            if (disparo.ColisionaCon(ovni))//Comprobamos si hay
colisión con el ovni
            {
                disparo.Activo = false;//Si hay colisión desaparecen el
disparo y el ovni
                ovni.Activo = false;
            }
            for (int i = 0; i < 30; i++)
            {
                if (disparo.ColisionaCon(bloque.Enemigos[i]) && bloque.
Enemigos[i].Activo)
                {
                    disparo.Activo = false;
                    bloque.Enemigos[i].Activo = false;
                }
            }
        }
        if (Console.KeyAvailable)
        {
            tecla = Console.ReadKey();
            if (tecla.Key == ConsoleKey.RightArrow)
                nave.MoverDerecha();
            if (tecla.Key == ConsoleKey.LeftArrow)
                nave.MoverIzquierda();
            if (tecla.Key == ConsoleKey.Spacebar)
                disparo = nave.Disparar();
        }
        Thread.Sleep(80);
    } while (tecla.Key != ConsoleKey.Escape);
    }
  }
}
```

14.10. Añadiendo la clase Marcador

Vamos a añadir una clase para crear un marcador de puntos. Ya que tenemos colisiones, podemos hacer que se incrementen el número de puntos conseguidos tras haber destruido un enemigo o un ovni. Y, ya que estamos, también podemos hacer que se muestre en la pantalla el número de vidas (pondremos 3 vidas).

Las variables *vidas* y *score* serán estáticas para ser accesibles desde todas las clases del juego. El código de la clase Marcador y la nueva lógica de la clase Partida quedarían así:

Clase Marcador

```
using System;

namespace SpaceInvaders
{
    class Marcador
    {
        public static int vidas = 3;//variables de clase (globales) para
acceder desde cualquier clase
        public static int score = 0;
        public void ActualizarMarcador()
        {
            Console.SetCursorPosition(3, 1);
            Console.ForegroundColor = ConsoleColor.White;
            Console.Write("VIDAS: {0}\tSCORE: {1}", vidas, score);
            Console.CursorVisible = false;
        }
    }
}
```

Clase Partida

```
using System;
using System.Threading;

namespace SpaceInvaders
{
    class Partida
    {
        ConsoleKeyInfo tecla;
        Nave nave;
        BloqueDeEnemigos bloque;
        Disparo disparo;
```

```
        Ovni ovni;
        Marcador marcador;//Se instancia un objeto marcador para acceder al
método ActualizarMarcador
        public Partida()
        {
            nave = new Nave(40, 20);
            bloque = new BloqueDeEnemigos();
            disparo = null;
            ovni = new Ovni();
            marcador = new Marcador();
        }

        public void Lanzar()
        {
            Console.Clear();
            nave.Dibujar();
            bloque.Dibujar();
            bloque.Mover();
            do
            {
                Console.Clear();
                nave.Dibujar();
                bloque.Dibujar();
                bloque.Mover();
                ovni.Mover();
                ovni.Dibujar();
                marcador.ActualizarMarcador();//actualizamos el marcador cada
frame
                if (disparo != null && disparo.Activo)
                {
                    disparo.Mover();
                    disparo.Dibujar();
                    if (disparo.ColisionaCon(ovni))
                    {
                        disparo.Activo = false;
                        ovni.Activo = false;
                        Marcador.score += 50;//Si el disparo colisiona con el
ovni se incrementa el marcador 50 puntos
                    }
                    for (int i = 0; i < 30; i++)
                    {
                        if (disparo.ColisionaCon(bloque.Enemigos[i]) && bloque.
Enemigos[i].Activo)
                        {
                            disparo.Activo = false;
                            bloque.Enemigos[i].Activo = false;
                            Marcador.score += 10;//Si el disparo colisiona con
un enemigo se incrementa el marcador 10 puntos
                        }
                    }
```

```
                }

            if (Console.KeyAvailable)
            {
                tecla = Console.ReadKey();
                if (tecla.Key == ConsoleKey.RightArrow)
                    nave.MoverDerecha();
                if (tecla.Key == ConsoleKey.LeftArrow)
                    nave.MoverIzquierda();
                if (tecla.Key == ConsoleKey.Spacebar)
                    disparo = nave.Disparar();
            }
            Thread.Sleep(80);
        } while (tecla.Key != ConsoleKey.Escape);
    }
  }
}
```

14.11. Ultimando detalles del juego

Los enemigos también disparan. Estos disparos se implementan de uno en uno, es decir, no hay ráfagas. Además, el enemigo que dispara es aleatorio. También hay que tener en cuenta que, si el enemigo ha sido destruido, no se podrá implementar un disparo desde esa posición. Otra cosa a tener en cuenta es que el disparo se mueve en la coordenada Y hacia abajo, es decir, y++.

Ahora bien, si uno de los disparos enemigos impacta con la nave, se perderá una vida. En este caso la nave reseteará su posición y el disparo desaparecerá. Si se pierden las 3 vidas, acaba la partida y se llamará a una nueva pantalla de Game Over. Después, se volverá a la pantalla de Bienvenida.

Así, otra cosa que tenemos que hacer para que el juego sea más "vistoso" es crear una pantalla de Game Over y "embellecer" la pantalla de Bienvenida. Mira cómo queda el código:

Clase Bienvenida

```
using System;

namespace SpaceInvaders
{
    class Bienvenida
    {
        ConsoleKeyInfo tecla;

        private bool salir = false;
```

```
        public bool Salir { get => salir; set => salir = value; }

        public void Lanzar()
        {
            Console.Clear();
            Console.SetCursorPosition(33, 6);
            Console.ForegroundColor = ConsoleColor.Yellow;
            Console.Write("SPACE INVADERS");
            Console.SetCursorPosition(20, 7);
            Console.ForegroundColor = ConsoleColor.White;
            Console.Write("(Pulsa Intro para jugar o ESC para salir)");
            Console.CursorVisible = false;
            tecla = Console.ReadKey();
            if (tecla.Key == ConsoleKey.Escape)
            {
                Salir = true;
            }
        }
    }
}
```

Como ves, con estos pequeños cambios en la clase Bienvenida, la interfaz mejora mucho.

Vamos ahora con los cambios en la clase BloqueDeEnemigos. En esta clase se va a implementar el método Disparar, que va a instanciar un disparo si no existe, es decir, no habrá dos disparos simultáneamente en la pantalla. El código quedaría así:

Clase BloqueDeEnemigos

```
using System;

namespace SpaceInvaders
{
    class BloqueDeEnemigos
    {
        int x, y;
        int incremento;
        Disparo disparo;//Se instancia un objeto disparo
        Random generador;
        int numAleatorio; //Esta variable guardará el número del enemigo
seleccionado aleatoriamente
        public BloqueDeEnemigos()
        {
            generador = new Random();
            Enemigos = new Enemigo[30];
```

```csharp
        x = 20;
        y = 12;
        incremento = 1;
        for (int i = 0; i < 10; i++)
            Enemigos[i] = new Enemigo(x + (i * 4), y - 4);
        for (int i = 0; i < 10; i++)
            Enemigos[i + 10] = new Enemigos2(x + (i * 4), y - 2);
        for (int i = 0; i < 10; i++)
            Enemigos[i + 20] = new Enemigos3(x + (i * 4), y);
    }
    public Enemigo[] Enemigos { get; set; }
    public void Dibujar()
    {
        for (int i = 0; i < 30; i++)
        {
            if (Enemigos[i].Activo)
                Enemigos[i].Dibujar();
        }
    }
    public void Mover()
    {
        x += incremento;
        if (x <= 0 || x >= 40)
        {
            y++;
            incremento = -incremento;
        }
        for (int i = 0; i < 10; i++)
        {
            Enemigos[i].X = x + (i * 4);
            Enemigos[i].Y = y - 4;
        }

        for (int i = 0; i < 10; i++)
        {
            Enemigos[i + 10].X = x + (i * 4);
            Enemigos[i + 10].Y = y - 2;
        }

        for (int i = 0; i < 10; i++)
        {
            Enemigos[i + 20].X = x + (i * 4);
            Enemigos[i + 20].Y = y;
        }
    }
    public Disparo Disparar()//Método para instanciar el disparo
    {
        numAleatorio = generador.Next(1, 30);//Se elige al enemigo que va a
disparar de forma aleatoria
```

```
                    if (disparo == null || !disparo.Activo)//Si no existe un disparo,
se crea uno
                    {
                        disparo = new Disparo(Enemigos[numAleatorio].X,
Enemigos[numAleatorio].Y);
                    }
                    return disparo;
            }
        }
}
```

Como ahora tenemos dos tipos de disparos (nave y enemigos) hay que especificar en la clase Disparo hacia dónde se va a mover cada uno. Así, los disparos de la nave se moverán "hacia arriba" (y--) y los de los enemigos se moverán "hacia abajo" (y++).

Vamos a cambiar este fragmento de código. Quedaría así:

Clase Disparo

```
using System;

namespace SpaceInvaders
{
    class Disparo : Sprite
    {
        private bool activo;

        public bool Activo { get => activo; set => activo = value; }

        public Disparo(int x, int y)
        {
            this.X = x + 1;
            this.Y = y;
            activo = true;
        }
        protected override string DevolverImagen()
        {
            return "|";
        }
        protected override ConsoleColor DevolverColor()
        {
            return ConsoleColor.Yellow;
        }
        public void MoverArriba()//Sustituimos el método Mover por MoverArriba
y MoverAbajo
        {
            Y--;
```

```
            if (Y == 0) activo = false;//Cuando el disparo llega a y=0
desaparece
        }

        public void MoverAbajo()
        {
            Y++;
            if (Y >= 23) activo = false;//Cuando el disparo llega a y=23
desaparece
        }

        protected override int DevolverLongitud()
        {
            return 1;
        }
    }
}
```

Otro detalle. Sabemos que cuando se pulsa escape durante la partida, se regresa a la pantalla de bienvenida. ¿Qué pasaría si volvemos a pulsar Intro para volver a jugar? Pues que seguiríamos por donde íbamos. Esto no es correcto. Cada vez que salgamos, la partida se tiene que resetear, es decir, crear una nueva partida. Esto lo haremos en la clase Juego. Así:

Clase Juego

```
using System;

namespace SpaceInvaders
{
    class Juego
    {
        Bienvenida bienvenida;
        Partida partida;
        public Juego()
        {
            bienvenida = new Bienvenida();
        }
        public void Lanzar()
        {
            Console.SetWindowSize(79, 24);
            do
            {
                bienvenida.Lanzar();
                if (!bienvenida.Salir)
                {
                    partida = new Partida();//Se crea una nueva instancia cada
```

```
vez que se sale de la partida
                    partida.Lanzar();
            }
        } while (!bienvenida.Salir);
    }
  }
}
```

Como ves, he aprovechado para limpiar el código. He añadido el constructor de la clase e inicializado los objetos *bienvenida* y *partida* donde corresponde.

Ahora vamos a cambiar la clase Marcador. En lugar de tener las variables estáticas score y vidas, vamos a añadir el constructor de la clase para inicializar sus valores. Además, se van a añadir los métodos SumarPuntos, RestarVidas y CuantasVidasQuedan para facilitar la lógica de la partida. El código quedaría así:

Clase Marcador

```
using System;

namespace SpaceInvaders
{
    class Marcador
    {
        int vidas;
        int score;
        public Marcador()
        {
            vidas = 3;
            score = 0;
        }
        public void ActualizarMarcador()
        {
            Console.SetCursorPosition(3, 1);
            Console.ForegroundColor = ConsoleColor.White;
            Console.Write("VIDAS: {0}\tSCORE: {1}", vidas, score);
            Console.CursorVisible = false;
        }
        public int SumarPuntos(int puntos)//Ahora, cada vez que nuestro disparo
colisione con un enemigo o el ovni, llamaremos a este método para sumar puntos
        {
            return score += puntos;
        }
        public void RestarVidas()//Si impactan los disparos con la nave
llamaremos a este método
        {
            vidas--;
```

```
        }
        public int CuantasVidasQuedan()//Se devuelve el número de vidas
restante. Cuando sea 0 acabará la partida
        {
            return vidas;
        }
    }
}
```

A la clase Nave le vamos a añadir un método Reset para que la nave vuelva a su posición original cada vez que pierda una vida. Así:

Clase Nave

```
using System;

namespace SpaceInvaders
{
    class Nave : Sprite
    {
        Disparo disparo;
        public Nave()
        {
            X = 40;
            Y = 20;
            imagen = "<->";
        }
        public Nave(int x, int y)
        {
            this.X = x;
            this.Y = y;
            imagen = "<->";
        }
        public void MoverDerecha()
        {
            X += 10;
            if (X >= 76) X = 76;
        }
        public void MoverIzquierda()
        {
            X -= 10;
            if (X <= 0) X = 0;
        }

        protected override ConsoleColor DevolverColor()
        {
            return ConsoleColor.White;
```

```
        }

        protected override string DevolverImagen()
        {
            return imagen;
        }
        public Disparo Disparar()
        {
            if (disparo == null || !disparo.Activo)
            {
                disparo = new Disparo(X, Y);
            }
            return disparo;
        }
        protected override int DevolverLongitud()
        {
            return 3;
        }
        public void Reset()//Método para que la nave vuelva a su posición
original cuando se pierde una vida
        {
            X = 40;
            Y = 20;
        }
    }
}
```

Todos estos cambios que hemos realizado tienen que verse reflejados en la lógica del juego, es decir, en la clase Partida. Ahora hay que decidir cuándo llamar a los métodos que acabamos de implementar: Reset, SumarPuntos...

Vamos a ver cómo quedaría la clase Partida:

Clase Partida

```
using System;
using System.Threading;

namespace SpaceInvaders
{
    class Partida
    {
        ConsoleKeyInfo tecla;
        Nave nave;
        BloqueDeEnemigos bloque;
        Disparo disparoNave;//Instancias distintas de disparo
        Disparo disparoEnemigo;
        Ovni ovni;
```

```csharp
        Marcador marcador;
        bool finPartida;//Variable booleana para controlar el final de la partida
y lanzar la pantalla de Game Over
        int numAleatorio;
        Random generador;
        public Partida()
        {
            nave = new Nave(40, 20);
            bloque = new BloqueDeEnemigos();
            disparoNave = null;
            disparoEnemigo = null;
            ovni = new Ovni();
            marcador = new Marcador();
            finPartida = false;
            generador = new Random();
        }
        public void GameOver()//Nuevo método para lanzar una pantalla de Game
Over cuando nos quedamos sin vidas
        {
            Console.Clear();
            Console.SetCursorPosition(37, 12);
            Console.ForegroundColor = ConsoleColor.Cyan;
            Console.Write("GAME OVER");
            Console.CursorVisible = false;
            Console.ReadLine();
        }

        public void Lanzar()
        {
            Console.Clear();
            nave.Dibujar();
            bloque.Dibujar();
            do
            {
                Console.Clear();
                nave.Dibujar();
                bloque.Dibujar();
                bloque.Mover();
                ovni.Mover();
                ovni.Dibujar();
                marcador.ActualizarMarcador();
                numAleatorio = generador.Next(1, 7);//Se genera un número
aleatorio
                if (numAleatorio == 3)//Si el número aleatorio es 3, por
ejemplo, se instancia un disparo enemigo
                        disparoEnemigo = bloque.Disparar();
                if (disparoNave != null && disparoNave.Activo)
                {
                    disparoNave.MoverArriba();
                    disparoNave.Dibujar();
```

```
            if (disparoNave.ColisionaCon(ovni))
            {
                disparoNave.Activo = false;
                ovni.Activo = false;
                marcador.SumarPuntos (50);//Se suman 50 puntos si
impactamos con el ovni
            }
            for (int i = 0; i < 30; i++)
            {
                if (disparoNave.ColisionaCon(bloque.Enemigos[i]) &&
bloque.Enemigos[i].Activo)
                {
                    disparoNave.Activo = false;
                    bloque.Enemigos[i].Activo = false;
                    marcador.SumarPuntos(10);//Si el disparo colisiona
con un enemigo se incrementa el marcador 10 puntos
                }
            }
            if (disparoEnemigo != null && disparoEnemigo.Activo)//Si existe
en pantalla un disparo enemigo se mueve y se dibuja
            {
                disparoEnemigo.MoverAbajo();
                disparoEnemigo.Dibujar();
                if (disparoEnemigo.ColisionaCon(nave))//Si nos impacta un
disparo enemigo restamos una vida y se resetea la posición de la nave
                {
                    disparoEnemigo.Activo = false;
                    marcador.RestarVidas();
                    nave.Reset();
                    if (marcador.CuantasVidasQuedan() == 0)//Si no nos
quedan vidas se lanza la pantalla de Game Over y se acaba la partida
                    {
                        GameOver();
                        finPartida = true;
                    }
                }
            }
            for (int i = 0; i < 30; i++)//Si un enemigo colisiona con
la nave, significa que han llegado abajo y, por lo tanto, se ha terminado la
partida
            {
                if ((bloque.Enemigos[i].ColisionaCon(nave)) && (bloque.
Enemigos[i].Activo))
                {
                    GameOver();
                    finPartida = true;
                }
            }
            if (Console.KeyAvailable)
```

```
                {
                    tecla = Console.ReadKey();
                    if (tecla.Key == ConsoleKey.RightArrow)
                        nave.MoverDerecha();
                    if (tecla.Key == ConsoleKey.LeftArrow)
                        nave.MoverIzquierda();
                    if (tecla.Key == ConsoleKey.Spacebar)
                        disparoNave = nave.Disparar();
                }
                Thread.Sleep(80);
            } while (!finPartida);//Mientras tengamos vidas, se va a repetir
todo el bucle do...while
        }
    }
}
```

Los cambios que hemos hecho en la clase Partida son:

- Repetir el bucle do...while que controla la partida mientras tengamos vidas y no hasta que se pulse escape como antes.
- Añadir la comprobación de las colisiones con los disparos enemigos y con los propios enemigos.
- Al haber cambiado la clase Marcador, se ha rehecho el llamamiento a los métodos SumarPuntos y RestarVidas.
- Se ha creado un método que genera una pantalla de Game Over para el final de la partida.
- Se genera un número aleatorio en cada frame para que se instancie un nuevo disparo de un enemigo.

Otra mejora que podemos hacer es añadir las mejores puntuaciones. Por ejemplo, podemos mostrar las 3 mejores puntuaciones en la clase Bienvenida, para no tener que crear una escena nueva. Para guardar las puntuaciones, como no sabemos cuántas partidas se van a jugar, deberíamos utilizar una estructura de gestione la memoria de forma dinámica. Además, como las puntuaciones siempre van a ser números enteros, podemos utilizar una colección genérica, es decir, una lista. En el código hay que cambiar 4 clases. La clase Juego instanciará la lista que guardará las mejores puntuaciones. La clase Bienvenida mostrará las puntuaciones por pantalla. La clase Marcador contendrá el método Devolver-PuntuacionFinal() y la clase Partida, como hasta ahora, será la encargada de contener la lógica.

El código queda así:

Clase Juego

```csharp
using System;
using System.Collections.Generic;//Abrimos la biblioteca de clases que contiene
las listas

namespace SpaceInvaders
{
    class Juego
    {
        Bienvenida bienvenida;
        Partida partida;
        List<int> puntuaciones;//Se instancia un objeto lista
        public Juego()
        {
            bienvenida = new Bienvenida();
            puntuaciones = new List<int>();
        }
        public void Lanzar()
        {
            Console.SetWindowSize(79, 24);
            do
            {
                bienvenida.Lanzar(puntuaciones);//Se le pasa al método lanzar
de la clase Bienvenida la lista con las puntuaciones para que las muestre por
pantalla
                if (!bienvenida.Salir)
                {
                    partida = new Partida();
                    puntuaciones.Add(partida.Lanzar());//Se guarda la
puntuación de la partida en la lista
                    puntuaciones.Sort(CompararNumerosDescendiente);//Se llama
al método que ordena la lista con las mejores puntuaciones
                }
            } while (!bienvenida.Salir);
        }

        private int CompararNumerosDescendiente(int num1, int num2)//Este
método ordena la lista con las mejores puntuaciones
        {
            if (num2 > num1)
                return 1;
            else if (num2 < num1)
                return -1;
            else
                return 0;
        }
    }
}
```

Clase Bienvenida

```csharp
using System;
using System.Collections.Generic;//Abrimos la biblioteca de clases que contine
las listas

namespace SpaceInvaders
{
    class Bienvenida
    {
        ConsoleKeyInfo tecla;
        public bool Salir { get; private set; }//Como no tenemos que dejar
que desde fuera se acceda al set de la propiedad Salir, mejor le ponemos el
modificador de acceso privado para evitar posibles problemas

        public void Lanzar(List<int> puntuaciones)//Al método se le pasa como
parámetro la lista para almacenar las puntuaciones
        {
            Console.Clear();
            Console.SetCursorPosition(33, 6);
            Console.ForegroundColor = ConsoleColor.Yellow;
            Console.Write("SPACE INVADERS");
            Console.SetCursorPosition(20, 7);
            Console.ForegroundColor = ConsoleColor.White;
            Console.Write("(Pulsa Intro para jugar o ESC para salir)");
            Console.SetCursorPosition(30, 10);
            Console.ForegroundColor = ConsoleColor.Gray;
            Console.Write("MEJORES PUNTUACIONES: ");//Añadimos el texto de las
puntuaciones en la pantalla de bienvenida
            for (int i = 0; i < puntuaciones.Count && i < 3; i++)
            {
                Console.SetCursorPosition(30, 11 + i);
                Console.ForegroundColor = ConsoleColor.Gray;
                Console.Write("{0}º) {1}", i + 1, puntuaciones[i]);
            }
            Console.CursorVisible = false;
            tecla = Console.ReadKey();
            if (tecla.Key == ConsoleKey.Escape)
            {
                Salir = true;
            }
        }
    }
}
```

Clase Marcador

```csharp
using System;

namespace SpaceInvaders
{
    class Marcador
    {
        int vidas;
        int score;
        public Marcador()
        {
            vidas = 3;
            score = 0;
        }
        public void ActualizarMarcador()
        {
            Console.SetCursorPosition(3, 1);
            Console.ForegroundColor = ConsoleColor.White;
            Console.Write("VIDAS: {0}\tSCORE: {1}", vidas, score);
            Console.CursorVisible = false;
        }
        public int SumarPuntos(int puntos)
        {
            return score += puntos;
        }
        public void RestarVidas()
        {
            vidas--;
        }
        public int CuantasVidasQuedan()
        {
            return vidas;
        }
        public int DevolverPuntuacionFinal()
        {
            return score;
        }
    }
}
```

Clase Partida

```csharp
using System;
using System.Threading;

namespace SpaceInvaders
{
```

```
class Partida
{
    ConsoleKeyInfo tecla;
    Nave nave;
    BloqueDeEnemigos bloque;
    Disparo disparoNave;
    Disparo disparoEnemigo;
    Ovni ovni;
    Marcador marcador;
    bool finPartida;
    int numAleatorio;
    Random generador;
    public Partida()
    {
        nave = new Nave(40, 20);
        bloque = new BloqueDeEnemigos();
        disparoNave = null;
        disparoEnemigo = null;
        ovni = new Ovni();
        marcador = new Marcador();
        finPartida = false;
        generador = new Random();
    }
    public void GameOver()
    {
        Console.Clear();
        Console.SetCursorPosition(37, 12);
        Console.ForegroundColor = ConsoleColor.Cyan;
        Console.Write("GAME OVER");
        Console.CursorVisible = false;
        Console.ReadLine();
    }

    public int Lanzar()//El método Lanzar ahora va a devolver un entero (la
puntuación)
    {
        Console.Clear();
        nave.Dibujar();
        bloque.Dibujar();
        do
        {
            Console.Clear();
            nave.Dibujar();
            bloque.Dibujar();
            bloque.Mover();
            ovni.Mover();
            ovni.Dibujar();
            marcador.ActualizarMarcador();
            numAleatorio = generador.Next(1, 7);
            if (numAleatorio == 3)
```

```
                disparoEnemigo = bloque.Disparar();
            if (disparoNave != null && disparoNave.Activo)
            {
                disparoNave.MoverArriba();
                disparoNave.Dibujar();
                if (disparoNave.ColisionaCon(ovni))
                {
                    disparoNave.Activo = false;
                    ovni.Activo = false;
                    marcador.SumarPuntos (50);
                }
                for (int i = 0; i < 30; i++)
                {
                    if (disparoNave.ColisionaCon(bloque.Enemigos[i]) &&
bloque.Enemigos[i].Activo)
                    {
                        disparoNave.Activo = false;
                        bloque.Enemigos[i].Activo = false;
                        marcador.SumarPuntos(10);
                    }
                }
            }
            if (disparoEnemigo != null && disparoEnemigo.Activo)
            {
                disparoEnemigo.MoverAbajo();
                disparoEnemigo.Dibujar();
                if (disparoEnemigo.ColisionaCon(nave))
                {
                    disparoEnemigo.Activo = false;
                    marcador.RestarVidas();
                    nave.Reset();
                    if (marcador.CuantasVidasQuedan() == 0)
                    {
                        GameOver();
                        finPartida = true;
                    }
                }
            }
            for (int i = 0; i < 30; i++)
            {
                if ((bloque.Enemigos[i].ColisionaCon(nave)) && (bloque.
Enemigos[i].Activo))
                {
                    GameOver();
                    finPartida = true;
                }
            }
            if (Console.KeyAvailable)
            {
                tecla = Console.ReadKey();
```

```
                    if (tecla.Key == ConsoleKey.RightArrow)
                        nave.MoverDerecha();
                    if (tecla.Key == ConsoleKey.LeftArrow)
                        nave.MoverIzquierda();
                    if (tecla.Key == ConsoleKey.Spacebar)
                        disparoNave = nave.Disparar();
                }
                Thread.Sleep(80);
            } while (!finPartida);
            return marcador.DevolverPuntuacionFinal();//Cuando salimos del
bucle de la partida, se devuelve a la clase Marcador la puntuación final
        }
    }
}
```

Ten en cuenta que las puntuaciones no se serializan. Serializar significa guardar datos de una partida para poder utilizarlos en otra ocasión. Este concepto se escapa al propósito de este texto. Por este motivo, cuando apagues tu ordenador, las puntuaciones se perderán.

Continuamos con el juego. Nos faltan añadir las torres defensivas para proteger al jugador de los disparos enemigos. Las torres se destruirán cuando reciban el impacto de los disparos de la nave o de los enemigos.

En el código, vamos a crear la clase TorresDefensivas, que heredará de la clase base Sprite, y a modificar la lógica del juego en la clase Partida para que aparezcan en pantalla y se destruyan si reciben un impacto de un disparo o un enemigo. Así:

Clase TorresDefensivas

```
using System;

namespace SpaceInvaders
{
    class TorresDefensivas : Sprite
    {
        bool activo;
        public TorresDefensivas(int x, int y)
        {
            this.X = x;
            this.Y = y;
            activo = true;
        }
        protected override string DevolverImagen()
        {
            return "--";
        }
```

```
        protected override ConsoleColor DevolverColor()
        {
            return ConsoleColor.Green;
        }
        protected override int DevolverLongitud()
        {
            return 2;
        }
        public bool Activo { get => activo; set => activo = value; }
    }
}
```

Clase Partida

```
using System;
using System.Threading;

namespace SpaceInvaders
{
    class Partida
    {
        ConsoleKeyInfo tecla;
        Nave nave;
        BloqueDeEnemigos bloque;
        Disparo disparoNave;
        Disparo disparoEnemigo;
        Ovni ovni;
        Marcador marcador;
        bool finPartida;
        int numAleatorio;
        Random generador;
        TorresDefensivas[] escudos;//Array de objetos torres defensivas
        public Partida()
        {
            nave = new Nave(40, 20);
            bloque = new BloqueDeEnemigos();
            disparoNave = null;
            disparoEnemigo = null;
            ovni = new Ovni();
            marcador = new Marcador();
            finPartida = false;
            generador = new Random();
            escudos = new TorresDefensivas[15];
            for (int i = 0; i < 15; i++)
                escudos[i] = new TorresDefensivas(10 + (i * 4), 19);//Los 15
escudos se distribuyen uniformemente por la pantalla
        }
        public void GameOver()
```

```csharp
{
    Console.Clear();
    Console.SetCursorPosition(37, 12);
    Console.ForegroundColor = ConsoleColor.Cyan;
    Console.Write("GAME OVER");
    Console.CursorVisible = false;
    Console.ReadLine();
}

public int Lanzar()//El método Lanzar ahora va a devolver un entero (la puntuación)
{
    Console.Clear();
    nave.Dibujar();
    bloque.Dibujar();
    do
    {
        Console.Clear();
        nave.Dibujar();
        bloque.Dibujar();
        bloque.Mover();
        ovni.Mover();
        ovni.Dibujar();
        for (int i = 0; i < 15; i++)
            if (escudos[i].Activo)
                escudos[i].Dibujar();//Aparecen en pantalla las torres defensivas que se encuentran activas
        marcador.ActualizarMarcador();
        numAleatorio = generador.Next(1, 7);
        if (numAleatorio == 3)
            disparoEnemigo = bloque.Disparar();
        if (disparoNave != null && disparoNave.Activo)
        {
            disparoNave.MoverArriba();
            disparoNave.Dibujar();
            if (disparoNave.ColisionaCon(ovni))
            {
                disparoNave.Activo = false;
                ovni.Activo = false;
                marcador.SumarPuntos (50);
            }
            for (int i = 0; i < 15; i++)//Comprobamos las colisiones del disparo de la nave con las torres
            {
                if ((disparoNave.ColisionaCon(escudos[i])) && (escudos[i].Activo))
                {
                    escudos[i].Activo = false;//Si hay colisión, el disparo y la torre desaparecen
                    disparoNave.Activo = false;
```

```
                }
            }
            for (int i = 0; i < 30; i++)
            {
                if (disparoNave.ColisionaCon(bloque.Enemigos[i]) &&
bloque.Enemigos[i].Activo)
                {
                    disparoNave.Activo = false;
                    bloque.Enemigos[i].Activo = false;
                    marcador.SumarPuntos(10);
                }
            }
        }
        if (disparoEnemigo != null && disparoEnemigo.Activo)
        {
            disparoEnemigo.MoverAbajo();
            disparoEnemigo.Dibujar();
            if (disparoEnemigo.ColisionaCon(nave))
            {
                disparoEnemigo.Activo = false;
                marcador.RestarVidas();
                nave.Reset();
                if (marcador.CuantasVidasQuedan() == 0)
                {
                    GameOver();
                    finPartida = true;
                }
            }
            for (int i = 0; i < 15; i++)//Comprobamos las colisiones
del disparo de los enemigos con las torres
            {
                if ((disparoEnemigo.ColisionaCon(escudos[i])) &&
(escudos[i].Activo))
                {
                    escudos[i].Activo = false;//Si hay colisión, el
disparo y la torre desaparecen
                    disparoEnemigo.Activo = false;
                }
            }
        }
        for (int i = 0; i < 30; i++)
        {
            if ((bloque.Enemigos[i].ColisionaCon(nave)) && (bloque.
Enemigos[i].Activo))
            {
                GameOver();
                finPartida = true;
            }
            for (int j = 0; j < 15; j++)//Si un enemigo colisiona con
una torre defensiva, ambos desaparecen
```

```
                {
                    if ((bloque.Enemigos[i].ColisionaCon(escudos[j])) &&
(bloque.Enemigos[i].Activo) && (escudos[j].Activo))
                    {
                        bloque.Enemigos[i].Activo = false;
                        escudos[j].Activo = false;
                    }
                }
            }
            if (Console.KeyAvailable)
            {
                tecla = Console.ReadKey();
                if (tecla.Key == ConsoleKey.RightArrow)
                    nave.MoverDerecha();
                if (tecla.Key == ConsoleKey.LeftArrow)
                    nave.MoverIzquierda();
                if (tecla.Key == ConsoleKey.Spacebar)
                    disparoNave = nave.Disparar();
            }
            Thread.Sleep(80);
        } while (!finPartida);
        return marcador.DevolverPuntuacionFinal();
    }
  }
}
```

14.12. Acabando el juego

El juego está prácticamente terminado. Falta pensar en la lógica de la partida. ¿Qué ocurre si destruyo a todos los enemigos? Hay que hacer que se reseteen en sus posiciones originales y que se incremente el nivel de dificultad subiendo la velocidad del juego. Para ello, vamos a cambiar el parámetro del método *Sleep()* de la clase *Thread*.

Además, podemos añadir una vida extra como recompensa por haber conseguido superar el nivel.

Vamos a modificar las clases:

- BloqueDeEnemigos para resetear las posiciones de los enemigos cuando se acaba un nivel.
- Marcador para añadir un método que incremente el número de vidas del jugador.
- Partida para cambiar la lógica del juego y hacer que se resetee la partida cuando se ha terminado un nivel y añadir una vida extra al jugador.

El código queda así:

Clase BloqueDeEnemigos

```
using System;

namespace SpaceInvaders
{
    class BloqueDeEnemigos
    {
        int x, y;
        int incremento;
        Disparo disparo;
        Random generador;
        int numAleatorio;
        public BloqueDeEnemigos()
        {
            generador = new Random();
            Enemigos = new Enemigo[30];
            x = 20;
            y = 12;
            incremento = 1;
            for (int i = 0; i < 10; i++)
                Enemigos[i] = new Enemigo(x + (i * 4), y - 4);
            for (int i = 0; i < 10; i++)
                Enemigos[i + 10] = new Enemigos2(x + (i * 4), y - 2);
            for (int i = 0; i < 10; i++)
                Enemigos[i + 20] = new Enemigos3(x + (i * 4), y);
        }
        public Enemigo[] Enemigos { get; set; }
        public void Dibujar()
        {
            for (int i = 0; i < 30; i++)
            {
                if (Enemigos[i].Activo)
                    Enemigos[i].Dibujar();
            }
        }
        public void Mover()
        {
            x += incremento;
            if (x <= 0 || x >= 40)
            {
                y++;
                incremento = -incremento;
            }
            for (int i = 0; i < 10; i++)
            {
                Enemigos[i].X = x + (i * 4);
```

```csharp
            Enemigos[i].Y = y - 4;
        }

        for (int i = 0; i < 10; i++)
        {
            Enemigos[i + 10].X = x + (i * 4);
            Enemigos[i + 10].Y = y - 2;
        }

        for (int i = 0; i < 10; i++)
        {
            Enemigos[i + 20].X = x + (i * 4);
            Enemigos[i + 20].Y = y;
        }
    }
    public Disparo Disparar()
    {
        numAleatorio = generador.Next(1, 30);

        if (disparo == null || !disparo.Activo)
        {
            disparo = new Disparo(Enemigos[numAleatorio].X,
Enemigos[numAleatorio].Y);
        }
        return disparo;
    }
    public void Reset()//Este método será invocado cuando eliminemos a
todos los enemigos de la pantalla y tengan que reaparecer
    {
        Enemigos = new Enemigo[30];
        x = 20;
        y = 12;
        for (int i = 0; i < 10; i++)
            Enemigos[i] = new Enemigo(x + (i * 4), y - 4);
        for (int i = 0; i < 10; i++)
            Enemigos[i + 10] = new Enemigos2(x + (i * 4), y - 2);
        for (int i = 0; i < 10; i++)
            Enemigos[i + 20] = new Enemigos3(x + (i * 4), y);
    }

}
}
```

Clase Marcador

```csharp
using System;

namespace SpaceInvaders
{
    class Marcador
    {
        int vidas;
        int score;
        public Marcador()
        {
            vidas = 3;
            score = 0;
        }
        public void ActualizarMarcador()
        {
            Console.SetCursorPosition(3, 1);
            Console.ForegroundColor = ConsoleColor.White;
            Console.Write("VIDAS: {0}\tSCORE: {1}", vidas, score);
            Console.CursorVisible = false;
        }
        public int SumarPuntos(int puntos)
        {
            return score += puntos;
        }
        public void RestarVidas()
        {
            vidas--;
        }
        public int CuantasVidasQuedan()
        {
            return vidas;
        }
        public int DevolverPuntuacionFinal()
        {
            return score;
        }
        public void VidaExtra()//Método para añadir una vida extra si acabamos
el nivel
        {
            vidas++;
        }
    }
}
```

Clase Partida

```csharp
using System;
using System.Threading;

namespace SpaceInvaders
{
    class Partida
    {
        ConsoleKeyInfo tecla;
        Nave nave;
        BloqueDeEnemigos bloque;
        Disparo disparoNave;
        Disparo disparoEnemigo;
        Ovni ovni;
        Marcador marcador;
        bool finPartida;
        int numAleatorio;
        Random generador;
        TorresDefensivas[] escudos;
        int pausa;//Declaramos esta variable para incrementar la velocidad
cuando se acabe el nivel
        int contadorEnemigosEliminados;//Cuando esta variable llegue a 30
significará que hemos eliminado a todos nuestros enemigos. Será el momento de
reiniciar la partida e incrementar la dificultad
        public Partida()
        {
            nave = new Nave(40, 20);
            bloque = new BloqueDeEnemigos();
            disparoNave = null;
            disparoEnemigo = null;
            ovni = new Ovni();
            marcador = new Marcador();
            finPartida = false;
            generador = new Random();
            pausa = 100;//Inicializamos la pausa del método Sleep a 100
            contadorEnemigosEliminados = 0;
            escudos = new TorresDefensivas[15];
            for (int i = 0; i < 15; i++)
                escudos[i] = new TorresDefensivas(10 + (i * 4), 19);
        }
        public void GameOver()
        {
            Console.Clear();
            Console.SetCursorPosition(37, 12);
            Console.ForegroundColor = ConsoleColor.Cyan;
            Console.Write("GAME OVER");
            Console.CursorVisible = false;
            Console.ReadLine();
```

```
        }

    public int Lanzar()
    {
        Console.Clear();
        nave.Dibujar();
        bloque.Dibujar();
        do
        {
            Console.Clear();
            nave.Dibujar();
            bloque.Dibujar();
            bloque.Mover();
            ovni.Mover();
            ovni.Dibujar();
            for (int i = 0; i < 15; i++)
                if (escudos[i].Activo)
                    escudos[i].Dibujar();
            marcador.ActualizarMarcador();
            numAleatorio = generador.Next(1, 7);
            if (numAleatorio == 3)
                disparoEnemigo = bloque.Disparar();
            if (disparoNave != null && disparoNave.Activo)
            {
                disparoNave.MoverArriba();
                disparoNave.Dibujar();
                if (disparoNave.ColisionaCon(ovni))
                {
                    disparoNave.Activo = false;
                    ovni.Activo = false;
                    marcador.SumarPuntos (50);
                }
                for (int i = 0; i < 15; i++)
                {
                    if ((disparoNave.ColisionaCon(escudos[i])) &&
(escudos[i].Activo))
                    {
                        escudos[i].Activo = false;
                        disparoNave.Activo = false;
                    }
                }
                for (int i = 0; i < 30; i++)
                {
                    if (disparoNave.ColisionaCon(bloque.Enemigos[i]) &&
bloque.Enemigos[i].Activo)
                    {
                        disparoNave.Activo = false;
                        bloque.Enemigos[i].Activo = false;
                        marcador.SumarPuntos(10);
                        contadorEnemigosEliminados++;//Cada vez que
```

destruimos a un enemigo se incrementa esta variable

```csharp
                }
            }
        }
        if (disparoEnemigo != null && disparoEnemigo.Activo)
        {
            disparoEnemigo.MoverAbajo();
            disparoEnemigo.Dibujar();
            if (disparoEnemigo.ColisionaCon(nave))
            {
                disparoEnemigo.Activo = false;
                marcador.RestarVidas();
                nave.Reset();
                if (marcador.CuantasVidasQuedan() == 0)
                {
                    GameOver();
                    finPartida = true;
                }
            }
            for (int i = 0; i < 15; i++)
            {
                if ((disparoEnemigo.ColisionaCon(escudos[i])) &&
(escudos[i].Activo))
                {
                    escudos[i].Activo = false;
                    disparoEnemigo.Activo = false;
                }
            }
        }
        for (int i = 0; i < 30; i++)
        {
            if ((bloque.Enemigos[i].ColisionaCon(nave)) && (bloque.
Enemigos[i].Activo))
            {
                GameOver();
                finPartida = true;
            }
            for (int j = 0; j < 15; j++)//Si un enemigo colisiona
con una torre defensiva, ambos desaparecen y se incrementa la variable
contadorEnemigosEliminados
            {
                if ((bloque.Enemigos[i].ColisionaCon(escudos[j])) &&
(bloque.Enemigos[i].Activo) && (escudos[j].Activo))
                {
                    bloque.Enemigos[i].Activo = false;
                    escudos[j].Activo = false;
                    contadorEnemigosEliminados++;
                }
            }
            if ((bloque.Enemigos[i].Y == 23) && (bloque.Enemigos[i].
```

```
Activo))//Si el bloque de enemigos llega al final de la pantalla (y=23) la
partida acaba
                    {
                        GameOver();
                        finPartida = true;
                    }
                }
                if (contadorEnemigosEliminados == 30)//Si llegamos a 30
significa que hemos acabado el nivel
                {
                    bloque.Reset();//Se resetean los enemigos
                    marcador.VidaExtra();//Se añade una vida extra
                    pausa -= 20;//Se incrementa la velocidad
                    if (pausa <= 40) pausa = 40;//Vamos a limitar la velocidad
final a 40 porque, por debajo de este número, no se ve bien debido al parpadeo
del juego
                    contadorEnemigosEliminados = 0;
                }
                if (Console.KeyAvailable)
                {
                    tecla = Console.ReadKey();
                    if (tecla.Key == ConsoleKey.RightArrow)
                        nave.MoverDerecha();
                    if (tecla.Key == ConsoleKey.LeftArrow)
                        nave.MoverIzquierda();
                    if (tecla.Key == ConsoleKey.Spacebar)
                        disparoNave = nave.Disparar();
                }
                Thread.Sleep(pausa);//Se pasa como parámetro la variable pausa
            } while (!finPartida);
            return marcador.DevolverPuntuacionFinal();
        }
    }
}
```

Hemos llegado al final del juego. Os dejo aquí el código final de todas las clases por si os hubieseis perdido en algún paso:

Clase Program

```
using System;

namespace SpaceInvaders
{
    class Program
    {
```

```csharp
        public static void Main()
        {
            Juego juego = new Juego();
            juego.Lanzar();
        }
    }
}
```

Clase Juego

```csharp
using System;
using System.Collections.Generic;

namespace SpaceInvaders
{
    class Juego
    {
        Bienvenida bienvenida;
        Partida partida;
        List<int> puntuaciones;
        public Juego()
        {
            bienvenida = new Bienvenida();
            puntuaciones = new List<int>();
        }
        public void Lanzar()
        {
            Console.SetWindowSize(79, 24);
            do
            {
                bienvenida.Lanzar(puntuaciones);
                if (!bienvenida.Salir)
                {
                    partida = new Partida();
                    puntuaciones.Add(partida.Lanzar());
                    puntuaciones.Sort(CompararNumerosDescendiente);
                }
            } while (!bienvenida.Salir);
        }

        private int CompararNumerosDescendiente(int num1, int num2)
        {
            if (num2 > num1)
                return 1;
            else if (num2 < num1)
                return -1;
```

```
        else
            return 0;
    }
  }
}
```

Clase Bienvenida

```csharp
using System;
using System.Collections.Generic;//Abrimos la biblioteca de clases que contine
las listas

namespace SpaceInvaders
{
    class Bienvenida
    {
        ConsoleKeyInfo tecla;
        public bool Salir { get; private set; }

        public void Lanzar(List<int> puntuaciones)
        {
            Console.Clear();
            Console.SetCursorPosition(33, 6);
            Console.ForegroundColor = ConsoleColor.Yellow;
            Console.Write("SPACE INVADERS");
            Console.SetCursorPosition(20, 7);
            Console.ForegroundColor = ConsoleColor.White;
            Console.Write("(Pulsa Intro para jugar o ESC para salir)");
            Console.SetCursorPosition(30, 10);
            Console.ForegroundColor = ConsoleColor.Gray;
            Console.Write("MEJORES PUNTUACIONES: ");
            for (int i = 0; i < puntuaciones.Count && i < 3; i++)
            {
                Console.SetCursorPosition(30, 11 + i);
                Console.ForegroundColor = ConsoleColor.Gray;
                Console.Write("{0}º) {1}", i + 1, puntuaciones[i]);
            }
            Console.CursorVisible = false;
            tecla = Console.ReadKey();
            if (tecla.Key == ConsoleKey.Escape)
            {
                Salir = true;
            }
        }
    }
}
```

Clase Sprite

```csharp
using System;

namespace SpaceInvaders
{
    public abstract class Sprite
    {
        protected string imagen;
        private int x;
        private int y;
        public int X { get => x; set => x = value; }
        public int Y { get => y; set => y = value; }

        public void Dibujar()
        {
            Console.SetCursorPosition(X, Y);
            Console.ForegroundColor = DevolverColor();
            Console.Write(DevolverImagen());
            Console.CursorVisible = false;
        }
        protected abstract string DevolverImagen();
        protected abstract ConsoleColor DevolverColor();
        protected abstract int DevolverLongitud();
        public bool ColisionaCon(Sprite sprite)
        {
            if (this.Y != sprite.Y)
                return false;
            else
            {
                for (int i = 0; i < this.DevolverLongitud(); i++)
                {
                    for (int j = 0; j < sprite.DevolverLongitud(); j++)
                    {
                        if ((this.X + i) == (sprite.X + j))
                            return true;
                    }
                }
            }
            return false;
        }
    }
}
```

Clase Nave

```csharp
using System;

namespace SpaceInvaders
{
    class Nave : Sprite
    {
        Disparo disparo;
        public Nave()
        {
            X = 40;
            Y = 20;
            imagen = "<->";
        }
        public Nave(int x, int y)
        {
            this.X = x;
            this.Y = y;
            imagen = "<->";
        }
        public void MoverDerecha()
        {
            X += 10;
            if (X >= 76) X = 76;
        }
        public void MoverIzquierda()
        {
            X -= 10;
            if (X <= 0) X = 0;
        }

        protected override ConsoleColor DevolverColor()
        {
            return ConsoleColor.White;
        }

        protected override string DevolverImagen()
        {
            return imagen;
        }
        public Disparo Disparar()
        {
            if (disparo == null || !disparo.Activo)
            {
                disparo = new Disparo(X, Y);
            }
            return disparo;
        }
        protected override int DevolverLongitud()
```

```
        {
            return 3;
        }
        public void Reset()
        {
            X = 40;
            Y = 20;
        }
    }
}
```

Clase Enemigo

```
using System;

namespace SpaceInvaders
{
    public class Enemigo:Sprite
    {
        bool activo;
        public Enemigo()
        {
            X = 40;
            Y = 10;
            imagen = "]["; 
            activo = true;
        }
        public Enemigo(int x, int y)
        {
            this.X = x;
            this.Y = y;
            imagen = "][";
            activo = true;
        }
        public bool Activo { get => activo; set => activo = value; }
        protected override ConsoleColor DevolverColor()
        {
            return ConsoleColor.Yellow;
        }
        protected override string DevolverImagen()
        {
            return imagen;
        }
        protected override int DevolverLongitud()
        {
            return 2;
        }
    }
}
```

Clase Enemigos2

```
using System;

namespace SpaceInvaders
{
    public class Enemigos2 : Enemigo
    {
        public Enemigos2(int x, int y)
        {
            this.X = x;
            this.Y = y;
            imagen = "}{";
        }
        protected override string DevolverImagen()
        {
            return imagen;
        }
        protected override ConsoleColor DevolverColor()
        {
            return ConsoleColor.Blue;
        }
    }
}
```

Clase Enemigos3

```
using System;

namespace SpaceInvaders
{
    public class Enemigos3 : Enemigo
    {
        public Enemigos3(int x, int y)
        {
            this.X = x;
            this.Y = y;
            imagen = ")(";
        }
        protected override string DevolverImagen()
        {
            return imagen;
        }
        protected override ConsoleColor DevolverColor()
        {
            return ConsoleColor.Green;
        }
    }
}
```

Clase BloqueDeEnemigos

```
using System;

namespace SpaceInvaders
{
    class BloqueDeEnemigos
    {
        int x, y;
        int incremento;
        Disparo disparo;
        Random generador;
        int numAleatorio;
        public BloqueDeEnemigos()
        {
            generador = new Random();
            Enemigos = new Enemigo[30];
            x = 20;
            y = 12;
            incremento = 1;
            for (int i = 0; i < 10; i++)
                Enemigos[i] = new Enemigo(x + (i * 4), y - 4);
            for (int i = 0; i < 10; i++)
                Enemigos[i + 10] = new Enemigos2(x + (i * 4), y - 2);
            for (int i = 0; i < 10; i++)
                Enemigos[i + 20] = new Enemigos3(x + (i * 4), y);
        }
        public Enemigo[] Enemigos { get; set; }
        public void Dibujar()
        {
            for (int i = 0; i < 30; i++)
            {
                if (Enemigos[i].Activo)
                    Enemigos[i].Dibujar();
            }
        }
        public void Mover()
        {
            x += incremento;
            if (x <= 0 || x >= 40)
            {
                y++;
                incremento = -incremento;
            }
            for (int i = 0; i < 10; i++)
            {
                Enemigos[i].X = x + (i * 4);
                Enemigos[i].Y = y - 4;
            }
```

```
                for (int i = 0; i < 10; i++)
                {
                    Enemigos[i + 10].X = x + (i * 4);
                    Enemigos[i + 10].Y = y - 2;
                }

                for (int i = 0; i < 10; i++)
                {
                    Enemigos[i + 20].X = x + (i * 4);
                    Enemigos[i + 20].Y = y;
                }
            }
        public Disparo Disparar()
        {
            numAleatorio = generador.Next(1, 30);

            if (disparo == null || !disparo.Activo)
            {
                disparo = new Disparo(Enemigos[numAleatorio].X,
Enemigos[numAleatorio].Y);
            }
            return disparo;
        }
        public void Reset()
        {
            Enemigos = new Enemigo[30];
            x = 20;
            y = 12;
            for (int i = 0; i < 10; i++)
                Enemigos[i] = new Enemigo(x + (i * 4), y - 4);
            for (int i = 0; i < 10; i++)
                Enemigos[i + 10] = new Enemigos2(x + (i * 4), y - 2);
            for (int i = 0; i < 10; i++)
                Enemigos[i + 20] = new Enemigos3(x + (i * 4), y);
        }
    }
}
```

Clase Disparo

```
using System;

namespace SpaceInvaders
{
    class Disparo : Sprite
    {
        private bool activo;
```

```csharp
            public bool Activo { get => activo; set => activo = value; }
            public Disparo(int x, int y)
            {
                this.X = x + 1;
                this.Y = y;
                activo = true;
            }
            protected override string DevolverImagen()
            {
                return "|";
            }
            protected override ConsoleColor DevolverColor()
            {
                return ConsoleColor.Yellow;
            }
            public void MoverArriba()
            {
                Y--;
                if (Y == 0) activo = false;
            }
            public void MoverAbajo()
            {
                Y++;
                if (Y >= 23) activo = false;
            }
            protected override int DevolverLongitud()
            {
                return 1;
            }
        }
}
```

Clase Ovni

```csharp
using System;

namespace SpaceInvaders
{
    class Ovni : Sprite
    {
        Random generador;
        int aleatorio;
        bool activo;
        public Ovni()
        {
            X = 0;
            Y = 6;
            activo = false;
```

```
            generador = new Random();
            imagen = "(||)";
        }
        public bool Activo { get => activo; set => activo = value; }

        protected override string DevolverImagen()
        {
            if (activo) return imagen;
            else return "";
        }
        protected override ConsoleColor DevolverColor()
        {
            return ConsoleColor.Yellow;
        }
        public void Mover()
        {
            if (!activo)
            {
                aleatorio = generador.Next(1, 61);
                if (aleatorio == 2)
                {
                    activo = true;
                    X = 0;
                }
            }
            else
            {
                X++;
                if (X >= 76) activo = false;
            }
        }
        protected override int DevolverLongitud()
        {
            return 4;
        }
    }
}
```

Clase Marcador

```
using System;

namespace SpaceInvaders
{
    class Marcador
    {
        int vidas;
        int score;
```

```
        public Marcador()
        {
            vidas = 3;
            score = 0;
        }
        public void ActualizarMarcador()
        {
            Console.SetCursorPosition(3, 1);
            Console.ForegroundColor = ConsoleColor.White;
            Console.Write("VIDAS: {0}\tSCORE: {1}", vidas, score);
            Console.CursorVisible = false;
        }
        public int SumarPuntos(int puntos)
        {
            return score += puntos;
        }
        public void RestarVidas()
        {
            vidas--;
        }
        public int CuantasVidasQuedan()
        {
            return vidas;
        }
        public int DevolverPuntuacionFinal()
        {
            return score;
        }
        public void VidaExtra()
        {
            vidas++;
        }
    }
}
```

Clase TorresDefensivas

```
using System;

namespace SpaceInvaders
{
    class TorresDefensivas : Sprite
    {
        bool activo;
        public TorresDefensivas(int x, int y)
        {
            this.X = x;
            this.Y = y;
```

```
            activo = true;
        }
        protected override string DevolverImagen()
        {
            return "--";
        }
        protected override ConsoleColor DevolverColor()
        {
            return ConsoleColor.Green;
        }
        protected override int DevolverLongitud()
        {
            return 2;
        }
        public bool Activo { get => activo; set => activo = value; }
    }
}
```

Clase Partida

```
using System;
using System.Threading;

namespace SpaceInvaders
{
    class Partida
    {
        ConsoleKeyInfo tecla;
        Nave nave;
        BloqueDeEnemigos bloque;
        Disparo disparoNave;
        Disparo disparoEnemigo;
        Ovni ovni;
        Marcador marcador;
        bool finPartida;
        int numAleatorio;
        Random generador;
        TorresDefensivas[] escudos;
        int pausa;
        int contadorEnemigosEliminados;
        public Partida()
        {
            nave = new Nave(40, 20);
            bloque = new BloqueDeEnemigos();
            disparoNave = null;
            disparoEnemigo = null;
            ovni = new Ovni();
            marcador = new Marcador();
```

```csharp
        finPartida = false;
        generador = new Random();
        pausa = 100;
        contadorEnemigosEliminados = 0;
        escudos = new TorresDefensivas[15];
        for (int i = 0; i < 15; i++)
            escudos[i] = new TorresDefensivas(10 + (i * 4), 19);
    }
    public void GameOver()
    {
        Console.Clear();
        Console.SetCursorPosition(37, 12);
        Console.ForegroundColor = ConsoleColor.Cyan;
        Console.Write("GAME OVER");
        Console.CursorVisible = false;
        Console.ReadLine();
    }

    public int Lanzar()
    {
        Console.Clear();
        nave.Dibujar();
        bloque.Dibujar();
        do
        {
            Console.Clear();
            nave.Dibujar();
            bloque.Dibujar();
            bloque.Mover();
            ovni.Mover();
            ovni.Dibujar();
            for (int i = 0; i < 15; i++)
                if (escudos[i].Activo)
                    escudos[i].Dibujar();
            marcador.ActualizarMarcador();
            numAleatorio = generador.Next(1, 7);
            if (numAleatorio == 3)
                disparoEnemigo = bloque.Disparar();
            if (disparoNave != null && disparoNave.Activo)
            {
                disparoNave.MoverArriba();
                disparoNave.Dibujar();
                if (disparoNave.ColisionaCon(ovni))
                {
                    disparoNave.Activo = false;
                    ovni.Activo = false;
                    marcador.SumarPuntos (50);
                }
                for (int i = 0; i < 15; i++)
                {
```

```
                    if ((disparoNave.ColisionaCon(escudos[i])) &&
(escudos[i].Activo))
                    {
                        escudos[i].Activo = false;
                        disparoNave.Activo = false;
                    }
                }
                for (int i = 0; i < 30; i++)
                {
                    if (disparoNave.ColisionaCon(bloque.Enemigos[i]) &&
bloque.Enemigos[i].Activo)
                    {
                        disparoNave.Activo = false;
                        bloque.Enemigos[i].Activo = false;
                        marcador.SumarPuntos(10);
                        contadorEnemigosEliminados++;
                    }
                }
            }
            if (disparoEnemigo != null && disparoEnemigo.Activo)
            {
                disparoEnemigo.MoverAbajo();
                disparoEnemigo.Dibujar();
                if (disparoEnemigo.ColisionaCon(nave))
                {
                    disparoEnemigo.Activo = false;
                    marcador.RestarVidas();
                    nave.Reset();
                    if (marcador.CuantasVidasQuedan() == 0)
                    {
                        GameOver();
                        finPartida = true;
                    }
                }
                for (int i = 0; i < 15; i++)
                {
                    if ((disparoEnemigo.ColisionaCon(escudos[i])) &&
(escudos[i].Activo))
                    {
                        escudos[i].Activo = false;
                        disparoEnemigo.Activo = false;
                    }
                }
            }
            for (int i = 0; i < 30; i++)
            {
                if ((bloque.Enemigos[i].ColisionaCon(nave)) && (bloque.
Enemigos[i].Activo))
                {
                    GameOver();
```

```csharp
                                finPartida = true;
                        }
                        for (int j = 0; j < 15; j++)
                        {
                                if ((bloque.Enemigos[i].ColisionaCon(escudos[j])) &&
(bloque.Enemigos[i].Activo) && (escudos[j].Activo))
                                {
                                        bloque.Enemigos[i].Activo = false;
                                        escudos[j].Activo = false;
                                        contadorEnemigosEliminados++;
                                }
                        }
                        if ((bloque.Enemigos[i].Y == 23) && (bloque.Enemigos[i].
Activo))
                        {

                                GameOver();
                                finPartida = true;
                        }
                }
                if (contadorEnemigosEliminados == 30)
                {
                        bloque.Reset();
                        marcador.VidaExtra();
                        pausa -= 20;
                        if (pausa <= 40) pausa = 40;
                        contadorEnemigosEliminados = 0;
                }
                if (Console.KeyAvailable)
                {
                        tecla = Console.ReadKey();
                        if (tecla.Key == ConsoleKey.RightArrow)
                                nave.MoverDerecha();
                        if (tecla.Key == ConsoleKey.LeftArrow)
                                nave.MoverIzquierda();
                        if (tecla.Key == ConsoleKey.Spacebar)
                                disparoNave = nave.Disparar();
                }
                Thread.Sleep(pausa);
        } while (!finPartida);
        return marcador.DevolverPuntuacionFinal();
    }
  }
}
```

Ya que hemos puesto en práctica todo lo aprendido, ¿por qué no tratas de hacer un juego en consola? Te recomiendo que empieces por juegos sencillos como el Black Jack o el Simon Says y que, poco a poco, vayas incrementando la dificultad hasta llegar al Tetris o al Pacman.